广西大学马克思主义生态经济发展研究院、商学院特别委托项目

国家出版基金项目
NATIONAL PUBLICATION FOUNDATION

“十二五”国家重点图书出版规划项目
绿色经济与绿色发展丛书 / 刘思华 · 主编

生态资本主义批判

CRITIQUE OF ECO-CAPITALISM

解保军　著

中国环境出版社 · 北京

图书在版编目（CIP）数据

生态资本主义批判/解保军著. —北京：中国环境出版社，2015.10（2017.12 重印）
（绿色经济与绿色发展丛书/刘思华主编）
ISBN 978-7-5111-2589-7

Ⅰ. ①生… Ⅱ. ①解… Ⅲ. ①生态环境—政治学—研究—西方国家 Ⅳ. ①D0-05②X171.1

中国版本图书馆 CIP 数据核字（2015）第 243814 号

出 版 人 王新程
策　　划 沈　建　陈金华
责任编辑 陈金华
助理编辑 郑中海
责任校对 尹　芳
封面设计 耀午设计　彭　杉

出版发行 中国环境出版社
（100062　北京市东城区广渠门内大街 16 号）
网　　址：http://www.cesp.com.cn
电子邮箱：bjgl@cesp.com.cn
联系电话：010-67112765（编辑管理部）
010-67113412（教材图书出版中心）
发行热线：010-67125803，010-67113405（传真）
印　　刷 北京中科印刷有限公司
经　　销 各地新华书店
版　　次 2015 年 10 月第 1 版
印　　次 2017 年 12 月第 2 次印刷
开　　本 787×960　1/16
印　　张 14.5
字　　数 245 千字
定　　价 40.00 元

总 序

迈向生态文明绿色经济发展新时代

在党的十七大提出的“建设生态文明”的基础上，党的十八大进一步确立了社会主义生态文明的创新理论，构建了建设社会主义生态文明的宏伟蓝图，制定了社会主义生态文明建设的基本任务、战略目标、总体要求、着力点和行动方案，并向全党全国人民发出了“努力走向社会主义生态文明新时代”的伟大号召。按照生态马克思主义经济学观点，走向社会主义生态文明新时代，就是迈向生态文明与绿色经济发展新时代。这既是中华文明演进和中国特色社会主义经济社会发展规律与演化逻辑的必然走向和内在要求，又是人类文明演进和世界经济社会发展规律与演化逻辑的必然走向和内在要求。因此，绿色经济与绿色发展是21世纪人类文明演进与世界经济社会发展的大趋势、大方向，集中表达了当今人类努力超越工业文明黑色经济发展的旧时代而迈进生态文明绿色经济发展新时代的意愿和价值期盼，已成为人类文明演进和世界经济社会发展的必然选择和时代潮流。据此，建设绿色文明、发展绿色经济、实现绿色发展，是全人类的共同道路、共同战略、共同目标，是生态文明绿色经济及新时代赋予我们的神圣使命与历史任务。毫无疑问，当今世界和当代中国一个生态文明绿色经济发展时代正在到来。为了响应党的十八大提出的“努力走向社会主义生态文明新时代”的伟大号召，迎接生态文明绿色经济发展新时代的来临，中国环境出版社特意推出“十二五”国家重点图书出版规划项目“绿色经济与绿色发展丛书”（以下简称“丛书”）。笔者作为“丛书”主编，并鉴于目前“半绿色经济论”“伪绿色经济发展论”日渐盛行，故就“中国智慧”创立的绿色经济理论与绿色发展学说的几个重大问题添列数语，是为序。

一、关于绿色经济的理论本质问题

绿色经济的本质属性即理论本质：不是环境经济学的范畴，而是生态经济学与可持续发展经济学的范畴。西方绿色思想史表明，“绿色经济”这个词汇最早见于英国环境经济学家大卫·皮尔斯 1989 年出版的第一本小册子《绿色经济的蓝图》(后称“蓝图 1”) 的书名中。其后“蓝图 2”的第二章的第一节两次使用了“绿色经济”这个名词，直到 1995 年出版“蓝图 4”，也没有对绿色经济作出界定，这就是说 4 本小册子都没有明确定义绿色经济及诠释其本质内涵。对此，方时姣教授从世界绿色经济思想发展史的视角进行了全面评述：[①]“蓝图 1”主要介绍英国的环境问题和环境政策制定，正如作者指出的“我们的整个讨论都是环境政策的问题，尤其是英国的环境政策”。“蓝图 2”1991 年出版，是把“蓝图 1”的环境政策思想拓展到世界及全球性环境问题和环境政策。“蓝图 3”1993 年出版，又回到“蓝图 1”的主题，即英国的环境经济与可持续发展问题的综合。“蓝图 4”则又回到“蓝图 2”讨论的主题，正如作者在前言中所指出的“绿色经济的蓝图从环境的角度，阐述了环境保护及改善问题”。因此，从“蓝图 1”到“蓝图 4”，对绿色经济的新概念、新思想、新理论，没有作任何诠释的论述，仅仅只是借用了绿色经济这个名词，来表达过去的 25 年环境经济学流派发展的新综合，确实是“有关环境问题的严肃书籍”。

皮尔斯等人在当今世界率先使用“绿色经济”这一词汇并得到了广泛传播，但基本上只是提及了这个概念，没有深入研究，尤其是理论研究。因此，在西方世界的整个 20 世纪 90 年代至 2008 年爆发国际金融危机的这一时期，仍然主要是环境经济学界的学者使用绿色经济概念，从环境经济学的视角阐述环境保护、治理与改善等绿色议题，其核心问题是讨论经济与环境相互作用、相互影响的环境经济政策问题，而关注点集中于环境污染治理的经济手段。在我国首先使用皮尔斯等人的绿色经济概念的是环境污染与保护工作者，并对其进行界定。例如，原国家环境保护局首任局长曲格平先生在 1992 年出版的《中国的环境与发展》一书中指出：“绿色经济是指以环境保护为基础的经济，主要表现在：一是以治理污染和改善生态为特征的环保产业的兴起；二是因环境保护而引起的工业和农业生产方式的变

① 方时姣：《绿色经济思想的历史与现实纵深论》，载《马克思主义研究》2010 年第 6 期，第 55～62 页。

革，从而带动了绿色产业的勃发。”[①]在这里，十分清楚地表明了曲格平先生同皮尔斯等人一样，是借用绿色经济的概念来诠释环境保护、治理和改善的问题。其后，我国学界有一些学者把绿色经济当作环境经济的代名词，借用绿色经济之名，表达环境经济之实。总之，长期以来，国内外不少学者按照皮尔斯等人的学术路径，对绿色经济作了狭隘的理解而被看作是环境经济学的新概括，把它纳入环境经济学的理论框架之中，成为环境经济学的理论范畴。这就必然遮盖了绿色经济的本来面目，极大地扭曲了它的本质内容与基本特征，不仅产生了一些不良的学术影响，而且会误导人们的生态与经济实践。正如方时姣教授指出的：“把绿色经济纳入环境经济学的理论框架来指导实践，最多只能缓解生态环境危机，是不可能从根本上解决生态环境问题的，也不可能克服生态环境危机，也就谈不上实现生态经济可持续发展。”[②]

20 世纪 90 年代，我国生态经济学界就有学者用绿色经济这一术语概括生态环境建设绿色议题和生态经济协调发展研究的新进展，论述重点是“一切都将围绕改善生态环境而发展，核心问题是要实现人和自然的和谐、经济与生态环境的协调发展。”[③]为此，笔者针对皮尔斯等国内外学者以环境经济学理论范式来回应绿色经济议题，在 1994 年出版了《当代中国的绿色道路》一书，以生态经济学新范式来回应绿色经济议题，以生态经济协调发展理论平台在深层次上阐述“发展经济必须与发展生态同时并举，经济建设必须与生态建设同步进行，国民经济现代化必须与国民经济生态化协调发展”的绿色发展道路。这就在国内外首次拉开了从学科属性上把绿色经济从环境经济学理论框架中解放出来的序幕。在此基础上，笔者于 2000 年 1 月出版的《绿色经济论——经济发展理论变革与中国经济再造》一书，深刻地论述了一系列重大的绿色经济理论前沿和现实前沿问题，科学地揭示了生态经济与知识经济同可持续发展经济之间的本质联系及其发展规律，破解了三者之间相互渗透、融合发展的绿色经济与绿色发展的内在奥秘，成为中国绿色经济理论与绿色发展学说形成的重要标志。尤其是该书把绿色经济看作是生态经济与可持续经济的新概括与代名词，并从这个新高度的最高层次对绿色经济提出了新命题：“绿色经济

---

① 转引自刘学谦、杨多贵、周志强等：《可持续发展前沿问题研究》，北京：科学出版社，2010 年版，第 126 页。

② 方时姣：《绿色经济思想的历史与现实纵深论》，载《马克思主义研究》2010 年第 6 期，第 55～62 页。

③ 郑明焕：《把握机遇，在大转变中求发展》，1992 年 3 月 28 日《中国环境报》。

是可持续经济的实现形态和形象概括。它的本质是以生态经济协调发展为核心的可持续发展经济。”[①]这个界定肯定了绿色经济的生态经济属性，揭示了它的可持续经济的本质特征，从学科属性上把它从环境经济学理论框架中彻底解放出来，真正纳入生态经济学与可持续发展经济学的理论体系，成为生态经济学与可持续发展经济学的理论范畴，恢复了绿色经济的本来面目。虽然这个绿色经济的定义十分抽象，却反映了它的本质属性与科学内涵，得到了多数绿色经济研究者的认同和广泛使用。然而时至今日，在我国仍有少数学者尤其在实际工作中也有不少人还在用环境经济学范畴中的绿色经济理念来指导经济实践，这种现象不能继续下去了。

二、关于绿色经济的文明属性问题

绿色经济的文明属性不是工业文明的经济范畴，而是生态文明的经济范畴。世界绿色经济思想史告诉我们，在学科属性上把绿色经济当作环境经济学的新观念与代名词，纳入环境经济学的理论框架，就必然在文明属性上把它纳入工业文明的基本框架，成为工业文明的经济范畴，即发展工业文明的经济模式。这是因为，环境经济学是调整、修补、缓解人与自然的尖锐对立、环境与经济的互损关系的工业文明时代的产物，是工业文明“先污染后治理”经济发展道路的理论概括与学理表现。自皮尔斯等人指出环境经济学范畴的绿色经济概念以来，国内外一个主流绿色经济观点就是对绿色经济的狭隘的认识与把握，只是把它看成是解决工业文明经济发展过程中出现的生态环境问题的新经济观念，是能够克服工业文明的褐色经济或黑色经济弊端的经济模式。在我国这种观点比较流行。例如，有的学者认为：“绿色经济是以市场为导向、以传统产业经济为基础、以经济与环境的和谐为目标而发展起来的一种新型的经济形式即发展模式”，“是现代工业化过程中针对经济发展对环境造成负面影响而产生的新经济概念”。时至今日，这种工业文明经济范畴的绿色经济概念仍被人引用来论证自己的绿色经济观念。因此，在此我要再次强调：工业文明经济范畴的绿色经济观念，在本质上仍是人与自然对立的文明观，并没有从根本上消除工业文明及黑色经济反生态和反人性的黑色基因，丢弃了绿色经济是生态经济协调发展的核心内容和超越工业文明黑色经济、铸造生态文明生态经济的本质属性，从而否定了绿色经济是生态文明生态经济形态的理论内涵与实践价值。因此，

① 刘思华：《绿色经济论》，北京：中国财政经济出版社，2001 年版，第 3 页。

以工业文明经济范式或理论平台来回应绿色经济议题，是不可能从根本上触动工业文明黑色经济形态的，是难以走出工业文明黑色经济发展道路的；最多是缓解局部自然环境恶化，是不可能解决当今人类面对的生态经济社会全面危机的。因此，决定了我们必须也应当以生态文明新范式或理论平台在深层次回应绿色经济与发展绿色经济议题，才能顺应21世纪生态文明与绿色经济时代的历史潮流。

生态马克思主义经济学哲学告诉我们：彻底的生态唯物主义者，不仅要在学科属性上把绿色经济从环境经济学的理论框架中解放出来，成为生态经济与可持续发展经济的理论范畴，而且在文明属性上，要把它从工业文明的基本框架中解放出来，作为生态文明的经济范畴。前面提到的笔者所著的《当代中国的绿色道路》《绿色经济论》这两部著作，是实现绿色经济这两个生态解放的成功探索。早在1998年笔者在《发展绿色经济，推进三重转变》一文中就明确提出了发展绿色经济的新的经济文明观，明确指出："人类正在进入生态时代，人类文明形态正在由工业文明向生态文明转变，这是人类发展绿色经济、建设生态文明的一个伟大实践。"[①]邹进泰、熊维明的《绿色经济》一书中指出：绿色经济发展"是从单一的物质文明目标向物质文明、精神文明和生态文明多元目标的转变。发展绿色经济，尤其要避免'石油工业''石油农业'造成的高消耗、高消费、高生态影响的物质文明，而要造就高效率、低消耗、高活力的生态文明"。[②]可见"中国智慧"在世界上最早实现绿色经济的两个生态解放、纳入生态文明的基本框架，是人与自然和谐统一、生态与经济协调发展的建设生态文明的必然产物。下面还要作几点说明：

(1)按照人类文明形态演进和经济社会形态演进一致性的历史唯物主义社会历史观的理论思路，生态文明是继原始文明、农业文明、工业文明（包括后工业文明）之后的全新的人类社会文明形态，它不仅延续了它们的历史血脉，而且创新发展了它们尤其是工业文明的经济社会形态，使工业文明从人与自然相互对立、生态与经济相分裂的工业经济社会形态，朝着生态文明以人与自然和谐统一、生态与经济协调发展的生态经济社会形态演进。这是人类文明经济社会的全方位、最深刻的生态变革与绿色经济转型，可以说是人类文明历史发展以来最伟大的生态经济社会变革运动。

① 刘思华：《刘思华文集》，武汉：湖北人民出版社，2003年版，第403页。

② 邹进泰、熊维明等：《绿色经济》，太原：山西经济出版社，2003年版，第12页。

(2) 我们要深刻认识和正确把握绿色经济的概念属性与本质内涵，正是这个属性和内涵决定了它是生态文明生态经济形态的实现形式与形象概括。世界工业文明发展的历史表明，无论是资本主义工业化，还是社会主义工业化；无论是发达国家工业化，还是发展中国家工业化，都走了一条工业经济黑色化的黑色发展道路，形成了工业文明黑色经济形态。据此，工业文明主导经济形态的工业经济形态的实现形态与形象概括就是黑色经济形态。而生态文明开辟了经济社会发展绿色化即生态化的绿色发展道路，最终形成生态文明绿色经济形态。它是对工业文明及其黑色经济形态的批判、否定和扬弃，是在此基础上的生态变革和绿色创新。这就是说，绿色经济的根本属性与本质内涵是生态经济与可持续发展经济，使它必然在本质上取代工业经济并融合知识经济的一种全新的经济形态，是生态文明新时代的主导经济形态的现实形态。所以，笔者反复指出："绿色经济作为生态文明时代的经济形态，是生态经济形态的现实象征与生动概括。"[①]这不仅肯定了绿色经济是生态经济学与可持续发展经济学的理论范畴，而且界定了绿色经济是生态文明的经济范畴，恢复了绿色经济的本来面目。

(3) 绿色经济实现"两个生态解放"之后，就应当对它重新定位。现在我们可以将绿色经济的科学内涵和外延表述为：以生态文明为价值取向，以自然生态健康和人体生态健康为终极目的，以提高经济社会福祉和自然生态福祉为本质特征，以绿色创新为主要驱动力，以促进人与自然和谐发展和生态与经济协调发展为根本宗旨，实现生态经济社会发展相统一并取得生态经济社会效益相统一的可持续经济。因此，发展绿色经济是广义的，不仅是指广义的生态产业即绿色产业，而且包括低碳经济、循环经济、清洁能源和可再生能源、碳汇经济以及其他节约能源资源与保护环境、建设生态的经济等。[②]这个新界定正确地揭示了绿色经济的本质属性、科学内涵、概念特征与实践主旨，准确地体现了绿色经济历史趋势与时代潮流；绿色经济观念、理论是人与自然和谐统一、生态与经济协调发展的生态文明新时代的理论概括与学理表现。只有这样认识和把握绿色经济，才能真正符合生态文明与绿色经济发展的客观进程与内在逻辑。

(4) 生态文明经济范畴的绿色经济包含两层经济含义：一是它作为理论形态是

① 中国社会科学院马克思主义学部：《36位著名学者纵论中国共产党建党90周年》，北京：中国社会科学出版社，2011年版，第409页。

② 刘思华：《生态文明与绿色低碳经济发展总论》，北京：中国财政经济出版社，2001年版，第1页。

生态文明的经济社会形态范畴，是生态文明时代崭新的主导经济，我们称之为绿色经济形态。二是它作为实践形态是生态文明的经济发展模式，是生态文明崭新时代的经济发展模式，我们称之为绿色经济发展模式。这就决定了建设生态文明、发展绿色经济的双重战略任务，既要形成生态和谐、经济和谐、社会和谐一体化的绿色经济形态，又要形成生态效益、经济效益、社会效益最佳统一的绿色经济发展模式。据此，建设生态文明、发展绿色经济应当是经济社会形态和经济社会发展模式的双重绿色创新转型发展过程，这是革工业文明的黑色经济形态和经济发展模式之故、鼎生态文明的绿色经济形态和经济发展模式之新的过程。因此，每个战略任务都是双重绿色使命：一方面背负着克服、消除工业文明的黑色经济形态与发展模式的黑色弊端，对它们进行生态变革、绿色重构与转型，改造成为绿色经济形态与绿色经济发展模式；另一方面担负着创造人类文明发展的新形态，即超越资本主义工业文明（包括高度发达的后工业文明）的社会主义生态文明，构建与生态文明相适应的绿色经济形态和绿色经济发展模式。这是生态文明建设的中心环节，是绿色经济发展的实践指向，因此双重绿色经济就是我们迈向生态文明与绿色经济发展新时代，也是推动人类文明形态和经济社会形态与发展模式同步演进的双重时代使命与实践目标。实现双重时代使命所推动的变革不仅仅是工业文明形态及其黑色经济形态与发展模式本身的变革，而且是超越工业文明的生态文明及其他的经济形态与发展模式的生态变迁与绿色构建。这才符合生态文明与绿色经济的本质属性与实践主旨。

三、关于绿色发展理论与道路的探索问题

自 2002 年以来的 10 多年间，一直流传着联合国开发计划署在《2002 年中国人类发展报告：让绿色发展成为一种选择》中首先提出绿色发展，中国应当选择绿色发展之路。这个“首先”之说不知是何人的说法，是根本不符合绿色发展思想理论发展的历史事实的，是一种学术误传。

1. 我们很有必要对中国绿色发展思想理论发展的历史作简要回顾

如前所述，1994 年笔者在《当代中国的绿色道路》一书中，以生态经济学新范式及生态经济协调发展的新理论平台来回应绿色发展道路议题，阐述了绿色发展的一系列主要理论与实践问题，明确提出中国绿色发展道路的核心问题是“经济发展生态化之路”，“一切都应当围绕着改善生态环境而发展，使市场经济发展建立在

生态环境资源的承载力所允许的牢固基础之上，达到有益于生态环境的经济社会发展。"[①]1995 年著名学者戴星翼在《走向绿色的发展》一书中首次从"经济学理解绿色发展"的角度，明确使用"绿色发展"这一词汇，诠释可持续发展的一系列主要理论与实践问题，并认为"通往绿色发展之路"的根本途径在于"可持续性的不断增加"。[②]在这里，绿色发展成为可持续发展的新概括。2012 年著名学者胡鞍钢出版的《中国：创新绿色发展》一书，创新性地提出了绿色发展理念，开创性地系统阐述了绿色发展理论体系，总结了中国绿色发展实践，设计了中国绿色现代化蓝图。所以，笔者认为该书虽有不足之处，但从总体上说，丰富、创新、发展了中国绿色发展学说的理论内涵和实际价值，提出了一条符合生态文明时代特征的新发展道路——绿色发展之路。总之，中国学者探索绿色发展的理念、理论与道路的历史轨迹表明，在此领域"中国智慧"要比"西方智慧"高明，这就在于绿色发展在发展理念、理论、道路上突破了可持续发展的局限性，"将成为可持续发展之后人类发展理论的又一次创新，并将成为 21 世纪促进人类社会发生翻天覆地变革的又一次大创造。"[③]

2. 21 世纪的绿色经济与绿色发展观

进入 21 世纪以后，绿色经济与绿色发展观念逐步从学界视野走进政界视野，尤其是面对 2008 年国际金融危机催化下世界绿色浪潮的新形势，以胡锦涛为总书记的中央领导集体正确把握当今世界发展绿色低碳转型的新态势、未来世界绿色发展的大趋势，站在与世界各国共建和谐世界与绿色世界的发展前沿上，直面中国特色社会主义的基本国情，提出了绿色经济与绿色发展的一系列新思想、新观点、新理论，揭示了发展绿色经济、推进绿色发展是当今世界发展的时代潮流。正如习近平同志所指出的："绿色发展和可持续发展是当今世界的时代潮流"，其"根本目的是改善人民生活环境和生活水平，推动人的全面发展。"[④]李克强还指出："培育壮大绿色经济，着力推动绿色发展"，"要加快形成有利于绿色发展的体制机制，通过政策激励和制度约束，增强推动绿色发展的自觉性、主动性，抑制不顾资源环境承

---

① 刘思华：《当代中国的绿色道路》，武汉：湖北人民出版社，1994 年版，第 86 页、第 101 页。

② 戴星翼：《走向绿色的发展》，上海：复旦大学出版社，1998 年版，第 1～23 页。

③ 胡鞍钢：《中国：创新绿色发展》，北京：中国人民大学出版社，2012 年版，第 20 页。

④ 习近平：《携手推进亚洲绿色发展和可持续发展》，2010 年 4 月 11 日《光明日报》。

载能力盲目追求增长的短期行为。”[①]笔者曾发文把以胡锦涛为总书记的中央领导集体的绿色发展理念概括为“四论”，即绿色和谐发展论、国策战略绿色论、绿色文明发展道路论、国际绿色合作发展论。[②]在此我们还要重视的是胡锦涛同志在2003年中央经济工作会议上明确指出：“经济增长不能以浪费资源、破坏环境和牺牲子孙后代利益为代价。”其后，他进一步指出：“我国是社会主义国家，我们的发展不能以牺牲精神文明为代价，不能以牺牲生态环境为代价，更不能以牺牲人的生命为代价。”“我们一定要痛定思痛，深刻吸取血的教训。”[③]胡锦涛提出的不能以“四个牺牲为代价”换取经济发展的绿色原则，反映了改革开放以来，我国经济发展的基本经验和严重教训，这实质上是实现科学发展的四项重要原则，是推进绿色发展的四项重要原则。凡是以“四个牺牲为代价”换取的经济发展就是不和谐的、不可持续的非科学发展，这种发展可以称为黑色发展；凡是没有以“四个牺牲为代价”的经济发展就是和谐的、可持续的科学发展，这种发展可以称为绿色发展。正是在这个意义上说，不能以“四个牺牲为代价”是区分黑色发展和绿色发展的四项绿色原则。

3．依法治国新政理念：发展绿色经济、推进绿色发展

当下中国执政者对绿色经济与绿色发展的认识与把握，已不只是学界那样把发展绿色经济、推进绿色发展视为全新的思想理论，而是一种崭新的全面依法治国的执政理念、发展道路与发展战略。党的十八大首次把绿色发展（包括循环发展、低碳发展）写入党代会报告，是绿色发展成为具有普遍合法性的中国特色社会主义生态文明发展道路的绿色政治表达，标志着实现中华民族伟大复兴的中国梦所开辟的中国特色社会主义生态文明建设道路是绿色发展与绿色崛起的科学发展道路。这条道路的理论体系就是“中国智慧”创立的绿色经济理论与绿色发展学说。它既是适应世界文明发展进步，更是适应中国特色社会主义文明发展进步需要而产生的科学发展学说，甚至可以说，是一种划时代的全新科学发展学说。对此，近几年来，我多次强调指出：绿色经济理论与绿色发展学说不是引进的西方经济发展思想，而是中国学界和政界马克思主义学人自主创立的科学发展新学说。它是立足中国、面向世界、通向未来的马克思主义发展学说，必将指引着中国特色社会主义沿着绿色发展与绿色崛起的科学发展道路不断前进。

---

① 李克强：《推动绿色发展　促进世界经济健康复苏和可持续发展》，2010年5月9日《光明日报》。

② 刘思华：《科学发展观视域中的绿色发展》，载《当代经济研究》2011年第5期，第65～70页。

③ 中共中央文献研究室：《科学发展观重要论述摘编》，北京：中央文献出版社，2008年版，第34页、第29页。

"中国智慧"不仅从绿色经济的根本属性与本质内涵论证了绿色经济是生态文明的经济范畴，而且从绿色发展的根本属性与本质内涵界定了绿色发展是生态文明的发展范畴。故笔者把绿色发展表述为："以生态和谐为价值取向，以生态承载力为基础，以有益于自然生态健康和人体生态健康为终极目的，以追求人与自然、人与人、人与社会、人与自身和谐发展为根本宗旨，以绿色创新为主要驱动力，以经济社会各个领域和全过程的全面生态化为实践路径，实现代价最小、成效最大的生态经济社会有机整体全面和谐协调可持续发展，因此，绿色发展必将使人类文明进步和经济社会发展更加符合自然生态规律、社会经济规律和人自身的规律，即支配人本身的肉体存在和精神存在的规律（恩格斯语）"[①]或者说"更加符合三大规律内在统一的"自然、人、社会有机整体和谐协调发展的客观规律。现在我要进一步指出的是，从学理层面上说，绿色发展的理论本质是"生态经济社会有机整体全面和谐协调可持续发展"；从实践层面上看，绿色发展的实践主旨是实现"生态经济社会有机整体全面和谐协调可持续发展"。现在我们完全可以作出一个理论结论：绿色发展是生态经济社会有机整体全面和谐协调可持续发展的形象概括与现实形态。正是在这个意义上说，绿色发展是永恒的经济社会发展。这是客观真理。

4．绿色发展学说中若干基本理论观点和现实问题

(1) 绿色发展的经济学诠释，就是绿色经济与绿色发展内在统一的绿色经济发展。笔者在 2002 年《发展绿色经济的理论与实践探索》的学术报告中，首次提出了绿色经济发展新观念和构建了绿色经济发展理论的基本框架，明确指出："发展绿色经济是建设生态文明的客观基础和根本问题"，"绿色经济发展是人类文明时代的工业文明时代进入生态文明时代的必然进程"，"是推进现代经济的'绿色转变'，走出一条中国特色的绿色经济建设之路"，"必将引起 21 世纪中国现代经济发展的全方位的深刻变革，是中国经济再造的伟大革命"，还强调指出："只有建立生态市场经济制度才能真正走出一条中国特色的绿色经济发展道路。"[②]因此，21 世纪中国绿色发展道路在经济领域内，就是绿色经济发展道路，这是中国特色社会主义经济发展道路走向未来的必由之路。

(2) 20 世纪人类文明发展事实表明工业文明发展黑色化是常态，故工业文明确实是黑色文明，其发展是黑色发展，它的一切光辉成就的取得，说到底是以牺牲

① 刘思华：《生态马克思主义经济学原理》(修订版)，北京：人民出版社，2014 年版，第 578～579 页。

② 刘思华：《刘思华文集》，武汉：湖北人民出版社，2003 年版，第 607～612 页。

自然生态、社会生态和人体生态为代价，创造着黑色的文明史。因此，生态马克思主义经济学哲学得出一个人类文明时代发展特征的结论："工业文明是黑色发展时代，生态文明是绿色发展时代……'中国智慧'对从工业文明黑色发展向生态文明绿色发展巨大变革的认识，是21世纪中华文明发展头等重要的发现，是科学的最大贡献。"[①]从工业文明黑色发展走向生态文明绿色发展是生态经济社会有机整体的全方位生态变革与全面绿色创新转变，是人类文明发展史上最伟大的最深刻的生态经济社会革命。它的中心环节是要实现工业文明黑色发展道路向生态文明绿色发展道路的彻底转轨，其关键所在是要实现工业文明黑色发展模式向生态文明绿色发展模式的全面转型。[②]只有实现这两个"根本转变"，人类文明形态演进和经济社会形态演进才能真正迈向生态文明与绿色经济发展新时代。

（3）和谐发展和绿色发展是生态文明的根本属性与本质特征的两种体现，是生态文明时代生态经济社会有机整体全面和谐协调可持续发展的两个方面。这是因为：① 生态马克思主义经济学哲学告诉我们，人类文明进步和经济社会发展的实质就是自然、人、社会有机整体价值的协调与和谐统一，是实现人与自然、人与人、人与社会、人与自身的全面和谐协调，成为人类文明进步与经济社会发展的历史趋势和终极价值追求。因此，笔者在《生态马克思主义经济学原理》一书中就指出了狭义与广义生态和谐论，指出"狭义生态和谐"就是人与自然的和谐发展即自然生态和谐，这是狭义生态文明的核心理念。而和谐发展不仅是人与自然的和谐发展，还包括人与人、人与社会及个人的身心和谐发展，于是我把这"四大生态和谐"称之为"广义的生态和谐"的全面和谐发展。这是广义生态文明的根本属性与本质特征，就必然成为生态文明的绿色经济形态与绿色发展模式的根本属性与本质特征。② 生态马克思主义经济学哲学还认为，从自然、人、社会有机整体的四大生态和谐协调发展意义上说，生态和谐协调发展已成为当今中国和谐协调发展的根基。这是绿色发展的核心与灵魂。因此，建设生态文明、发展绿色经济、推进绿色发展，必须贯穿于中国生态经济社会有机整体发展的全过程和各个领域，不断追求和递进实现"四大生态关系"的全面和谐发展，这是绿色发展的真谛。

---

① 刘思华：《生态马克思主义经济学原理》（修订版），北京：人民出版社，2014年版，第579页。

② 胡鞍钢教授在《中国：创新绿色发展》一书中认为："以高消耗、高污染、高排放为基本特征的发展，即黑色发展模式。"我认为应当以高投入、高消耗、高排放、高污染、高代价为基本特征的发展就是工业文明黑色发展模式，而以"五高"黑色发展模式为基本内容与发展思路就是工业文明黑色发展道路。

（4）全面生态化或绿色化是绿色发展的主要内容与基本路径。2011 年夏，中国绿色发展战略研究组课题组撰写的《关于全面实施绿色发展战略向十八大报告的几点建议》一书指出：按照马克思主义生态文明世界观和方法论，生态化应当写入党代会报告，使中国特色社会主义旗帜上彰显着社会主义现代文明的生态化发展理念，这是建设社会主义生态文明的必然逻辑，是发展绿色经济、实现绿色发展的客观要求，是构建社会主义和谐社会的必然选择。这里所说的生态化发展理念，就是绿色发展理念。后者是前者的现实形态与形象概括，在此我们很有必要作进一步论述：

☞ 生态化是一个综合科学的概念，是前苏联学者首创的现代生态学的新观念：早在 1973 年苏联哲学家 B. A. 罗西在《哲学问题》杂志上发表的《论现代科学的"生态学化"》一文中，就将生态化称为"生态学化"，其本质含义是"人类实践活动及经济社会运行与发展反映现代生态学真理"。以此观之，生态化主要是指运用现代生态学的世界观和方法论，尤其依据"自然、人、社会"复合生态系统整体性观点考察和理解现实世界，用人与自然和谐协调发展的观点去思考和认识人类社会的全部实践活动，最优地处理人与自然的自然生态关系、人与人的经济生态关系、人与社会的社会生态关系和人与自身的人体生态关系，最终实现生态经济社会有机整体全面和谐协调可持续的绿色发展"。[①]生态化这个术语是国内外学者，尤其在中国新兴、交叉学科的学者广泛使用的新概念，其论著中使用的频率最高，当代中国已经出现新兴、交叉经济学生态化趋势。因此，这个界定从学理上说，我们可以作出一个合乎逻辑的结论：生态化应当是生态文明与绿色发展的重要范畴，甚至是基本范畴。

☞ 当今人类生存与发展需要进行一场深刻的生态经济社会革命，走绿色发展新道路，推进人类生存与发展的生产方式和生活方式的生态化转型，实现人类生存方式的全面生态化。它就内在要求人类社会的经济、科技、文教、政治、社会活动等经济社会运行与发展的全面生态化。在当代中国就是使中国特色社会主义生态经济社会体系运行朝着生态

① 刘思华：《论新型工业化、城镇化道路的生态化转型发展》，载《毛泽东邓小平理论研究》2013 年第 7 期，第 8～13 页。

化转型的方向发展。这种生态化转型发展就成为生态经济社会运行与发展的内在机制、主要内容、基本路径与绿色结果。这样的当代中国走生态化转型发展之路，是走绿色发展的必由之路与基本走向。可以说，“顺应生态化转型者昌，违背生态化转型者亡。”[①]这不仅是当今人类文明进步和世界经济社会发展，而且是中国特色社会主义文明进步和当代中国经济社会发展的势不可当的生态化即绿色化发展大趋势。

☞ 生态马克思主义经济学哲学强调生态文明是广义和狭义生态文明的内在统一，[②]并把广义生态文明称为绿色文明，既然生态化是生态文明的一个重要范畴，那么它就同生态文明，也是广义与狭义生态化的内在统一；这样说，可以把广义生态化称之为绿色化。两者的本质内涵是完全一致的。2015 年 3 月 24 日，中共中央政治局审议通过的《关于加快推进生态文明建设的意见》首次使用了绿色化这一术语，要求在当前和今后一个时期内，协同推进新型工业化、城镇化、信息化、农业现代化和绿色化。如果说绿色发展（包括循环发展和低碳发展）是生态文明建设的基本途径，那么可以说生态化发展是生态文明建设的内在机制和基本内容与途径。这是因为生态文明建设的理论本质是以生态为本，即主要是以增强提高自然生态系统适应现代经济社会发展的生态供给能力（包括资源环境供给能力）为出发点和落脚点，既要构建优化自然生态系统，又要推进社会经济运行与发展的全面生态化，建立起具有生态合理性的绿色创新经济社会发展模式。所以“生态文明建设的实践指向，是谋求生态建设、经济建设、政治建设、文化建设与社会建设相互关联、相互促进，相得益彰、不可分割的统一整体文明建设，用生态理性绿化整个社会文明建设结构，实现物质文明建设、政治文明建设、精神文明建设、和谐社会建设的生态化发展。这是中国特色社会主义生态文明建设的真谛。”[③]

☞ 笔者借写“丛书”总序之机，代表中国绿色发展战略研究组课题组和“丛书”的作者们向党中央建议：两年后把“绿色化”或“生态化”

① 刘本炬：《论实践生态主义》，北京：中国社会科学出版社，2007 年版，第 136 页。
② 刘思华：《生态马克思主义经济学原理》（修订版），北京：人民出版社，2014 年版，第 540～542 页。
③ 刘思华：《生态马克思主义经济学原理》（修订版），北京：人民出版社，2014 年版，第 549 页。

写入党的十九大报告，使它成为中国特色社会主义道路从工业文明黑色发展道路向生态文明绿色发展道路全面转轨的一个象征，成为当今中国社会主义经济社会发展模式从工业文明黑色发展模式向生态文明绿色发展模式全面转型的一个标志，成为中国特色社会主义文明迈向社会主义生态文明与绿色经济发展新时代的一个时代标识。

四、关于迈向生态文明绿色发展的使命与任务问题

自 2008 年国际金融危机以来，绿色经济与绿色发展迅速兴起，是有着深刻的生态、经济和社会历史背景的。应当说，首先是发源于回应工业文明黑色发展道路与模式的负外部效应所积累的全球范围“黑色危机”越来越严重，已经走到历史的巅峰。“物极必反”，工业文明黑色发展道路与模式的历史命运也逃避不了这个历史的辩证法。它在其黑色发展过程中自我否定因素不断生成，形成向绿色经济与绿色发展转型的因素日渐清晰彰显，使我们看到了绿色经济与绿色发展的时代晨光，人类正在迎来生态文明绿色发展的绿色黎明。这是人类实现生态经济社会全面和谐协调可持续发展的历史起点。

1. 我们必须深刻认识和正确把握生态文明的绿色发展道路与模式的时代特征

迈向生态文明绿色经济发展新时代的时代特色应是反正两层含义：一是当今世界仍然处于黑色文明且达到了全面异化的巨大危机之中，使当今人类面临着前所未有的工业文明黑色危机的巨大挑战；二是巨大危机是巨大变革的历史起点，开启了绿色文明绿色发展的新格局、新征途，使人类面临着前所未有的绿色发展历史机遇，并给予全面生态变革与绿色转型的强大动力。因此，当今人类正处于工业文明黑色发展衰落向生态文明绿色发展兴起的更替时期。这是危机创新时代，黑色发展危机逼进绿色创新发展，绿色创新发展走出黑色发展危机。毫无疑问，当今世界和当代中国的一个生态文明绿色创新发展时代正在到来。对此，我们必须从工业文明黑色发展危机来认识与把握生态文明绿色发展道路与模式的历史必然性和现实必要性与可能性。

(1) 历史和现实已经表明，自 18 世纪资本主义工业革命以来，在工业文明（包括其最高阶段的后工业文明）时代资本主义文明及工业文明成功地按照自身发展的工业文明发展模式塑造全世界，将世界各国都引入工业文明黑色经济与黑色发展道路与模式，形成了全球黑色经济与黑色发展体系。当今中外多学科学者在对工业文

明黑色发展的反思与批判中，有一个共识：黑色文明发展一方面使物质世界日益发展，物质财富不断增加；另一方面使精神世界正在坍塌，自然世界濒临崩溃，人的世界正在衰败。它不仅是自然异化，而且是人的物化、异化和社会的物化、异化。当今世界的南北两极分化加剧，以美国为首的国际垄断资本主义势力为掠夺自然资源不断发动地区战争，没有硝烟的经济战和经济意识形态战频发；恐怖主义嚣张，物质主义、拜金主义、消费主义盛行，道德堕落和精神与理智崩溃，无论是发达国家还是发展中国家内部的贫富悬殊、两极分化正在加剧，各种社会不公正与不平等的社会生态关系恶化加深，已成为当今世界的社会生态黑色发展现实。因此，当今工业文明黑色发展的黑色效应已经全面地、极大地显露出来了，使工业文明黑色发展成为当今世界以及大多数国家和民族发展的现状特征。正是在这个意义上，我们完全可以说，当今人类已经陷入工业文明发展全面异化危机及黑色深渊，使今日之工业文明黑色发展达到了可以自我毁灭的地步，同时也包含着克服、超越工业文明黑色发展险境的绿色发展机遇和种种因素条件，也就预示着黑色发展道路与模式的生态变革与绿色转型是历史的必然。这就是说，如果人类不想自我毁灭的话，就必须自觉地走超越工业文明的生态文明绿色发展的新道路，及构建绿色发展的新模式。这是历史发展的必然道路，是化解当今工业文明黑色发展危机的人类自觉的选择，也是唯一正确的选择。

(2)深刻认识和真正承认开创生态文明绿色发展道路与模式的现实必要性和紧迫性。这首先在于当今世界系统运行是依靠“环境透支”“生态赤字”来维持，使自然生态系统的生态赤字仍在扩大，将世界各国都绑在工业文明黑色发展之舟上航行。工业文明发展的一切辉煌成就的取得，都是以自然、人、社会的巨大损害为代价，尤其是以毁灭自然生态环境为代价的，这是西方各学科的进步学者的共识，也是中国有社会良知的学者的共识。在 1961 年人类一年只消耗大约 2/3 的地球年度可再生资源，世界大多数国家还有生态盈余。大约从 1970 年起，人类经济社会活动对自然生态的需求就逐步接近自然生态供给能力的极限值，自 1980 年首次突破极限形成“过冲”以来，人类生活中的大自然的生态赤字不断扩大，到 2012 年已经需要 1.5 个地球才能满足人类正常的生存与发展需要。因此，《增长的极限》一书的第 2 版即 1992 年版译者序就明确指出：“人类在许多方面已经超出了地球的承载能力之外，已经超越了极限，世界经济的发展已经处于不可持续的状况。”足见工业文明黑色发展确实是一种征服自然、掠夺自然、不惜以牺牲自然生态来换取经济发展的黑色发展道路，使“今天世界上的每一个自然系统都在走向衰落”。[①]进入21世纪的15年间，生态赤字继续扩大、自然生态危机及黑色发展危机日益加深。对此，《自然》杂志发文说：“地球生态系统将很快进入不可逆转的崩溃状态。”[②]联合国环境规划署2012年6月6日在北京发布全球环境展望报告中指出，当今世界仍沿着一条不可持续之路加速前行，用中国学者的话说，就是人类仍在继续沿着工业文明黑色发展道路加速前行。因此，从全球范围来看，“目前还没有一个国家真正迈入了‘绿色国家的门槛’”[③]，这是不可否认的客观事实。据报道，今年春季欧洲大面积雾霾污染重返欧洲蓝天，使巴黎咳嗽、伦敦窒息、布鲁塞尔得眼疾……这是今春西欧地区空气污染现状大致勾勒出的一幅形象的画面。这就意味着这些欧洲各城市又重新回到大气危机的黑色轨道上来了，因此，人们发出了西欧“霾害根除”还只是个传说之声。这的确是事实，欧洲遭遇空气污染已经不是新鲜事。2011年9月7日英国《卫报》网站曾报道，欧洲空气质量研究报告称空气污染导致欧洲每年有50万人提前死亡，全欧用于处理空气污染的费用高达每年7 900亿欧元。2014年11月19日西班牙《阿贝赛报》报道，欧洲环境署公布的空气质量年度报告显示空气污染问题造成欧洲每年大约45万人过早死亡，其中约有43万人的死因是生活在充满$PM_{2.5}$的环境中。2014年4月初，英国环境部门监测到伦敦空气污染达10级，是1952年以来最严重的污染，引发全国逾162万人哮喘病发[④]。近年来欧洲大面积雾霾污染事件，击碎了英国、法国、比利时等发达国家是“深绿发展水平国家”的神话。

(3) 一个国家和民族或地区经济社会运行，从生态盈余走向生态赤字并不断扩大的发展道路，就是工业文明的黑色发展道路，其自然生态环境必然是不断恶化的，没有绿色发展可言。与此相反，从生态赤字逐步减少走向生态盈余的发展道路，就是迈向生态文明的绿色发展道路，其自然生态环境不断朝着和谐协调绿色发展的方向前行。因此，逐步实现生态赤字到生态盈余的根本转变，构成判断是不是绿色发展及一个国家和民族及地区是不是“绿色国家”的一个基础根据与根本标准。据此，抛弃工业文明黑色发展模式，坚定不移走绿色发展道路，其根本的、最终的目标与

---

① 保罗·替肯：《商业生态学》（中译本），上海：上海译文出版社，2001年版，第26页。

② 详见2012年7月28日《参考消息》，第7版。

③ 杨多费、高飞鹏：《绿色发展道路的理论解析》，载《科学管理研究》第24卷第5期，第20～23页。

④ 戴军：《英国："霾害根除"还只是个传说》，2015年3月22日《光明日报》。

首要任务就是尽快扭转自然生态环境恶化趋势，实现生态赤字到生态盈余的根本转变，达到生态资本存量保持非减性并有所增殖，这是人类生态生存之基、绿色发展之源。

2．开创绿色经济发展新时代的绿色使命与历史任务

当今人类发展已经奏响绿色经济与绿色发展的新乐章。发展绿色经济、推进绿色发展是开创绿色经济发展新时代的绿色使命与历史任务，必将成为人类文明演进与经济社会发展的时代潮流。从全球范围来看，迄今为止，世界上还没有一个国家或地区真正是生态文明的绿色国家或绿色地区，中国也不例外。但是当今世界主要发达国家和发展中国家，已经奏响经济社会发展绿色低碳转型的主旋律，开始朝着建设绿色国家或地区，推进绿色发展的方向前行。在此我们要指出的是，发展绿色经济、推进绿色发展是世界各国的共同目标和绿色使命。2010 年美国学者范·琼斯出版的《绿领经济》一书谈到美国兴起的绿色浪潮时说："不管是蓝色旗帜下的民主党人还是红色旗帜下的共和党人，一夜之间都摇起了绿色的旗帜。"[①]奥巴马政府实行绿色新政，主打绿色大牌，实施绿色经济发展战略，其战略目标是要促进经济社会发展的绿色低碳转型，再造以美国为中心的国际政治经济秩序。以北欧为代表的部分国家如瑞典、丹麦等在实施绿色能源计划方面走在世界前列。日本推进以向低碳经济转型为核心的绿色发展战略总体规划，力图把日本打造成全球第一个绿色低碳国家。韩国制定和实施低碳绿色增进的经济振兴国家战略，使韩国跻身全球"绿色大国"之列。尤其是在绿色新政席卷全球时，不仅美国而且英、德、法等主要发达国家，都企图引领世界绿色潮流。这些事实充分表明发展绿色经济、推进绿色低碳转型、实现绿色发展，是世界发展的新未来、新道路，已成为 21 世纪人类文明进步和经济社会发展的主旋律即绿色发展主旋律，标志着当今人类发展已经开启了迈向绿色经济发展新时代的新航程。

然而，历史发展不是一条直线，而是螺旋式上升的曲线。当今人类历史仍处在资本主义文明及工业文明占主导地位的时代，主要资本主义国家仍有很强的调整生产关系、分配关系和社会关系的能力和活力。因此，主要资本主义国家尤其是西方发达资本主义国家，在工业文明基本框架内对生态环境与绿色经济的认识，制定和实行生态环境保护、治理与生态建设政策、措施和行动，并发展绿色经济，来调节、

① 范·琼斯：《绿领经济》（胡晓姣、罗俏鹃、贾西贝译），北京：中信出版社，2010 年版，第 55 页。

缓解资本主义生态经济社会矛盾，力图走出工业文明发展全面异化危机即黑色发展困境。但是，正如一些学者所指出的，“事实的真相”则是到目前为止，西方发达资本主义国家所实施的绿色经济发展战略和自然生态环境治理与修复的思路与方案，主要是在工业文明基本框架内进行①，仍然没有根本触动工业文明也无法超越现存资本主义文明的黑色经济社会体系。这主要表现在两个方面：一是西方发达资本主义国家对内实行绿色资本主义的发展路线。目前西方发达国家主要是在不根本触动资本主义文明及工业文明黑色经济体系与发展模式的前提下，通过单纯的技术路线来治理、修复、改善自然生态环境，寻求自然生态环境和资本主义协调发展，缓解人与自然的尖锐矛盾，并在对高度现代化的工业文明重新塑造的基础上走有限的“生态化或绿色化转型发展道路”，即绿色发展道路，实践已经论证，这是不可能走出工业文明黑色危机的。今春欧洲大面积雾霾污染重返欧洲蓝天就是有力佐证。二是目前西方发达资本主义国家对外实行生态帝国主义政策，主要有3种形式：资源掠夺、污染输出和生态战争，使发达资本主义大多数踏上了生态帝国主义黑色之路，使西方发达国家的黑色发展道路与模式所付出的高昂生态环境成本即发生巨大黑色成本由发展中国家为他们“买单”。因此，我们从现实中可以看到，绿色资本主义和生态帝国主义的路线与实践不仅可以成功地改善资本主义国家国内的自然生态环境，缓解甚至能够度过“生存危机”，而且可以“在承担着创造后工业文明时代资本主义的‘绿色经济增长’和‘绿色政治合法性’新机遇的使命。”②

当今人类虽然正在迎来生态文明即绿色文明的黎明，但人类文明发展却是在迂回曲折中前进的。自2008年国际金融危机之后，先是美国实行“再工业化战略”，推进“制造业回归”。随后欧洲发达国家纷纷宣称要“再工业化”，不仅把包括绿色能源战略在内的绿色经济发展战略纳入经济复苏的轨道，而且还针对经济虚拟化、产业空心化，试图通过实施“再工业化战略”和“回归实体经济”，重塑日益衰落的工业文明生态缺位的黑色经济，重新走上工业文明增长的经济发展道路。这是向高度现代化的工业文明发展的回归，阻碍着人类文明发展迈向生态文明绿色经济发展新时代。

按照生态马克思主义经济学哲学观点，在资本主义文明及工业文明框架的范围

---

① 张孝德：《生态文明模式：中国的使命与抉择》，载《人民论坛》2010年第1期，第24～27页。

② 郇庆治：《“包容互鉴”：全球视野下的“社会主义生态文明”》，载《当代世界与社会主义》2013年第2期，第14～22页。

内，是不可能从根本上走出工业文明发展全面异化危机即黑色危机的深渊。对此，连西方学者也认为：在资本主义文明及工业文明的“基本框架内对经济运行方式、政治体制、技术发展和价值观念所作的任何修补和完善，都只能暂时缓解人类的生存压力，而不可能从根本上解决困扰工业文明的生态危机。”①这就是说，绿色资本主义和生态帝国主义的推行会使全球自然生态、社会生态和人类生态的黑色危机越来越严重。这与20世纪90年代以来世界各国在工业文明框架内实施可持续发展一样，其结果是“20多年来的可持续发展，并没有有效遏制全球范围的环境与生态危机，危机反而越来越严重，越来越危及人类安全。”②因此，世界人民有理由把更多的目光集聚到社会主义中国，将开创工业文明黑色发展道路与模式转向生态文明绿色发展道路与模式，这一人类共同的绿色使命与历史任务寄托于中国建设社会主义生态文明。2011年在美国召开的生态文明国际论坛上有位美国学者说道：“所有迹象表明，美国政府依然将在错误的道路上越走越远。”“所有目光都聚到了中国。放眼全球，只有中国不仅可以，而且愿意在打破旧的发展模式、建立新的发展模式上有所作为。中国政府将生态文明纳入其发展指导原则中，这是实现生态经济所必需的，并使得其实现变为可能，是一个高瞻远瞩的规划。”③

3. 中国在当今世界已经率先拉开超越工业文明的社会主义生态文明绿色经济发展新时代的序幕，引领全人类朝着生态文明绿色经济形态与绿色发展模式的方向发展

我国改革开放以来，始终坚持保护环境和节约资源的基本国策，实施可持续发展战略，一些省市和地区实行“生态立省（市）、环境优先、发展与环境、生态与经济双赢”的战略方针。从发展生态农业、生态工业到建设生态省、生态城市、生态乡村；从坚持走生产发展、生活富裕、生态良好的文明发展道路，建设资源节约型、环境友好型经济社会，到发展绿色经济、循环经济、低碳经济；从大力推进生态文明建设到着力推进绿色发展、循环发展、低碳发展等，都取得了明显进展和积极成效。特别是党的十八大确立了社会主义生态文明科学理论，提出和规定了建设

① 转引自杨通进：《现代文明的生态转向》，重庆：重庆出版社，2007年版，总序第4页。

② 胡鞍钢：《中国：创新绿色发展》，北京：中国人民大学出版社，2012年版，第9页。

③ 《第五届生态文明国际论坛会议论文集（中英文）》，April 28-29，2011，Claremont，CA，USA，Fifth International Forum on Ecological Civilization：toward an Ecological Economics。

中国特色社会主义的两个“五位一体”①：建设中国特色社会主义“五位一体”总体目标，使中国特色社会主义道路的基本内涵更加丰富；建设中国特色社会主义“五位一体”总体布局，使中国特色社会主义的基本纲领更加完善。这不仅是奏响我们党“领导人民建设社会主义生态文明”（新党章语）的新乐章，而且标志着全国人民踏上社会主义生态文明绿色发展道路的新征途。因此，党的十八大明确提出“努力建设美丽中国”是社会主义生态文明建设的战略目标，即建设美丽中国首先是建设绿色中国，其中心环节就是走出一条生态文明绿色经济发展道路，构建绿色经济形态与发展模式。据此而言，党的十八大向全党全国人民发出的“努力走向社会主义生态文明新时代”的伟大号召，意味着中国特色社会主义文明发展要努力迈向生态文明绿色经济与绿色发展新时代。为此，《中共中央　国务院关于加快推进生态文明建设的意见》中又提出把经济社会绿色化作为生态文明建设与绿色发展的核心内容与基本途径，从而在当今世界率先开拓了从工业文明黑色发展道路与模式转向生态文明绿色发展道路与模式，使当下中国朝着生态文明绿色经济形态与发展模式的方向发展，努力成为成功走出工业文明的新型工业化道路、真正进入生态文明的绿色化发展道路的榜样国家。

当然，当今中国的客观现实还是一个加速实现工业化的发展中国家，刚走过发达国家100多年所走过的工业文明发展历程，成为以工业文明为主导形态的工业大国。在这几十年间，中国工业化、现代化道路的探索，尽管在一定程度上符合中国国情和实际情况，但仍然走的是工业文明黑色发展与黑色崛起道路，它在本质上是沿袭了西方发达资本主义文明所走过的高碳高熵高代价的工业文明——“先污染后治理、边污染边治理”的黑色发展道路。因此，我们“不得不承认，我们原先走在黑色发展和崛起的征途上，所以尽管我们即使按西方工业文明的标准未达到发展与崛起的程度，但是黑色发展和崛起的一切代价和后果我们都已尝到了。”②历史经验教训值得重视，党的十八大之前的20多年里，我们在没有根本触动刚刚形成的工业文明经济社会形态前提下，换言之，在工业文明基本框架内实施可持续发展战略、生态环境治理与修复，建设生态省市，走文明发展道路以及发展绿色经济等，是不可能有效遏制、克服工业文明黑色发展道路与模式的黑色效应，工业文明发展异化

① 刘思华：《生态马克思主义经济学原理》（修订版），北京：人民出版社，2014年版，第561～566页。

② 陈学明：《生态文明论》，重庆：重庆出版社，2008年版，第22页。

危机即黑色危机反而日益严重。它突出体现在3个方面[①]：一是当下中国自然生态恶化状况从总体上看，范围在扩大、程度在加深、危害在加重；二是城乡地区差距不断扩大、分配不公与物质财富占有的贫富悬殊已成常态；三是平民百姓生活质量相对变差等社会生态恶化，公众健康相对变差的国民人体生态恶化等，使得生态经济社会矛盾不断积累与日益突出甚至不同程度的激化，已成为建设美丽中国、全面建成小康社会的重大"瓶颈"，是实现绿色中国梦的最大桎梏。因此，我们必须正视当下中国"自然、人、社会"复合生态系统的客观现实，深刻认识与正确把握当今中国从工业文明黑色发展道路向生态文明绿色发展道路的全面转轨，从工业文明黑色发展模式向生态文明绿色发展模式的全面转型的必要性、迫切性、重要性与艰巨性。事实上，近年来，我国学术界有人为了所谓填补研究空白、标新立异，制造一些伪绿色发展论，不仅把西方主要发达国家说成是"深绿色发展国家"，掩盖当今资本主义国家工业文明发展全面恶化危机即黑色危机的客观现实；而且把处于"十面霾伏"的雾霾污染重灾区的京津冀、长三角、珠三角的一些城市界定为"高绿色城镇化"，这完全不符合客观事实的假命题，否定不了当下中国及城市自然生态危机仍在加深的严峻事实，动摇不了我国以壮士断腕的决心和信心，打好大气、水体、土壤污染的攻坚战和持久战。

所谓攻坚战和持久战，就在于当前国内外事实表明，大气、水体、土壤污染治理与修复已成为世界性的难题。而当今中国大气、水体、土壤污染日益严重，应当说是长期中国工业化、城市化黑色发展积累的必然恶果，是中国工业文明黑色发展道路与模式对自然生态损害的直观展示，是对中国过去GDP至上主义发展的严厉惩罚及严重警示。改革开放30多年，中国经济发展规模迅速扩大，快速成长为工业文明经济大国，这是世所罕见的。然而，它所付出的自然生态环境代价也是世所罕见的。当今世界上很少有国家像中国这样，以如此之高的激情加速折旧自己的生态环境未来，已经是世界头号污染排放大国，正如国内外学者所指出的，中国已经成为世界上最大的"黑猫"，"全球最大的生态'负债国'"[②]。目前中国生态足迹是生物承载力的两倍，生态系统整体生态服务功能不断退化，生态赤字还在扩大。中

① 刘思华：《论新型工业化、城镇化道路的生态化转型发展》，载《毛泽东邓小平理论研究》2013年第7期，第8～13页。

② 卢映西：《出口导向型发展战略已不可持续——全球经济危机背景下的理论反思》，载《海派经济学》2009年第26辑，第81页。

国生态系统的生态负荷已达到临界状态，一些资源与环境容量已达支撑极限，经济社会发展是依靠“环境透支”与“生态赤字”来维持。因而，生态赤字不断扩大，生态（包括资源环境）承载力日益下降，在大中城市尤其是大城市十分突出，如上海市人均生态足迹是人均生态承载力的46倍，广州市为31倍，北京市为26倍。在存在生态赤字的国家中，日本是8倍，其他国家均在2～3倍，中国大城市特大城市普遍存在巨大的生态赤字，都面临比其他国家更为严峻的自然生态危机[①]。由此要进一步指出，目前全国600多个大中城市，特别是大城市，其高速发展不仅正在遭遇各种环境污染，如水、土、气三大污染之困，而且正在遭遇“垃圾围城”之痛，有2/3的城市陷入垃圾的包围之中，有1/4的城市已没有适合场所堆放垃圾，从而加剧了城市生态系统的黑色危机。近日有学者发文认为，“中国城镇化离绿色发展要求的内涵、绿色发展的模式相去甚远”，“中国的绿色发展目标尚未实现”[②]。这就是说，迄今为止，我国还没有一个大中城市真正走入按照社会主义生态文明的本质属性与实践指向所要求的生态文明绿色城市的门槛，这是不容争辩的客观事实。

综上所述，无论当今世界还是今日中国，生态足迹不断增加，生态赤字日益扩大，这是自然生态危机的核心问题与根本表现。而当下中国各类环境污染呈现高发态势，已成民生之患、民心之痛、发展之殇；生态赤字与生态资本短缺仍在加重，使我国进入生态“还债”高发期，良好的自然生态环境已经成为最为短缺的生活要素、生产要素及生存发展要素。这就决定了生态环境问题是严重制约中国生态经济社会有机整体、全面和谐协调可持续发展的最短板，是建设美丽中国、实现绿色中国梦的最大阻碍，是中国绿色发展与绿色崛起面临的最大挑战与绿色压力。因此，我们要直面这一严峻现实，必须也应当摆脱与摒弃过去所走过的工业文明高碳高熵高代价的黑色发展道路，与工业文明黑色发展模式彻底决裂，积极探索生态文明低碳低熵低代价的绿色发展道路及发展模式，使中国特色社会主义文明发展尽早实现从工业文明黑色发展道路与模式向生态文明绿色发展道路与模式的根本转变，成功地建成生态文明绿色强国。

① 齐明珠、李月：《北京市城市发展与生态赤字的国内外比较研究》，载《北京社会科学》2013年第3期，第128～134页。

② 庄贵阳、谢海生：《破解资源环境约束的城镇化转型路径研究》，载《中国地质大学学报（社科版）》2015年第2期，第1～10页。

五、关于“绿色经济与绿色发展丛书”的几点说明

“绿色经济与绿色发展丛书”是目前世界和中国规模最大的绿色社会科学研究与出版工程，覆盖数十个社会科学学科和自然科学学科，是现代经济理论与发展思想学科群绿色化的开篇，故不得不说明几点：

（1）“丛书”站在中国特色社会主义文明从工业文明走向生态文明的文明形态创新、经济社会形态创新、经济发展模式及发展方式创新的新高度，不仅探讨了中国社会主义经济的发展道路、发展战略、发展模式和发展体制机制等生态变革与绿色创新转型即生态化、绿色化发展，而且提出了从国民经济各部门、各行业到经济社会发展各领域等方面，都要朝着生态化、绿色化方向发展。为建设社会主义生态文明和美丽中国，实现把我国建成绿色经济富国、绿色发展强国的绿色中国梦，提供新的科学依据、理论基础和实践框架及路径。

（2）“丛书”力争出版45部，涉及学科很多、内容广泛，理论与实践问题研究较多，大致可以归纳为4个方面：一是深化生态文明和绿色经济与绿色发展的马克思主义基础理论研究；二是若干重大宏观绿色化问题研究；三是主要领域、重要产业与行业发展绿色化问题研究；四是微观绿色化问题研究。因此，整部“丛书”是以建设生态文明为价值取向，以发展绿色经济为主题，以推进绿色发展为主线，比较全面、系统地探讨生态经济社会及各领域、国民经济各部门、各行业与其微观基础的绿色经济与绿色发展理论和实践问题；向世界发出“中国声音”，展示中国的绿色经济发展理论与实践的双重探索与双重创新。

（3）“丛书”是新兴、交叉学科群绿色化多卷本著作，必然涉及整个经济理论与发展学说和马克思主义的基本原理与重要的基本理论问题，并涉及众多的非常重要的现实的前沿话题，难度很大，有些认识还只能是理论的假设与推理，而作者和主编的多学科知识和理论水平又很有限，因而“丛书”作为学科群绿色化的开篇，很难说是一个十分让人满意的开头，只能是给读者和研究者提供一个学术平台继续深入探讨，共同迎接绿色经济理论与绿色发展学说的繁荣与发展。

（4）“丛书”把西方世界最早研究生态文明的专家——美国的罗伊·莫里森所著的《生态民主》译成中文出版。《生态民主》一书于1995年出版英文版，至今已有20年了，中国学界和出版界却无人做这项引进工作，出版中译本。近几年来，在我国研究生态文明的热潮中，很多论文和著作都提到《生态民主》一书，尤其我

国权威媒体记者多次采访莫里森，使这本书在中国有较大影响。然而，众多研究者介绍本书时都没有具体内容，既没有看英文版原版，又无中译本可读，只是相互转抄、添油加醋，就产生了一些学术误传，不利于正确认识世界生态文明思想发展史，更不能正确认识中国马克思主义生态文明理论发展史。因此，笔者下决心请刘仁胜博士译成中文，由中国环境出版社出版，与中国学者见面。在此，我要强调指出的是莫里森先生所写中译本序言和该书一些基本观点，并不代表我作为“丛书”主编的观点，我们出版中译本是表明学术思想的开放性、包容性，为中国学者深入研究生态文明提供思想资料与学术空间，推动社会主义生态文明理论与实践研究不断创新发展。

(5)“丛书”的作者们在梳理前人和他人一些与本领域有关的思想材料、引用观点时，都尽可能将原文在脚注和参考文献中一一列出，也有可能被遗漏，在此深表歉意，请原著者见谅。在此，我们还要指出的是，“丛书”是“十二五”国家重点图书出版规划项目，多数书稿经历了四五年时间才完稿，有的书稿所引用的观点和材料是符合当时实际的。党的十八大后，党和政府对市场经济发展进程中出现的某些经济社会问题，认真地进行治理并有所好转，但在出版时对书稿中过去的材料未作改动，把它作为历史记录保留在书中，特此说明。总之，“丛书”值得商榷之处一定不少，缺点甚至错误在所难免，故热切盼望得到专家指教和广大读者指正。

刘思华

2015 年 7 月

目 录

第 1 章　绿党的生态信条是生态资本主义 1
1.1　明义：“生态资本主义”概念的简略辨析 2
1.2　究本：生态资本主义批判的理论诉求 7
1.3　溯源：生态资本主义产生的原因 9
1.4　质疑：生态资本主义是可能的吗？ 12

第 2 章　马克思恩格斯——资本主义生态批判的开拓者 17
2.1　马克思恩格斯对资本理性的生态批判 17
2.2　资本主义生产方式的生态原罪 24
2.3　“工业的资本主义性质”与无产阶级的环境厄运 29
2.4　资本主义制度与合理农业相矛盾 35

第 3 章　生态批判：西方马克思主义的新视野 45
3.1　法兰克福学派对资本主义的生态批判 46
3.2　阿格尔的生态危机论与莱斯的自然控制论 62
3.3　高兹：从“技术法西斯主义”批判到经济理性批判 69

第 4 章　福斯特和奥康纳对生态资本主义的批判 91
4.1　生态学反对资本主义 92
4.2　“第二重矛盾”理论与资本主义的自我毁灭 101

第 5 章　生态帝国主义批判 118
5.1　生态帝国主义产生的原因及表现 118
5.2　“让他们吃下污染”
——生态帝国主义对第三世界犯下的罪孽 123
5.3　生态帝国主义的实质 126
5.4　对待生态帝国主义应有的策略 130

第 6 章　资本主义消费异化与生态危机 134
6.1　消费异化的缘起及危害 134
6.2　人的满足最终在于生产活动而不在于消费活动 144

第 7 章　技术能拯救资本主义生态危机吗？ 153
7.1　破除“技术万能论”的神话 154
7.2　“杰文斯悖论”的启示 161

第 8 章　从资本主义工业文明到社会主义生态文明新时代 169
8.1　资本积累的扩大必然引发环境危机 170
8.2　资本主义工业文明导致的生态环境问题 173
8.3　努力走向社会主义生态文明新时代 178

参考文献 192

后　记 197

Contents

Chapter 1 The Eco-belief of the Green Party is Eco-capitalism 1

1.1 Definition：A Brief analysis of the Concept “Eco-capitalism” 2

1.2 The Inquiry of the Nature：The Theory of Critique of Eco-capitalism 7

1.3 Trace to Source：The Causes to Formation of Eco-capitalism 9

1.4 Call in Question：Can the Eco-capitalism will be? 12

Chapter 2 Marx and Engels are Pioneers to Criticize Capitalism from Ecology . 17

2.1 The Eco-critique of Marx and Engels to Capital Reason 17

2.2 The Eco-Sin of the Mode of Production in Capitalism 24

2.3 “The Capitalistic Nature of Industry” and Environmental Adversity of Proletariat 29

2.4 The Contradiction between Institution of Capitalism and the Rational Agriculture 35

Chapter 3 Eco-critique：the New Field of West Marxism 45

3.1 Eco-critique of Frankfuel School to Capitalism 46

3.2 The theory of Eco-crisis by B. Agger and the Domination of Nature by W. Leiss 62

3.3 Critique of A. Gorz to “Technofascism” and Economic Reason 69

Chapter 4 Foster and O’Connor’s Critique to Eco-capitalism 91

4.1 Ecology Against Capitalism 92

4.2 The Theory of “Second Contradiction” and Self-destroy of Capitalism ... 101

Chapter 5 Critique of Eco-Imperialism 118

5.1 The Cause and Expression of Eco-imperialism 118

5.2 "Let Them Swallow the Pollution"
——The Wrongdoing of Eco-imperialism to the Third World 123

5.3 The Substance of Eco-imperialism 126

5.4 The Tactics to Eco-imperialism 130

Chapter 6 The Alienation of Consume in Capitalism and Eco-crisis 134

6.1 The origin and Harm of Alienation of Consumption 134

6.2 Human Satisfaction would be Primarily a Function of Productive Activity and not a Function of Consumption 144

Chapter 7 Can Technology Save the Eco-crisis of Capitalism? 153

7.1 Get Rid of the Myth of "Technology is All-purpose" 154

7.2 Inspiration of "The paradox of Jevons" 161

Chapter 8 From Industrial Civilization of Capitalism to New Era of Eco-civilization of Socialism 169

8.1 Expansion of Accumulation of CAPITAl must Cause Environmental Crisis 170

8.2 Environmental Degradation Caused by Industrial Civilization of Capitalism 173

8.3 Towards New Era of Eco-civilization of Socialism 178

References 192

Postscript 197

第 1 章

绿党的生态信条是生态资本主义

作为西方绿色政治思潮的“生态资本主义”，其概念和理论内涵已经引起了中国学者的关注，也带来了一些追问和思考。在笔者看来，辨明“生态资本主义”概念内涵和理论旨趣是很重要的基础性工作，只有在此基础上，我们才能研究“生态资本主义批判”这个命题。因为当你对批判的对象都不甚了解的时候，就可能导致“无的放矢”或“有矢乱放”的理论乱象。对“生态资本主义”的理解会出现见仁见智的现象，这实属学术研究的“常态”。在笔者看来，“生态资本主义”是一个悖论，因为生态逻辑与资本逻辑是大相径庭的。“生态资本主义”是资本主义在为自己的“生态欠账”“买单”，是对资本原始积累以来导致的生态灾难的一种“生态救赎”，是想在“生态学”与“资本主义”之间建立联姻的“生态婚约”。“生态资本主义”某些保护生态环境的具体做法和措施是有参考价值的，我国在社会主义生态文明建设中也借鉴了“生态资本主义”的某些东西。但是，在人类社会文明进化的高度和资本主义制度与生态环境机制的内在冲突方面，是否涉及生态学拯救资本主义？有“生态资本主义”可能吗？在这些大是大非问题上，笔者更倾心于“社会主义生态文明”，更渴望步入“社会主义生态文明新时代”。更有甚者，如果我们迷思于“生态资本主义”的“田园牧歌”，津津乐道于资本主义制度框架下的“生态修复”和“生态重建”，看不清“生态资本主义”的内在悖谬和生态帝国主义、生态殖民主义的“嘴脸”，那就是在理论立场上的“失足”和混乱。其实，马克思恩格斯和西方马克思主义对资本主义的生态批判就是我们今天对“生态资本主义”批判的理论“先声”，它将使我们今天的“建设社会主义生态文明”更加充满理论自信。

1.1 明义：“生态资本主义”概念的简略辨析

在环境政治学的理论范式中，“生态资本主义”这个概念已经进入了我国学者的理论视野。特别是印度裔德国学者萨拉·萨卡的名著《生态社会主义还是生态资本主义》在我国的出版，使得“生态资本主义”的概念以及相关的理论问题受到了国内理论界，特别是研究国际环境政治、生态社会主义和生态学马克思主义的学者们的高度关注。

依据维基百科的界定，“生态资本主义”（Eco-capitalism）是西方绿色运动与绿党政治的诸多战略之一。其基本理念是：人类社会应当扩大“资本”的范围，从生态学的视角出发重新审视“资本”概念的含义，赋予“资本”以生态的维度。在生态资本主义看来，对人类生存和发展起着基础作用的自然生态系统，应当被视为是一种“自然资本”，人类制造的其他形式的社会资本只有通过这种“自然资本”才能成为现实的财富。生态资本主义是在资本主义发展中面临日益严重的生态环境危机的背景下，解决环境难题或保护环境公共资源一种主张，它通常被环境主义者视为一种建设性的、非意识形态化的绿色政治战略，是在资本主义制度框架内克服生态环境问题的实践方式和政策理论的生态表达，呈现出在生态环境危机压力下当代资本主义的新变化。

北京大学的郇庆治教授认为：“‘生态资本主义’可以更宽泛地概括为：在现代民主政治体制与市场经济机制共同组成的资本主义制度框架内，以经济技术革新为主要手段应对生态环境问题的渐进性解决思路与实践。”①在郇庆治教授看来，生态资本主义作为当代西方国家中的主流环境政治流派，在促成绿色的或环境保护的政策和生态社会变革方面发挥着突出作用，它的理论和实践正承担着创造后工业时代资本主义的“绿色经济增长”，实现“绿色政治合法化”的新使命。生态资本主义的积极因素是明确肯定和赋予自然生态环境要素以“资本”的价值，并主张在商品经济的生产、经营、管理和消费诸环节中努力体现和实现这些“生态资本”的价值。生态资本主义认定的保护生态环境的思维路径是：一方面，人们应当在商品经济的

---

① 郇庆治：《21 世纪以来的西方生态资本主义理论》，载《马克思主义与现实》2013 年第 2 期，第 108～110 页。

诸环节中正确核算生态环境要素的资本价值，这样既不存在着免费的自然生态成本的输入，也不允许免费的环境污染物的输出；另一方面，如果生产经营者都做到考虑自然生态要素的投入成本和环境污染物的排除成本，那么，市场竞争机制的作用将会带来生产效率尤其是资源利用率的不断提高，此举最终将达到经济效益和环境保护的双赢效果。生态资本主义是一种较为温和的或“浅绿的”绿色政治理论，它从不质疑和挑战资本主义的经济和政治制度，而是要把资本主义“绿化”，要对资本主义经济生产和消费活动导致的生态环境破坏的现实进行“生态修复”或者“生态重建”。生态资本主义表现了资本主义对生态向度的接纳，它是一种不太热衷于生态环境保护方面的“宏大叙事”且比较注重实效的绿色政治理论，它想达到的目的就是在维持资本主义制度的前提下，致力于当代社会经济生产与生活方式的反生态弊端的切实改善。郇庆治教授还具体分析了当代“生态资本主义”四个主要理论流派及其基本观点，这四个流派是“生态现代化理论”“绿色国家理论”“环境公民权理论”和“环境全球管治理论”。这些都可以被视为从生态的角度对传统政治意义上的国家理论和公民权利理论的“绿色补充”，它们是否有效，尚需时间的检验。郇庆治教授认为，生态资本主义的理论与实践的确带来了当代欧美国家某些政策创制与制度革新意义上的“绿化”，但同时也凸显出如下三个难以克服的内源性矛盾：渐进改善与结构性变革之间的矛盾，个体环境意识、责任和行动与国家培育、规约之间的矛盾，本土中心与全球视野需要之间的矛盾。所以，生态资本主义并不是医治资本主义生态危机的灵丹妙药。

国内著名学者余谋昌、黄承梁认为，“生态资本主义，是资本主义对人与自然生态关系进行自身调节的一个重要方面。我们把它定义为：在工业文明模式的范围内，国家对环境问题的认识，制定和实施环境保护政策、措施和行动。”[①]他们认为，20 世纪中叶以来，资本主义工业化进程导致了严重的生态环境危机，环境问题成为了政治和社会问题，激起了人们的愤怒并掀起了反对“公害”的环境保护运动。此举在一定程度上冲击着资本主义的统治，质疑着资本主义统治的合法性问题。在这样的背景下，致力于改善环境的生态资本主义就应运而生了。但是，随着时间的推移，人们看到生态资本主义的“绿色举措”虽然有所成效，但并没有扭转环境问题整体持续恶化的趋势，或者说，在环境问题上“局部有所改善，整体继续恶化”。

① 黄承梁、余谋昌：《生态文明：人类社会全面转型》，北京：中共中央党校出版社，2010 年版，第 70 页。

所谓“局部有所改善”，主要是指发达国家的环境质量有所好转。因为，一方面，他们有钱有技术投资于环保产业，对污染物进行净化处理；另一方面，他们在产业升级的过程中将污染严重的产业和有毒垃圾转移到发展中国家。“整体继续恶化”，主要是从全球化、绝大多数国家和地区的环境质量表现出来的。2007 年 10 月 25 日，联合国发表的报告《全球环境展望》指出，人类逼近环境恶化的“引爆点”。所以，生态资本主义可以对人与自然关系进行一些调节，也许能够起到局部或暂时的作用，但是，它不可能从根本上解决问题。生态资本主义是建立在工业文明模式基础上的，而生态危机就是工业文明积累的“恶果”。人类社会要想从根本上克服生态环境危机，需要来一次新的文明革命，超越工业文明模式建设生态文明模式，用社会主义生态文明代替资本主义工业文明，来一场“社会全面转型”。

萨拉•萨卡在其名著《生态社会主义还是生态资本主义》中，并没有给“生态资本主义”概念下一个标准的定义，他主要是从理论主张、政策策略和实践方式的角度对生态资本主义展开了全面的批判。萨卡认为，生态资本主义仍然是资本主义，在资本主义制度的框架内，生态资本主义的所有“生态措施”（如生态化市场力、生态凯恩斯主义、污染许可证制度、生态化的市场价格、生态税改革、稳态的资本主义等）都是难以奏效的。“主要原因是资本主义的基本原则，即自私自利和贪婪，它们与平等的理想，甚至是与限制不平等的理想，完全不兼容——既要成为任何类型的资本主义的拥护者，又要成为资源（环境空间）方面的平等主义者，二者是一个悖论。如果资产阶级不再贪婪和自私，如果作为强大驱动力因素的不平等不再存在，那么资本主义，甚至生态资本主义将停止运转。”①

通过上述论证，我们可以对“生态资本主义”概念和价值主张有比较明确的认知。“生态”这个限定词，可以理解为“生态的”这个形容词，就像“福利资本主义”概念一样，“生态”这个词限定于资本主义，体现了人们从生态视角对资本主义的一种新认识，一种新的“生态包装”。它反映了在生态环境危机状态下，资本主义经历的一场“生态救赎”运动。生态资本主义相信通过一系列生态市场化的手段和绿色政治的政策措施，就可以把资本主义从生态环境危机的泥淖中拯救出来。其主旨是要阐明资本主义与生态学是不矛盾的，二者可以在资本主义制度框架内达到恰切的融合，让人们相信，“生态资本主义”“绿色资本主义”抑或是“可持续发

---

① 萨拉•萨卡：《生态社会主义还是生态资本主义》，济南：山东大学出版社，2008 年版，第 214 页。

展的资本主义”都是现实的、可行的。

针对生态资本主义观点，学者们质问道：“资本主义是否可以实现生态化？”“生态资本主义是否可能？”“生态学可以拯救资本主义吗？”“生态资本主义的举措可以奏效吗？”当生态危机成为资本主义社会的主要危机后，如何看待生态学与资本主义的关系，资本主义的经济制度和生产方式能否与生态原则相一致，经过生态环境危机摧残的资本主义是否可以蜕变为生态资本主义、生态化的资本主义或者“绿色资本主义”，这成了当下环境政治学争议的重要问题。“生态资本主义”正是在回答上述问题时形成的一种对生态学与资本主义关系的最新认识。

那么，何谓“生态资本主义”，生态资本主义的基本理论是什么？

（1）生态资本主义的拥护者认为，资本主义的经济原则和生态学主张是不矛盾的，二者在市场经济体制下是可以共存的。他们认为，生态与工业经济之间根本不存在对立与冲突，资本主义“万能的市场机制”，可以为生态服务，为环境保护出力。特别是敏感反映资本主义消费市场变化的价格机制，是解决生态问题的最好办法。生态资本主义理论家非常崇拜西方经济理论和市场自由主义。在生态环境问题上，他们认为，只要市场经济与技术结盟，那么人们就可以用它们来解决我们面临的环境难题，价值规律这只“看不见的手”在保护环境中也是大有作为的。因为，当一种“自然资源”将要耗尽时，它的稀缺性反映在价值规律上就是该资源的商品或服务的价格的提高。这将鼓励企业家和科技人员努力发明某种替代品，或提供类似的商品和服务。同样地，人们也可以从无害的烟雾剂、生物降解塑料、催化转换器等发明中赚钱。因此，在资本主义社会，追求资本主义的经济利益和提高生态环境质量是不矛盾的。

（2）生态资本主义的拥护者认为，资本主义制度并不具备破坏生态环境的先天倾向，资本主义在生态环境压力的逼促下，可以改变自己的形态，从而演变出新的模式，进入到资本主义的环境保护阶段，即人们通常所说的“生态资本主义”或者“绿色资本主义”。他们认为，今天，在资本主义世界已经出现了资本主义与生态环境和谐相处的新景象。所以，历史上资本主义与环境保护的矛盾，二者不可共存的局面不一定会延伸到未来的资本主义社会中去。

（3）生态资本主义的拥护者认为，自然资源是大自然奉献给人类的“免费的礼品”，这些“自然礼品”的供给是无限的，如水、阳光、地热、风力、潮汐等等，所以，资本家大可不必为自然资源的供给而担忧。在这些人看来，所谓自然资源的有限性将是资本主义扩张的生态制约的观点是站不住脚的。

（4）生态资本主义的拥护者认为，科学技术是至上的，在处理生态环境问题时，他们信奉“科技万能论”，在他们看来，发达的科学技术是生态资本主义存在的技术保障，绿色技术是资本主义制度的“绿色护身符”。人类曾经滥用科学技术所产生的生态环境问题，最终也可以通过科学技术的手段来解决。

（5）生态资本主义的拥护者认为，只要在经济决策中赋予自然资源和环境资源以适当的价值，自然资源就可以得到节约，生态环境就可以得到保护。在他们看来，传统经济学把自然资源视为免费的、天然的东西，这导致了人们无节制地盘剥自然，开发自然，严重地破坏了我们生存的生态环境。现在环境经济学的产生，就是要纠正传统经济学的缺憾。环境经济学主张把生态环境转化为一系列的商品，通过“绿色成本核算”和“绿色会计系统”为自然资源和生态环境定价，把它们纳入到资本主义的市场价格体系中去，这样，人们就会因为这些资源不再免费使用而珍惜它们。

（6）生态资本主义的拥护者认为，穷国与富国，穷人与富人在环境污染的承受力、环境污染导致的经济损失上是不同的，在生态环境保护的法律法规方面也是不一样的。因此，在他们看来，向贫穷落后的国家和地区转移污染企业，倾倒有毒有害垃圾的行为在经济学上是合理的，应当受到经济政策的鼓励。所以，生态资本主义是为了自己“客厅”的整洁，而污染了他人的家园，表现出露骨的“生态帝国主义”的霸道。

生态资本主义是资本主义在面临生态环境危机拷问时的一种理论诉求，它的目的是要在资本主义与生态学之间建立合法的“婚姻关系”，要在资本主义经济增长和生态环境保护之间寻找平衡。尽管这两个目的是根本对立的，是矛盾的，但是生态资本主义想同时追求两者，想达到双赢的目的。生态资本主义在环境保护方面也是有所作为的，如使用可再生的能源、避免有毒的化学物质、维修或再利用旧的产品、减少对需要长距离运输原料和商品的依赖等。但是，在市场竞争的压力下，生态资本主义的这些举措是很有限的。生态资本主义的拥护者往往被人们形容为“蓝绿色”。这里的“蓝”是指资本主义制度，“绿色”是指生态环境。这些人可能是绿色运动的坚定支持者而又接受或倾向依从自由市场原则来达到治理污染、保护环境的目的，又或者是坚定地支持环境保护政策并关注环境问题的保守主义者和自由主义者。这些人不认为资本主义制度与生态环境保护是矛盾的；相反，在他们看来，生态环境问题是人类社会面临的共同问题，它与社会制度没有必然的联系，在不改变资本主义制度的前提下，人们依然可以达到保护生态环境的目的。而支持生态社会主义的人被人们称为“红绿色”。这里的“红”意味着社会主义制度，而“绿色”也是指生态环境。生态社会主义的核心理念就是，资本主义制度是导致生态环境危机的根本原因，保护生态环境的最佳选择是先进的社会主义，社会主义与生态学有着天然的内在契合性。

在生态环境保护的实践层面上，生态资本主义也主张优先考虑生态环境的健康，具体措施就是控制导致温室效应的气体排放，减少污染，发展低碳经济、循环经济，保护生物多样性等。当然，资本主义企业“生态”实践的目的是要用“绿色”来赚钱，资本家嗅到了“绿色生态商品”畅销的商机。所以，资本家就是资本家，生态资本主义仍是资本主义，他们不会因为环境保护的需要而改变自己唯利是图的本质，资本主义也不会因为有了“绿色包装”而改变自己的剥削本质。

1.2 究本：生态资本主义批判的理论诉求

对生态资本主义的批判指的是什么？它有哪些理论诉求？人们为什么要开展对生态资本主义的批判？这些都是我们一定要阐发清楚的问题。生态资本主义批判，在笔者看来可以从两个方面理解：① 对资本主义犯下的种种生态罪恶的批判，通过大量的生态危机与环境恶化的事实，证明资本主义制度反生态的本质，通过生态学的理论视角说明资本主义制度是不可持续的，资本主义制度不仅控制、剥削人，而且控制、榨取自然。所以，资本主义必然灭亡的“生态丧钟”必将敲响。② 对“生态资本主义”或“绿色资本主义”理论和实践的批判，也就是揭露资本主义生态化的实质，批判资本主义企图通过生态的途径改变其形象的种种手段，撕扯掉覆盖在资本主义制度上的“生态”面纱，说明生态资本主义的具体措施是难以奏效的。

对生态资本主义进行总体批判的两个方面是不可分割的。在资本主义发展的初期及中期阶段，资本主义原始积累和工业化的快速发展对生态环境造成了严重的破坏，以煤炭、石油为主的能源结构导致了污染环境的“工业黑化”现象，震惊世界的资本主义“八大环境公害”映射出资本主义制度的“环境原罪”。所以，对资本主义制度的生态批判就成了当代批判资本主义的一个重要内容。在资本主义现在的发展阶段，特别是从 20 世纪六七十年代以来，随着人们生态环境意识的苏醒和增强，资本主义的工业化进程也面临着艰难的环境考量。怎样把保护生态环境与资本主义经济发展协调起来，如何让生态因素为资本家企业的盈利服务，怎样借生态环境保护的“东风”来拉动经济增长，促进商品销售，把生态环境的制约因素变为推进资本主义经济火箭式腾飞的“生态助推剂”，这些都成为了资本家必须完成的“作业”。正是在这样的环境压力下，资本主义想来一个华丽的“生态转身”，企图把自己由一个破坏生态环境的“环境杀手”装扮成保护环境的“功臣”，于是，生态资本主义就粉墨登场了。

对资本主义制度所造成的生态危害的批判具有宽泛的理论视域。在这里，笔者主要在马克思恩格斯、西方马克思主义和生态学马克思主义的理论范式内阐发这个问题。可以说，马克思恩格斯是人类生态思想史上最早开展对资本主义生态进行批判的思想家。马克思恩格斯在自然观、人与自然关系上的革命性变革，为其生态批判理论奠定了哲学基础。他们对资本主义的生态批判理论主要有下面这些内容：① 马克思恩格斯对资本主义工业化的生态批判，对资本主义生态环境恶化现象和本质的批判；② 对资本主义经济理性、资本贪婪逻辑的批判；③ 马克思恩格斯对资本主义工业和农业的生态批判，对资本主义生产方式的生态批判；④ 马克思恩格斯对资本主义“城市病”、对“城乡对立”和“物质新陈代谢断裂”的批判；⑤ 马克思恩格斯对资本主义“异化劳动”的生态批判；⑥ 马克思恩格斯对工人阶级生存状态的生态调查以及对人类的生态警告；⑦ 马克思恩格斯关于循环经济、生态农业、废物利用、土地保护等生态文明思想研究等。

如果说马克思恩格斯开启了对资本主义生态批判的理论先河的话，那么，西方马克思主义和生态学马克思主义就是秉持了马克思恩格斯社会批判理论的旗帜，从资本主义生态灾难的亲身感受出发，对生态资本主义展开了全方位的批判。西方马克思主义和生态学马克思主义对生态资本主义的批判主要表现在以下几个方面：① 发达资本主义国家生态环境危机和以环境保护为主旨的“新社会运动”对生态学马克思主义产生的影响；② 霍克海默、阿多诺“启蒙的辩证法”理论对资本主义“启蒙理性”的批判；③ 弗洛姆对资本主义社会“重占有的生存方式”的批判；④ 马尔库塞针对资本主义社会的生态批判，提出了“自然解放论”“控制自然与控制社会、控制人的关系理论”“生态斗争与政治斗争的关系理论”“商品化的自然、被污染的自然、军事化的自然界”等理论；⑤ 阿格尔关于“生态危机取代经济危机成为了资本主义主要危机”的理论，对资本主义消费异化的生态批判理论；⑥ 莱斯对资本主义“控制自然”理念的生态批判；⑦ 高兹对资本主义“经济理性”的生态批判，对技术拯救资本主义的“技术法西斯主义”的批判以及他的“保护环境的最佳选择是先进的社会主义”的生态社会主义理论；⑧ 福斯特对资本主义反生态本质的批判，对生态资本主义的经济、技术手段的生态批判，对生态资本主义的“生态帝国主义”行径的生态批判以及关于“资本主义制度必然要导致生态危机”的理论；⑨ 奥康纳关于资本主义生产的无限性与自然资源有限性的矛盾，即“资本主义的第二重矛盾”理论；⑩ 佩珀的生态社会主义理论等。

当今，在对生态资本主义的批判队伍中，萨拉·萨卡是一位重要人物，他是一位印度裔的德国环境政治学家、欧洲生态社会主义理论的代表性学者之一。在他的重要著作《生态社会主义还是生态资本主义》中，他对当今生态资本主义的生态理论和生态补救的种种措施都进行了批判，进一步论证了他主张的“激进的生态社会主义”的合理性和必然性；同时，他还为人们建构了“激进的生态社会主义”的理论框架。

1.3 溯源：生态资本主义产生的原因

自 18 世纪工业革命以来，资本主义工业的快速发展是社会发展的“主旋律”。人类一直怀着崇拜的心情看待工业文明，心中始终充溢着乐观主义精神，认为人类可以通过科学技术达到控制自然、征服自然的目的。但是，当人们沉浸在资本主义工业文明带来的欢愉中时，却发现资本主义工业文明的天幕上出现了朵朵“乌云”。1853 年 5 月 20 日，马克思在《中国革命和欧洲革命》一文中指出：“我们时常提起读者注意不列颠的工业自 1850 年以来空前发展的情况。当时在最惊人的繁荣当中，就已不难看出日益迫近的工业危机的明显征兆。”[①]

资本主义工业的发展割断了农耕文明时代人与自然和谐相处的自然文脉，城市大规模的工业生产和密集式居住，带来了环境资源和原料的大量需求和消耗，而大量的工业生产和城市生活的废物则排放到土壤、河流和大气中，最终导致了前所未有的生态破坏和日趋严重的环境污染。资本主义工业化国家在此前后相继发生的著名的“世界八大环境公害”事件，成为了资本主义工业化导致的环境恶化对人类的典型性惩罚事件。20 世纪 20—70 年代发生的震惊世界的资本主义“八

① 《马克思恩格斯选集》第 2 卷，北京：人民出版社，1972 年版，第 3 页。

大环境公害”是：

（1）马斯河谷事件。发生于1930年12月初的比利时马斯河谷工业区。当时天气出现低温、浓雾，工厂排出的有害气体无法扩散，一周内致使60多人死亡，几千人患呼吸道疾病。

（2）多诺拉烟雾事件。发生在1948年10月底的美国宾夕法尼亚州多诺拉镇，同样是因为低温天气导致工厂排出的有害气体在近地层大气中积累，4天内致使400多人死亡，5 900多人受到伤害。

（3）伦敦烟雾事件。发生在1952年12月初的英国伦敦，大气中尘埃和二氧化碳浓度居高不下。最严重的一次烟雾污染在3天内致使4 000多人死亡。

（4）洛杉矶光化学烟雾。发生在20世纪40年代，一直持续了十多年。最严重的一次发生在1955年，65岁以上的老人死亡400余人。

（5）日本四日市的哮喘事件。该市是日本著名的石油城，1961大气中降尘的酸性高。高浓度的二氧化碳导致受害者呼吸系统受损，患者多达800余人。

（6）日本水俣病事件。1935—1956年，发生在日本雄本县水俣镇，该市水域受到含汞的工业废水的严重污染，致使人和动物患汞中毒症，死亡60余人，患病600余人。

（7）日本的骨痛病事件。1955—1972年，发生在日本富山县神通川流域，当地铅锌冶炼厂排出的含镉废水污染了农作物，使人中毒，骨骼受损疼痛难忍，同时伴有肾损害症状，死亡18人，患病130余人。

（8）日本的米糠油事件。1968年发生在日本北九州和四国爱知县等地。生产米糠油的工厂用多氯联苯作脱臭工艺中的热载体。许多人食用了含有多氯联苯的米糠油后，发生了中毒事件，死亡16人，伤者达500余人。

发生在资本主义世界的环境公害，迫使人们对西方工业文明的价值和形象产生了深深的质疑，人们追问工业文明是真的“文明”吗？是人们期待的生活环境吗？因为在现实中，资本主义工业文明在推动工业化的同时不仅污染了城市环境，黑化了城市生活，而且还催生了能源高消耗和高碳排放。所以，人们把资本主义工业文明形象地讥讽为“黑色文明”。

日本马克思主义学者宫本宪一在《可怕的公害》一书中强调：“公害的历史也

就是资本主义的历史。公害的表现方式也因资本主义发展阶段的不同而不同。”[①]环境公害的出现为资本主义的生产方式拉响了警笛，使人们第一次认识到资本主义社会还存在着另一种危机——生态环境危机，资本家第一次感受到了生态环境的压力。在这样的背景下，资本主义为了自身的利益不得不关注生态环境问题，资产阶级思想家和庸俗经济学家也要考虑生态与资本主义的协调问题，所以，生态资本主义就应运而生了。

环境问题引发的绿色社会运动在很大程度上促进了生态资本主义的产生。20世纪 60 年代以来，随着资本主义世界环境公害悲剧的一再上演，一种普遍的对“生存危机”的担忧萦绕在人们的心头。1962 年，美国海洋生物学家蕾切尔·卡逊的《寂静的春天》一书在《纽约客》杂志上连载发表，该书揭示了大量使用农药，特别是杀虫剂 DDT 所造成的严重的环境污染。揭露了人类滥用化学药剂和农药给全人类带来的全球性生态灾难，强烈呼吁人类走出征服自然的恶性循环。可以说卡逊喊出了人类在“寂静的春天”里的第一声生态呐喊。

随后，人类以环境保护为主要内容的绿色社会运动一浪高过一浪。1970 年 4 月 5 日，美国爆发了以保护环境为主题的 30 万人的大规模示威游行，“世界地球日”由此诞生。1972 年，“罗马俱乐部”发表了《增长的极限》的报告，宣判了资本主义工业化增长模式的“死刑”。该俱乐部的学者们指出了“无限的经济增长”是导致全球环境污染的根源，激发起全球性的环境问题研究和绿色生态运动的热潮。1972 年，世界上第一个绿色政党——新西兰价值党——诞生，很快欧洲许多国家相继建立起各自的绿色政党。1972 年 6 月，第一次全球环境大会“联合国人类环境大会”在斯德哥尔摩召开，会议的非官方报告《只有一个地球——对一个小小行星的关怀和维护》强调了环境问题对人类社会的高度重要性，这次会议把全球环境运动推向了一个新高潮。同时，西方资本主义社会也正在经历着重大的社会结构变动，即所谓“中产阶级”的兴起。这些收入稳定、大都受过高等教育的中产阶级，对生态环境问题表现出异乎寻常的敏感与关注。新兴的中产阶级在倡导生态资本主义和西方环境保护运动中发挥了重要的作用。

然而，在人类环境保护的进程中，面对环境危机给资本家企业带来的冲击，面对民众环保意识的觉醒可能给企业经济利益造成的损失，绝大多数的资本家企业集

---

① 庄司光、宫本宪一：《可怕的公害》，北京：中国环境科学出版社，1987 年版。

团都从自己切身的经济收益出发，反驳人们的环保主张，颠倒黑白、混淆视听，置人们环保的强烈诉求于不顾，置严重的生态危机于罔闻，为本企业的经济利益张目而抵制环境保护运动。例如，卡逊的《寂静的春天》一书在人们中引起的不仅仅是震惊，而是恐慌，特别引发了来自化学工业界的愤怒咆哮，化工巨头、农药生产厂、杀虫剂产业、农业资本家和某些科学家等一起把攻击的矛头对准了卡逊及其著作。

总部设在新泽西州从事除草剂、杀虫剂生产的美国氨基氰公司主管领导叱责到，如果人人都忠实地听从卡逊小姐的指导，我们就会返回到中世纪，昆虫、疾病和害鸟害兽也会在地球上永存下来。美国工业巨头孟山都化学公司模仿卡逊的《寂静的春天》一书，出版了一本《荒凉的年代》小册子。该书叙述了化学杀虫剂如何使美国和全世界大大地减少了疟疾、黄热病、伤寒等病症，并详细描绘由于杀虫剂被禁止使用，各种昆虫大肆猖獗，人们疾病频发，会给人类，尤其是给女性带来很大的麻烦和痛苦，在社会上造成极大的混乱，甚至会导致千千万万的人挨饿致死。另有一部仿作《僻静的夏天》，描写一个男孩子和他祖父吃橡树果子，因为没有了杀虫剂，使他们只能像在远古蛮荒时代一样过着“野人的生活”。当时，资本家的代言人指责卡逊，因为一本所谓的感情冲动、骇人听闻的书，弄得美国人都错误地相信他们的地球已经被毒化了。他们还谴责卡逊，担忧死了一只猫，却不关心世界上每天有上万人死于饥饿和营养不良。他们甚至还对卡逊进行了人身攻击，污蔑她是“恋鸟者”“恋猫者”“恋鱼者”，甚至说她是“大自然的修女”“大自然的女祭师”和“歇斯底里的没有结婚的老处女”。

从这个事例我们可以看到，资本家利益集团对卡逊的攻击，背后都包藏着经济上的考量，当环境效益与经济效益发生矛盾时，资本家唯利是图的本质是不会改变的，他们首先要考虑的当然是企业和自己的经济利益。

1.4 质疑：生态资本主义是可能的吗？

面对着生态环境的压力，资本主义想到了与生态学的联姻，他们企图在不改变资本主义制度的前提下，利用生态学、环境保护和科学技术的作用来挽救资本主义，实现生态资本主义。但是，资本主义的本质属性与生态学的科学属性是格格不入的，仅仅依赖科学技术也难以使资本主义工业文明摆脱生态厄运，资本主义经济学家幻想的既是生态的，又是资本主义的工业发展模式是难以兼容的。

回顾资本主义工业文明发展的进程，人们可以看到资本主义工业化生产与生态环境的明显冲突。蒸汽机技术是第一次工业革命最重要的代表性技术，也预示了工业革命的开端。它首先在英国，然后在西方各国获得了迅猛的发展。在科学技术上，蒸汽机第一次大规模地把热能转化为机械能，直接推动了科学技术研究。在生产方式上，蒸汽机促进了纺织、采矿、冶金、机械等行业的快速崛起，为最终实现由手工业向机械化工业的变革提供了强大的动力，使得工业革命以更加迅猛的声势向前发展。所以，我们可以说，蒸汽机技术是工业文明的主导性技术。但是，人们也看到，蒸汽机技术的大规模推广，致使煤炭和木材的大量消耗，产生了大量的煤烟，由此导致了资本主义工业发展过程中严重的“工业黑化”现象。所以，资本主义工业文明是同燃烧化石燃料所产生的黑烟、污水、工业垃圾相联系的，也是与黑色的机车头、黑色的矿区工厂、面目黧黑的工人、黑色的贫民窟相联系的。工业生产所形成的黑色的废气、废水、废烟，不仅污染了空气和水源，而且还改变了动植物的颜色。当时，在最早进入工业社会的英国，煤烟不仅令人窒息，而且还熏黑了城市、乡村，熏黑了庄稼和树木，使生活在树干上的尺蠖和许多蛾类、蜘蛛、瓢虫、树虱等 70 多种昆虫，它们的颜色几乎全部由灰色变成了黑色。恩格斯在《英国工人阶级状况》一书中对资本主义工业文明所导致的“工业黑化”现象有过深刻的揭批。

现在，资本主义的工业生产也导致了一系列严重的生态环境问题。例如，资本主义工业化的过度发展导致了大量化学产品的产生，这些产品在它们刚刚问世的时候，的确为人们的日常生活提供了种种便利和快捷，人们也日渐形成了对这些化学产品的依赖。但是，随着时间的推移，这些化学产品的毒副作用就逐渐显现出来，人们从它们造成的环境危害中也开始了对这些化学产品的环境评估。当人们猛然回头时才惊恐地发现，这些化学产品的作用已经发生了严重的异化。这些曾经是人类科学“杰作”的产品，这些曾经为人类服务的产品，现在却异化为人类的对立面，成为了伤害和制约人类的异物。而此时的人们才发现，资本主义的工业文明为人类制造了一个充满毒害物质污染的生态环境。

想当年，科学家发明防腐剂、杀虫剂等化学药品时，全世界都在欢呼一个工业文明新时代的到来，许多发明还获得过诺贝尔奖。但是，现在人们明白了，这些化学用品严重威胁着地球生态系统的安全。据美国 20 世纪 60 年代可以使用有害化学用品时的统计，当时美国每年平均有 150 多人因 DDT 中毒死亡。一项最新的研究表明，人类所患的各种癌症有 80%是由化学用品造成的。农业生产中曾经广泛使用过的 DDT、六六六等杀虫剂是导致人类癌症的罪魁祸首。20 世纪 70 年代之前，氯乙烯一直被认为对人体是无害的，人们用它制造塑料产品，它的应用范围很广。但现代科学已经证实，氯乙烯也是一种致癌物质。在现代生活中，化学用品的威胁已无处不在，以至于联合国环境规划署不得不强调：没有安全的化学用品。

然而，在我们的日常生活中，尽管我们已经认识到许多有毒有害物质的危险性，但是它们仍然被大量地释放到环境中去。

按联合国估计，全球每年增加的垃圾量大约有 100 亿吨，其中约 3～5 吨属危险废物。通常人们处置废物的方式是掩埋、焚烧，或向大海倾倒，这些无疑是处置废物的最为廉价的方式。但是，现在有越来越多的证据表明，这些处置方式既不能消除危险物质的毒害性，也不能阻止其向自然界扩散，并且会带来更大的污染后果。美国纽约的一条河在 20 多年中曾被当作化学废物抛弃场，后来人们把这些废物用土填封，并建起了新的社区。但后来，雨水把掩埋的化学物质淋溶出来，地下、地面和房屋都受到了污染，最终迫使几百户居民迁出，成为了环境移民。

20 世纪 60 年代后期，无论是工业化国家还是发展中国家的政府及工业界都建立和制订了一系列环境和资源保护政策和计划，同时成立了相应的机构，以负责实施这些政策和计划。最初的政策主要是减少污染物排放的立法措施，后来则开始考虑采取一系列的经济手段，如税收、污染罚款以及生产污染控制设备的经济补贴等。

在经济杠杆的作用下，许多国家的工业界也开始重视生态环境问题，他们开发了新的环保技术，设计了新的工艺流程以减少污染和其他有害的环境影响。然而，努力的结果是参差不齐的。几个工业化国家在环境质量上有相当程度的改善。许多城市的大气污染，许多河流和湖泊的水污染状况有明显的好转，某些化学品也受到了控制。

但是，这样的好转仅仅发生在某些工业化国家，就世界范围而言，工业文明带来的生态环境问题依然严峻。大规模工业式耕种的庄稼，其需要的大量化肥和农药有相当大的部分被冲刷流失并进入河流、湖泊和沿海水域，污染了水质，对渔业、饮水、航行、旅游和自然景观都产生了不良影响。大多数主要河流的水质并无明显改善，相反某些河流，还有许多较小的河流，水质正在恶化。工业化国家仍然受害于传统的空气和土地污染。硫氧化物、氮氧化物、飘尘以及碳氢化合物的浓度依然很高，在有些情况下甚至有增无减。农用化学品对土壤、地下水、人和动植物的污染范围还在扩大，化学品的污染已遍及全球的各个角落，有毒化学品的重大事故发生率正在增加。

危险废物堆放也带来了新的生态环境问题。在发达的资本主义工业化国家，民用工业和军事工业的生产都带来了大量的、不易处置的有毒、危险甚至有核辐射威胁的工业废物，这些危险废物是人人厌恶的“怪物”，大家像躲避瘟疫一样躲避它们，厂家只好把它们露天堆放。时间一长，人们就在世界上主要的工业化国家发现了许多这样的危险废物堆放点。如在美国的拉芙运河、荷兰的来卡开克（Lekkerkek）、德国的乔治斯维德尔和匈牙利的瓦茨等地。这些危险废物堆放的时间一长，包装材料就破损了，随着雨水的冲刷、光照导致的挥发，这些有毒、有害的物质就会流入河流中，渗入土壤和空气中。这对生态环境的破坏是相对严重的，它们一旦渗入动植物体内和人类的食物圈中，其危害性是不言而喻的。

随着发达资本主义国家的政府和民众的环保意识的加深，他们对有毒有害物质的污染有了更深刻的认识。所以，这些国家的毒害物质处理受到了严格的监管，处理环境垃圾的成本大幅度提升，而且没有居民愿意把垃圾处理厂设置在“自己的后院”。这样，将毒害废物进行越境转移，特别是向发展中国家倾倒垃圾便成为发达资本主义国家的不二选择。20 世纪 80 年代，经合组织（OECD）国家所产生的危险垃圾至少有 1/10 是通过越界转移处置的。表面上看，这种转移常常带有“贸易”“公平交易”等合法身份，但实际上这是一种不折不扣的污染转移，它促使了局部的污染全球化了。

这样，奎尼所称的“资本主义的生态矛盾”是不可避免的。因为，资本主义制度持续地吞噬掉维持它的资源基础，资本主义的原始积累就是通过削弱所有财富的最初源泉——土壤和劳动力——而起家的。

当资本主义的生产方式面临生态环境限制的情况下，是主张生态社会主义，还是主张生态资本主义？这是一个值得我们思考的问题。按照马克思恩格斯对资本主义生态批判的基本理论，借鉴西方马克思主义，特别是生态学马克思主义对资本主义的生态批判理论，笔者对生态资本主义也持有质疑并批判的观点。正像人们曾经批评过“福利资本主义”和“国家资本主义”一样，资本主义国家采取了一些福利惠民政策，采取国家出面干预资本主义经济的政策，并不能说明资本主义改变了自己的本质，也不意味着资本主义制度有了社会主义的性质。我们要看到，资本主义具体管理政策上的调整从根本上是为其阶级统治服务的。生态资本主义也是如此。

在现实上，资本主义国家从环境公害中吸取了教训，绿色生态运动提升了人们的生态意识，环境保护的非政府组织和国际社会环境保护的大背景，都迫使资本主义按照环境保护的要求改变了自己的生产方式和生活方式，曾经饱受环境公害之苦的资本主义国家的生态环境面貌发生了天翻地覆的变化。这样，一些人就认为，生态学与资本主义是不矛盾的，通过市场价格机制、技术处理、法律法规限制等手段，生态资本主义完全是可行的。对此笔者未敢苟同。

我们批判生态资本主义，主要是想从资本主义的社会制度、生产方式、消费方式、文化特质和生态帝国主义等与生态学的要求不一致的方面入手，从宏观的、人类未来的生存发展的角度来批判生态资本主义。我们注意到这样一种看法：现在资本主义国家是生态的，而社会主义国家和广大发展中国家却是很不生态的，所以，现在批判生态资本主义是不合适的，甚至可能自取其辱。对此，我们认为，生态资本主义批判并不仅仅是对某个资本主义国家的环境批判，而是对资本主义的生产方式、生活方式和消费模式的批判，是对资本主义处理生态环境问题的手段和方法的批判，是从整个资本主义工业化的进程对地球生态环境造成的破坏的角度进行的批判，是从资本主义的生产模式对人类社会的消极影响方面展开的批判。可以说，现实的社会主义国家和广大发展中国家在发展理念上还在信奉着资本主义的 GDP 崇拜，还在沿着西方工业文明的路子继续挺进，还在遭受着资本主义生态帝国主义的生态侵略和环境剥削。

“地球不能无限制地承受工业文明的压力”，这是现代地球人都应当时刻谨记的生态箴言。如果我们不从根本上改变资本主义的生产、生活方式就没有人类的未来，囿于资本主义的发展理念，人类不可能走出生态环境恶化的泥潭。这就是生态资本主义批判的理论价值和现实回响。

第 2 章

马克思恩格斯——资本主义生态批判的开拓者

马克思主义经典作家对资本主义的批判是建立在他们对资本主义本质深刻洞察和犀利剖析的基础之上的，虽然资本主义的社会面貌已经发生了很大变化，但这种变化并没有弱化马克思主义的针对性。相反，经过金融危机的摧残，人们更加感到了马克思主义否定资本主义的深刻性。所以，我们今天批判“生态资本主义”，同样要从马克思主义那里找到批判的武器。

2.1　马克思恩格斯对资本理性的生态批判

2.1.1　生态批判：马克思恩格斯批判资本主义的重要内容

马克思主义是以对资本主义的全面批判为其价值根基的。这一点在马克思主义创始人马克思恩格斯身上体现得非常明显。人们注意到，他们的很多经典著作直接是以“批判”冠名的，如《黑格尔法哲学批判》《国民经济学批判大纲》《神圣家族，或对批判的批判所作的批判（驳布鲁诺·鲍威尔及其伙伴）》《哥达纲领批判》以及《政治经济学批判》等。这些思想巨著向人们昭示了一个事实：马克思恩格斯一生都与批判结缘，批判精神成为了他们理论的显著特征。马克思在年轻的时候就曾经毫不含糊地表明，要对现存的一切进行“无情的批判”，他们批判理论的最终目标就是要在批判旧世界中发现新世界，建设新世界。

以往人们在研究马克思恩格斯对资本主义的社会批判理论时，基本上关注的是他们对资本主义的政治批判、经济批判、文化批判和社会批判，这是正确的，也是大家熟悉的。在资本主义生态环境问题凸显的今天，人们注意到了原来被忽视、被遮蔽的马克思恩格斯对资本主义的生态批判理论。其实，马克思恩格斯对资本主义的批判是总体性的：一方面，他们从政治经济学角度展开了对资本主义的经济批判，从经济学的范式出发论证了资本主义不可持续的经济原因，敲响了资本主义必然灭亡的“经济丧钟”；另一方面，他们也从生态学的角度展开了对资本主义的生态批判，揭示了资本主义反生态的本质，揭露了资本主义原始积累对人的生存环境和对自然环境的破坏，揭示出资本主义贪得无厌的本质所导致的生态灾难。他们从生态学与资本主义相抵触的角度，论证了资本主义不可持续的生态原因，敲响了资本主义必然灭亡的“生态丧钟”。

在马克思恩格斯看来，资本主义在人与人、人与自然这两大关系领域都发生了严重的异化。他们的劳动异化理论是批判资本主义的锐器。其实，马克思恩格斯也同样注意到了资本主义条件下的自然异化问题，在他们看来，资本主义的劳动异化不仅剥削了人的自然，也剥削了生态的自然和环境的自然，而且，资本主义条件下劳动的异化导致了自然的异化。所以，马克思恩格斯在批判资本主义的同时，号召人们在未来的社会要致力于到达“人与人的和解”和“人与自然的和解”，要到达自然主义、人道主义和共产主义三者的统一。

马克思恩格斯展开过对资本主义的生态批判，他们这方面的论述是丰富的，见解是深刻的。只是以往人们对该论域的研究不够，现在是凸显马克思恩格斯对资本主义生态批判的理论维度的时候了。

2.1.2 资本理性在本质上是反生态的

当人们展开对资本主义生态批判的时候，许多学者都谈到了资本理性的反生态本性，指出了资本理性与生态理性的矛盾与冲突。其实，在对资本主义进行批判的道路上，马克思恩格斯是最早批判资本理性的思想家，他们对资本理性本质和对此表现的深刻批判，不仅让人们洞察到隐藏在资本背后的秘密，也给生态学马克思主义理论家展开对资本主义的生态批判提供了坚实的理论支撑。

马克思恩格斯对资本理性的生态批判，已经引起了学者们的注意。法国生态学马克思主义理论家高兹的《经济理性批判》一书，就是对资本理性进行生态批判的著作。马克思恩格斯，尤其是马克思花了毕生心血对资本进行了深度的剖析和酣畅的批判。在笔者看来，他们对资本不仅展开了政治维度、经济维度和意识形态维度的批判，而且也蕴含着对资本的生态批判的理论维度。只是在以往的社会历史条件下，人们对理论的需要程度决定了批判资本理性的理论视野。其实，马克思恩格斯对资本理性的生态批判是其资本批判理论的一个不可或缺的组成部分，在人们追问生态危机的根源并探索解决生态危机路径的今天，马克思对资本理性的生态批判无疑为我们提供了极富启发性的理论资源。因为，在马克思看来，资本追求剩余价值的理性与生态理性是相抵触的。从资本理性出发，自然界仅仅是资本追求剩余价值的工具，自然界成为资本剥削压榨的对象，资本家根本不把自然界的生态规律放在眼里，资本理性的强势和妄为造成了严重的生态环境问题。所以，在破坏生态环境的问题上资本理性是难辞其咎的。

从全球范围来看，现在的世界还是一个以利润为本的资本主义占主导的世界，资本理性仍然被许多人奉为主流价值观。资本理性、生产理性和技术理性的联姻，使得资本具有同化一切、吞噬一切、控制一切的巨大魔力，形成了一个资本统治的世界。所以，马克思恩格斯对资本理性的批判虽然已经过去了 160 多年，但是，只要资本理性还存在，资本魔力没有失效，马克思恩格斯对资本理性的批判就不会过时。总而言之，在资本最大化自身逻辑没有终止其有效性之前，革命导师对资本理性的批判就仍然是有说服力的。

所谓资本理性，是指资本自身追求利润最大化的一般本性。马克思是资本逻辑最深刻的批判者。在马克思那个时代，“资本来到世间，从头到脚，每个毛孔都滴着血和肮脏的东西。”马克思说完这句名言后，在注释中引用了托·约·邓宁的话，进一步表达了他对资本理性本质的看法：“资本害怕没有利润或利润太少，就像自然界害怕真空一样。一旦有适当的利润，资本就胆大起来。如果有 10%的利润，它就保证到处被使用；有 20%的利润，它就活跃起来；有 50%的利润，它就铤而走险；为了 100%的利润，它就敢践踏人间一切法律；有 300%的利润，它就敢犯任何罪行，甚至冒绞首的危险。”[①]在马克思看来，资产者的灵魂渴求货币这唯一的财

① 《马克思恩格斯全集》第 44 卷，北京：人民出版社，2001 年版，第 871 页。

富，就像鹿渴求清水一样。马克思指出："资本家只是作为资本的人格化才受到尊重。作为这样一种人，他同货币贮藏者一样，具有绝对的致富欲。"①这就是说，一方面，资本家作为资本的人格化，他的根本追求就是资本的最大增殖，为此，他必须要把尽可能多的剩余价值转化为资本，不断扩大资本总量，这是资本扩大的主观动机；另一方面，资本主义世界的残酷竞争作为一种外部的强制规律，迫使资本家不断扩大自己的资本来维持自己的资本，使自己在竞争中立于不败之地。这是资本扩大的客观动机。

马克思明确指出，资本理性就是为了榨取更多的剩余价值而无限扩张的理性，为此，它必须不断地控制更多的不变资本和可变资本，在生产过程中实现剩余价值的最大化。资本家是贪得无厌的，资本积累是没有限度的。作为资本家，他只是人格化的资本，他的目的不是取得一次利润，而是牟取利润的无休止运动。资本家有着绝对的致富欲望，是典型的利润追逐狂。资本家的灵魂就是资本的灵魂，他的生活本能就是不择手段地创造剩余价值。

在资本主义发家史上，马克思恩格斯早就指出了资本理性反生态的表现。马克思在《1844年经济学哲学手稿》中指出，资本主义世界的"异化劳动"导致了"文明的阴沟"，"完全违反自然的荒芜，日益腐败的自然界"。资本家为了利润最大化，尽量减少生产成本，根本不可能为了改善工人的居住和生产条件而投资于环境保护。同时，资本家把工业生产中产生的工业废水、废气和废渣毫无节制地排放到大自然中，这样资本家的环境成本基本上是免费的，其结果是破坏了工人的环境，而增加了资本家的利润。恩格斯的《英国工人阶级状况》一书是世界上第一部生态社会学的调查报告。恩格斯以英国"工业文明的摇篮"——曼彻斯特城为范例，以自己的社会调查为依据，全面考察了资本理性的残酷剥削所导致的环境灾难。马克思恩格斯都看到了无产阶级是一个遭受"普遍污染"的阶级。他们还看到，资本家为了攫取暴利，开始了"圈地运动"，强行把农民的耕地变为牧场，把农民赶走，使整片的土地荒芜。在马克思看来，资本理性的短视性与农业生产的特点是相矛盾的，因为资本主义生产是在资本理性的驱动下展开的，完全被功利左右，货币金钱成为了资本理性的冥尺。资本理性对利润的无度追逐是其本质的展现，它根本不会兼顾到农业生产的生态条件而终止或放缓追逐利润的脚步。所以，工业资本家和农业资

① 《马克思恩格斯全集》第23卷，北京：人民出版社，1972年版，第649页。

本家对待土地、对待农业的态度就是非常功利的。资本家掠夺式的耕作虽然在短期内获利丰厚，但这种竭泽而渔、杀鸡取卵式的农业行为破坏了土壤的肥力，导致农业生产的生态条件的恶化，使得原本肥沃的土地变得已不再肥沃。农业生产率在很大程度上依赖于农业生态条件，而土壤的肥沃程度无疑是诸多农业生态条件中的重要内容。土壤中的有机质是在漫长的时间内逐渐累积起来的，一旦破坏，土壤肥力的恢复是艰难而缓慢的。马克思恩格斯都认为，资本家贪婪地追求利润最大化的初衷与农业生产注重生态平衡和可持续耕种的特点相抵牾。恩格斯还注意到，各个资本家都是为了直接的利润而从事商品生产和交换，他们的目的就是尽可能快、尽可能多地获得利润，至于此举可能造成的生态灾难就不是资本家考虑的问题了。所以，恩格斯谈到，西班牙的种植主为了给最盈利的咖啡树施加木灰肥，在古巴焚烧山坡上的森林。结果是热带的倾盆大雨冲毁了毫无植被掩护的沃土，而只给当地人留下了赤裸裸的岩石。所以资本理性与农业生产需要的生态理性是相矛盾的，因为，在资本理性的眼中，土地和农田就是获利的劳动对象，是资本家实现财富增殖的一条必经索道，只要能获利，其他的考虑都是多余的。但农业生产的特点是追求生态的“最优化”原则，它要为人类社会的世代繁衍提供全部的农业生产条件。所以，资本主义社会不可能用生态理性、用可持续发展思想来对待农业生产。为了“人类的世世代代”就需要保护农业的生态环境，维持土地的持久肥力。

马克思在《资本论》中谈到了资本主义“大城市中的普遍污染”现象。由于资本理性的本质在于追逐利润，所以，资本家很看重生产成本的节约，他们不愿意为与榨取利润无关的一切活动投资，视此举为浪费，更不会主动自愿地拿出利润的一部分来改善工人的生产和居住的环境状况。所以，人们才看到了马克思具体分析资本主义煤矿、纺织、建筑、印刷、制衣等行业的工人所遭受到的职业病、噪声污染和空气污染的情况。在城市环境方面，资本家只是把大都市当成自己牟取暴利的场所，看成是资本“冒险家的乐园”，而不会为保护城市环境出钱出力。马克思就曾批判到，伦敦的粪便得不到很好的处理，只好排入到泰晤士河中。恩格斯在《论住宅问题》中也曾提到，伦敦每日排出的粪便比全萨克森王国所排出的还要多，在没有经过处理的情况下就直接倾抛入大海里去。

可见，资本理性贪婪的“鲸吞”本质与自然界生态环境的恶化是有着直接联系的。在资本家的经济学范式中，利润、利润率是推动经济运行的唯一杠杆，也是他们追逐的唯一目标。赚钱就是硬道理，这是一切资本家的共识。所以，他们根本不考虑生产活动可能导致的生态环境灾难，也没有为保护生态环境的利益所驱动。

鉴于此，我们要对资本理性展开生态审视和批判，防止资本理性对生态理性的吞噬。

从马克思恩格斯的这些论述中，我们可以看出，资本追求剩余价值无限扩张的理性与生态理性注重生态系统的完整性、保护环境的主旨相违背、相冲突。资本理性与生态理性的价值冲突主要表现在以下几个方面：

（1）资本理性追求利润的无限性与生态系统的有限性相矛盾。资本理性在追求利润最大化的时候，忽视了一个重要的自然前提，那就是资本积累赖以生存的自然资源是有限的。正如马克思所说："土地是有限的，而有水力资源的土地更是有限的。"[①]资本不可能创造出利润持续最大化需要的自然条件，资本家追求利润的欲望必定会遇到自然资源和生态环境的限制。然而，资本是不消停的，它势必会无限度地追逐剩余价值，这样，资本理性就会不断地突破生态环境的界限，就会极尽掠夺、盘剥和榨取自然资源之能事。所以，资本家为了追求资本的快速增殖势必会造成对自然的破坏。

（2）资本理性的短期效应与生态理性的长期效应相矛盾。资本家为了赚钱，势必会想方设法地加快资本周转，克服影响资本周转的一切因素。在资本家看来，资本是好动的，是善于寻找投资机会的，哪个行业赚钱快，资本就会涌向哪个行业。而生态理性关心的是生态系统的修复和自然环境的保护，而这些行业都是需要长期投资才可能见效的，如森林植被的恢复、河流污染的治理和土壤肥力的修复等。资本家看中的是短平快的赚钱方式，他们没有耐心，投资的股东们也没有耐心投资于生态修复和环境保护等费时费力而又来钱慢的行业。所以，没有利润，资本家及其资本集团是不会热衷于生态环境保护的。

（3）资本理性与生态理性对待自然的方式和态度相矛盾。资本家把人和自然界看成为生产剩余价值的劳动的两个组成部分：人是活劳动，来自于自然的劳动资料和劳动对象则是死劳动，活劳动和死劳动的结合才能创造剩余价值。资本理性是以十分功利的态度看待自然界的，资本家只是把生态环境资源看成是榨取剩余价值的基础和来源，他们关注自然界的动机是与利润相关联的。没有纳入榨取剩余价值范围内的生态环境资源，资本家都是漠不关心的。所以，资本家必然会过度地利用自

① 《马克思恩格斯全集》第46卷，北京：人民出版社，2003年版，第727页。

然界、榨取自然界，资本家通过对生产资料的占有和垄断，无偿地使用大自然赐给整个人类的自然资源。马克思揭示了资本在本质上是一种剥削关系，资本既疯狂地剥削工人的活劳动，也疯狂地剥削存在于自然界的死劳动，对自然界的剥削是资本主义剥削的一个组成部分。而生态理性的立论根基则是以维护自然界的生态平衡为己任的，生态理性充分肯定自然界自身的价值和存在的意义，它知道“自然界最了解自然界”的道理，它主张敬畏自然，尊重自然，提倡人与自然的和谐共生。

（4）资本理性的贪得无厌与生态理性的厚德载物相矛盾。马克思指出：“生产剩余价值或赚钱，是这个生产方式的绝对规律。”①从资本理性的视角考虑问题，资本家追求利润最大化既是合理的，也是没有止境的。为此，资本家采用“重占有的生产方式”，把自然资源吃光榨尽，以谋取个人利益的最大化。资本理性自认为合理的追求的结果却导致了事与愿违的非合理的恶果，哈丁的“公有地悲剧”就是资本理性导致的生态悲剧。资本主义是内在地“对环境不友好”的社会。日本学者岩佐茂认为，在资本理性浸润的社会，“资本所关心的是在大量生产有利润的产品的方向上让生产力得以发展，对于环境的考虑必然是第二位的。如产业公害所表明的那样，资本的逻辑是为获得利润而不惜破坏环境。”②生态理性从生态整体性出发，以厚德载物为理念，它关注的不是从大自然获得什么，而更多的是关爱大自然、保护生态环境，它是内在的对环境友好的理性。

总之，在马克思看来：“利润至上和无限扩张的天然本性，资本的合乎目的的活动只能是发财致富，也就是使自身增大或增殖。”③在资本理性强势的社会，生态理性往往被遮蔽、被边缘化了，甚至被资本理性挟持了。在人们生态环境意识逐渐萌醒的今天，资本家会身披“生态”“绿色”的外衣，借生态举措和环保行为为自己牟利，他们也会推出一些“绿色商品”“生态产品”，也会在环境保护方面做出一些姿态。但是，这些生态举措只是在生态环境保护时代获利的手段而已，马克思恩格斯揭示的资本理性的本质并没有改变。所以，人们要时刻保持对资本和资本理性的生态审视和生态批判。

---

① 《马克思恩格斯全集》第44卷，北京：人民出版社，2001年版，第714页。

② 岩佐茂：《环境的思想———环境保护与马克思主义的结合处》，北京：中央编译出版社，2006年版，第128页。

③ 《马克思恩格斯全集》第46卷，北京：人民出版社，1979年版，第226页。

2.2 资本主义生产方式的生态原罪

2.2.1 我死后哪怕洪水滔天——资本家灵魂的直白

在生态环境危机日益严峻的今天，资本主义的生产方式也有了一点“绿化”的倾向。资本家在一定程度上关心起生态环境问题，资本主义企业也在环境保护方面做了一些努力，资本主义国家的生态环境质量在总体上是优于第三世界国家的。于是，“生态资本主义”的观点出笼了，这种观点主张，资本主义生产方式并不具有破坏生态环境的遗传基因，资本主义为人类创生的市场机制是万能的，在生态维护和环境修复方面市场机制还是大有用武之地的。人类社会在不改变资本主义制度的前提下，在资本主义生产方式的模式里，依然可以获得利润至上和生态美好的“双赢”效果。

事实果真是这样的吗？答案是否定的。这样观点幼稚、天真，是“单向度”思维的显现，其中充满着对资本主义制度的“善良憧憬”和“心理祈盼”。从根本上讲，这种观点是对资本主义本质和资本主义生产方式缺乏深刻理解的表现。

在洞察资本的本质、剖析资本主义生产方式方面，马克思主义依然是我们锐利的思想武器，依然是一把锋利的理论“手术刀”，其他关于资本主义的理论难以望其项背。所以，在分析“生态资本主义”观点时，我们仍然要借助于马克思主义这把“利器”。“生态资本主义”与历史和今天出现的诸如“福利资本主义”“股东资本主义”“网络资本主义”“后资本主义”“涡轮资本主义”和“金融资本主义”一样，其本质还是资本主义，其基本社会制度和基本价值观并没有实质变化，也没有改变资本主义发展的历史趋势。所以，马克思对资本主义的否定，马克思对资本主义生产方式进行批判的理论依然熠熠生辉。

马克思认为，资本主义生产的目的是非常明确的，这里没有遮掩、没有犹豫，更没有温良恭俭让，其实质上就是对剩余价值的追求。所以，马克思说：“对资本家来说，资本是一台汲取剩余劳动的永久抽水机。”[①]“资本主义生产过程的动机和

① 《马克思恩格斯全集》第46卷，北京：人民出版社，2003年版，第931页。

决定目的，是资本尽可能多地自行增殖，也就是尽可能多地生产剩余价值，因而也就是资本家尽可能多地剥削劳动力。”[①]因为资本的增殖是资本主义生产的唯一目的，所以，对资本主义生产形成巨大刺激的是总资本的增殖率，反之，利润率的下降对资本主义生产过程构成了极大威胁。

在马克思看来，资本主义生产方式是神秘的，它导致了社会关系的物化，打造了一个着了魔的、颠倒的、倒立着的世界。资本主义生产方式肆虐的地方，一定是污秽、罪孽深重的场域，因为“劳动本身，不仅在目前的条件下，而且一般只要它的目的仅仅在于增加财富，它就是有害的、造孽的。”[②]

资本家为了增加财富，千方百计降低生产成本，把一切改善工人劳动和生活环境的投入都视为多余和浪费，因为“资本主义生产方式按照它的矛盾的、对立的性质，还把浪费工人的生命和健康、压低工人的生存条件本身，看作不变资本使用上的节约，从而看作提高利润率的手段。”[③]“资本由于无限度地盲目追逐剩余劳动，像狼一般地贪求剩余劳动，不仅突破了工作日的道德极限，而且突破了工作日的纯粹身体的极限。它侵占人体的成长、发育和维持健康所需要的时间。它掠夺工人呼吸新鲜空气和接触阳光所需要的时间。它克扣吃饭时间，尽量把吃饭时间并入生产过程本身，因此对待工人就像对待单纯的生产资料那样，给他饭吃，就如同给锅炉加煤、给机器上油一样。”[④]“资本是不管劳动力的寿命长短的。它唯一关心的是在一个工作日内最大限度地使用劳动力。它靠缩短劳动力的寿命来达到这一目的，正像贪得无厌的农场主靠掠夺土地肥力来提高收获量一样。”[⑤]

这样，人们就不要幻想资本家能从内心真正地、心甘情愿地投资于环保事业，他们也不会从保护工人健康的角度安装环保设施，改善劳动和生活环境。因为“从资本主义的观点来看，这会是一种完全没有目的和没有意义的浪费。”[⑥]即使资本家现在迫于政府监管、工人反抗和环保组织的监督，会在一定程度上作出改善环境的姿态，但这也不是“生态资本主义”可以存在的证明，靠资本主义的生产方式不可能从根本上克服生态环境恶化的趋势，更不能指望它还人们一个清新亮丽的生态环

① 《马克思恩格斯全集》第 44 卷，北京：人民出版社，2001 年版，第 384 页。

② 《马克思恩格斯全集》第 42 卷，北京：人民出版社，1979 年版，第 55 页。

③ 《马克思恩格斯全集》第 46 卷，北京：人民出版社，2003 年版，第 101 页。

④ 《马克思恩格斯全集》第 44 卷，北京：人民出版社，2001 年版，第 306 页。

⑤ 《马克思恩格斯全集》第 44 卷，北京：人民出版社，2001 年版，第 306～307 页。

⑥ 《马克思恩格斯全集》第 46 卷，北京：人民出版社，2003 年版，第 101 页。

境。在环境保护的投入方面，资本主义生产方式的劣根性和反生态性是彰显的，“资本主义生产方式按其本质来说，只要超过一定的限度就拒绝任何合理的改良。”[①]这并不奇怪，因为资本家就是资本家，是人格化的资本。资本家的灵魂就是资本的灵魂。所以，决定资本家行动的只是对他的资本的增殖的考虑，即资本主义的考虑。

唯利是图的本性，促使资本家凡事只考虑自己的利益，根本不顾别人的死活，包括对自然环境的戕害。马克思尖锐地揭开了资本家丑陋的嘴脸，他说，资本家“每个人都知道暴风雨总有一天会到来，但是每个人都希望暴风雨在自己发了大财并把钱藏好以后，落到邻人的头上。我死后哪怕洪水滔天！这就是每个资本家和每个资本主义国家的口号。”[②]这段话令我们想起了极度自负的法国国王路易十五臭名昭著的名言：“我死之后，哪管洪水滔天！”此言绝顶无耻！把最高统治者不可一世、飞扬跋扈和刚愎自用的心态揭示得淋漓尽致。路易十五自忖，我只图我现在的快活享受，至于我把国家糟蹋到何种程度而贻害后世，那是我所不关心的。同理，欲壑难填的资本家把追求利润的最大化视为自己的天职，赚钱是硬道理，至于生态环境被糟蹋到何种程度而贻害后世，那是他所不关心的。况且，在资本家看来，生态环境的恶化也不是我个人为之，我没有理由、也没有必要对此负责。

我们不禁要问，“生态资本主义”在资本主义生产方式下有可行性吗？资本主义生产方式可以持续吗？

让我们听听马克思的回答吧！“资本主义生产方式在生产力的发展中遇到一种同财富生产本身无关的限制；而这种特有的限制证明了资本主义生产方式的局限性和它的仅仅历史的、过渡的性质；证明了它不是财富生产的绝对的生产方式，反而在一定阶段上同财富的进一步发展发生冲突。”[③]是的，资本主义生产方式在摧残工人身体的同时，也在毫无节制地消耗着自然资源、污染着生态环境，工人阶级的反抗和自然资源的瓶颈效应成为了资本主义生产方式持续发展的障碍，资本扩张的无限性与自然资源有限性的矛盾，宣告了资本主义生产方式的局限性、暂时性和过渡性。资本主义生产方式发展的进程一再证明，资本理性的膨胀势必会出现异化，以榨取剩余价值为唯一目的的生产在一定意义上就是破坏，结果是断送了财富积累的自然基础。所以，在马克思看来，“资本主义生产不是绝对的生产方式，而只是一

① 《马克思恩格斯全集》第 44 卷，北京：人民出版社，2001 年版，第 554 页。

② 《马克思恩格斯全集》第 44 卷，北京：人民出版社，2001 年版，第 311 页。

③ 《马克思恩格斯全集》第 46 卷，北京：人民出版社，2003 年版，第 270 页。

种历史的和物质生产条件的某个有限的发展时期相适应的生产方式。”①

2.2.2 异化自然与外部不经济

马克思在《1844 年经济学哲学手稿》中就对资本主义生产方式所导致的“异化自然”现象进行过严厉的批判，并指明了“异化劳动”与“异化自然”的关系。资本主义的生产方式在其内部运转上是“经济的”“合理的”，符合资本理性的要求，但在其外部运转上是“不合理的”甚至是“有害的”“造孽的”。马克思批判资本主义生产方式时提到的“异化自然”问题，换成西方经济学来说就是庇古提到的“外部不经济”问题。马克思强调的资本主义生产方式必然会导致“异化自然”的学说和观点，要比庇古 1920 年提出的资本主义经济运行导致的“外部不经济”概念早了许多年。这说明，马克思对资本主义生产方式的生态危害有着深刻洞察和辛辣批判。

异化（Alienation）一词来源于拉丁字的 Alientio 和 Alienare，有脱离、转让、出卖、受异己力量控制、让别人支配等意思。中文翻译成异化，以便和同化相对立，包含有异己化、对立化的意思。哲学上讲的异化是指人与其产物和对象物的关系，它的中心语义是反映人的活动的对象物对人的宰制、控制的反作用。用哲学语言来说，就是由主体产生的客体，或者客观状况总是作为主体的对立面，成为一种外在的异己的力量而反对主体本身，或者说是被创造者对创造者的排斥和危害，异化了的客体总是和人的主观愿望相背离，成为与人相对立的异己力量。这种力量反作用于人，给人的生活带来灾难或破坏性影响。

马克思提到的“异化自然”，或者“自然界的异化”，是从人与自然的关系角度来分析的。原本意义上的自然是“人的无机的身体”，是“人为了不致死亡而必须与之不断交往的人的身体”，“人靠自然界生活”。然而，资本主义制度下的异化劳动导致了人与自然关系的异化，“自然界的报复”就是异化自然对人的一种愤懑的表达，“外部不经济”的资本主义生产方式也在很大程度上离间了人与自然的关系。

庇古于 1920 年出版了《福利经济学》一书，提出了福利经济学理论，他在分析“经济人”概念时，认为自由市场经济条件下的“经济人”必然导致“外部不经

① 《马克思恩格斯全集》第 44 卷，北京：人民出版社，2001 年版，第 289 页。

济”现象。所谓“外部不经济”是指某个经济主体的经济活动对他人和自然造成的不合理的、有危害的影响。在资本主义生产方式下，资本家只考虑经济活动内部的合理性，只考虑利润的最大化问题，而不会自觉地考虑到生态环境等外部情况，造成“外部不经济”的资本家并没有为遭到破坏的生态环境负责，更没有为了修复“外部不经济”问题而主动“买单”。

“外部不经济”是资本主义生产方式的一个显著特征。例如，工厂在生产过程中所排放的污染物就是一种生产的负外部性，它造成了自然资源的枯竭、生态环境的恶化和人们健康的受损。再例如，位于河流上游的化工厂，在处理工厂的排泄物时，肯定会考虑污染物处理的费用问题。从企业经济成本核算的角度看，当然以免费的方式在外部随意处理排泄物是最合理的，也是自由轻松的，但这种“外部不经济”的做法肯定会对下游的自然生态环境造成恶劣影响。

技术发明在某种程度上也存在着“外部不经济”问题。例如，1874 年，瑞士化学家米勒合成了 DDT 农药；1938 年，米勒发现了它的广谱高效杀虫能力，对杀死农业害虫和居家害虫能够发挥神奇的作用。从 1942 年开始，许多国家都开始大量生产并使用 DDT 农药。1948 年诺贝尔生理学和医学奖颁给了米勒，以表彰他发明的 DDT 在农业中的作用。然而，DDT 农药造成的“外部不经济”问题很快就显现出来，长期使用 DDT，会在环境与生物体中积累，造成严重的环境污染。农产品、水生动物和家禽体内都有 DDT 的残留物，这些会积累在人体的肝脏及脂肪组织内，造成人体的慢性中毒，甚至危及生命。

“全球性问题”的出现，宣判了资本主义生产方式的“死刑”。1972 年，罗马俱乐部《增长的极限》一书，在全世界引起了强烈反响。该书以人口、工业产量、资源、粮食、环境污染为主要分析对象，考虑到上述因素之间的相互作用、相互依赖的关系，建立了一个全球分析模型。各项因素按照 1900—1970 年的历史数值，计算得出的惊人结论是：“如果在世界人口、工业化、污染、粮食生产和资源消耗方面按现在的趋势继续下去，这个星球上的增长极限有朝一日将在今后一百年发生，最可能出现的后果将是人口同工业生产两者出现相当突然和不可控制的衰退。”[①]从此之后，人们把资本主义工业化进程中导致的“人口爆炸”“工业化后果”“资源枯竭”“粮食短缺”“环境污染”等威胁人类生存的问题统称为“全球性问题”。

① D. 米都斯等著，李宝恒译：《增长的极限》，长春：吉林人民出版社，1997 年版，第 19 页。

现在，资本主义经济学家终于承认了资本主义生产方式的"外部不经济"问题，承认了这种生产方式的致命弊端，虽然这样的承认比马克思在 19 世纪中叶对资本主义生产方式的生态批判晚了 100 多年。

2.3 "工业的资本主义性质"与无产阶级的环境厄运

在批判资本主义的诸多社会理论中，马克思主义理论是最有效解析资本主义社会深层矛盾和主要弊病的思想武器，该理论对资本主义政治、经济、文化、意识形态等诸多领域都有极其深刻的批判。当代，马克思恩格斯的生态批判理论也随着世界生态危机的日益加重而受到人们的关注。生态批判理论是他们的资本主义社会批判理论的一个逻辑延伸，是从揭示人与人关系的异化到揭示人与自然关系的异化的理论延展。马克思恩格斯的资本主义社会批判理论是对资本主义的整体批判，对资本主义工业的生态批判是其重要内容。这一理论的不同侧面虽有所侧重，但都直面病态的资本主义社会，其目的是要论证资本主义必然灭亡的多种可能。

2.3.1 现象批判：对资本主义工业生产方式的反思

恩格斯在《反杜林论》中，谈到了资本主义工业发展所导致的环境灾难：污染了纯净的水、空气和土地。谈到要城乡融合，要消灭工业的资本主义性质。"工业的资本主义性质"主要是针对西方资本主义国家工业化进程中出现的大肆消耗自然资源、破坏生态环境问题而言的。资本主义工业的生产方式就是追逐利益的最大化，这种方式直接导致资本家对工人的残酷剥削，使得工人的生活与工作状况惨乱不堪，使整个社会也深陷生态危机。

（1）直击工人生活环境。资本主义工业生产方式使人类对自然资源过度地开发利用，并且资本家为了最大限度地减少生产成本，无视生产过程中产生的废气、废渣、废液对工人生活环境的污染和对工人身体的伤害。在空气污染中，煤烟当属罪魁祸首。恩格斯提到："曼彻斯特周围的城市是一些纯粹的工业城市……到处都弥漫着煤烟。"在曼彻斯特的工人聚居区"总是把一切工厂的煤烟都吹到这方面来。光让工人去吸这些煤烟！" 而且"这里的空气由于成打的工业烟囱冒着黑烟，本来就够污浊沉闷的了……在这种难以想象的肮脏恶臭的环境中，在这种似乎是被故意毒化的空气中，在这种条件下生活的人们，的确不能不降到人类的最低阶段。”同时“在大城市的中心，在四周全是建筑物、新鲜空气全被隔绝了的街道上和大杂院里……一切腐烂的肉皮菜帮之类的东西都散发着对健康绝对有害的臭气，而这些臭气又不能自由地散出去，势必要把空气搞坏。”[①]大工业城市把污染直接引向了人类生命的源头——水。“蒸汽机的第一需要和大工业中差不多一切生产部门的主要需要，都是比较纯洁的水。但是工厂城市把一切水都变成臭气冲天的污水。”[②]“在伦敦，450万人的粪便，就没有什么好的处理方法，只好花很多钱来污染泰晤士河。”[③]此外，就像今天一样，富人区的垃圾堆也总是高高地垒起在贫民窟的四周，当时马克思恩格斯就看到，“位于城市中最糟的区域里的工人住宅，和这个阶级的一般生活条件结合起来，就成了百病丛生的根源”，当时猩红热、肺结核、伤寒和其他肺部疾病的传染和肆虐“直接是由于工人的住宅很坏、通风不良、潮湿和肮脏而引起的。”[④]恩格斯在《英国工人阶级状况》一书中还注意到工人食品的污染状况和危害。他看到，工人们经常只能吃质量很差的马铃薯，肉经常是病畜或死畜的肉，干酪是质量很坏的陈货。资本家提供的食品中，掺假现象很普遍：糖里搀米粉，面粉里搀石膏粉或白垩粉，可可里搀褐色黏土，红葡萄酒是用颜料和酒精勾兑的……这种食品造成的自然结果就是工人们经常闹肠胃病及其他疾病。

（2）直击工人工作环境。工人在资本家压榨下，一天中绝大多数时间都是在不停地劳动，因而身处的工作环境的污染给工人的危害更直接、更严重。马克思恩格斯仔细分析了不同工种的环境对于工人的残害：

磨工面对的粒尘污染及其危害。“由于在磨刀叉时有大量灰尘状的、极细微的、有尖锐棱角的金属屑飞出来，弥漫在空气中，从而不可避免地要吸到肺里去。干磨工平均很难活到三十五岁，湿磨工也很少能活到四十岁”，总之，“谁要是当了磨工，谁就逐渐成为完全绝望的人，仿佛已经把灵魂卖给魔鬼了。”[⑤]

陶器工人面对的铅、砷污染及其危害。在陶器生产中“最有害的工作是把成品浸到一种含有大量铅的而且常常含有许多砷的液体里，并且要把刚刚在这种液体里

① 《马克思恩格斯全集》第2卷，北京：人民出版社，1957年版，第341页。
② 《马克思恩格斯选集》第3卷，北京：人民出版社，1995年版，第334～335页。
③ 《马克思恩格斯全集》第46卷，北京：人民出版社，2003年版，第115页。
④ 《马克思恩格斯全集》第2卷，北京：人民出版社，1957年版，第383页。
⑤ 《马克思恩格斯全集》第2卷，北京：人民出版社，1957年版，第490～491页。

浸过的制品用手拿出来……有害的东西就非常容易浸入身体。结果引起剧烈的腹痛和严重的肠胃病、经常的便秘、疝气痛、肺结核、羊痫风和四肢麻痹等。”①

玻璃制品工人面对的高温环境及其危害。“工房里的温度高，这一切就引起了孩子们的全身衰弱和疾病、发育不良，特别是眼病、胃病、支气管炎和风湿病。”②

采矿业工人面对的环境污染及其危害。在马克思看来，资本主义的生产不是为工人的健康着想，而是在为便利产品生产着想的环境下进行的。为了竞争的需要，资本家千方百计地降低生产成本，不愿意投资去改善工人们生产和生活的环境条件。所以，煤矿工人的处境非常悲惨。矿工们每天劳动在黑暗、狭窄和潮湿的巷道里，“又由于空气里充满了尘土、碳酸气和矿坑瓦斯，产生了许多痛苦而危险的肺部疾病，特别是哮喘病……黑痰病，它是由细微的煤屑侵入肺的各个部分所引起的，这种病的征候是全身衰弱、头痛、呼吸困难、吐黑色的浓痰。”③

纺织和服装业工人面对的环境污染及其危害。“即使是真正的工厂也缺乏保障工人安全、舒适和健康的一切措施。关于产业大军伤亡人数的战报（见工厂年度报告）中很大一部分就是由此而来的。同样，厂房拥挤，通风很差，等等。”④“大家知道，空间的节约，从而建筑物的节约，使工人拥挤在狭小地方的情况多么严重。此外，还有通风设备的节约。这两件事，再加上劳动时间过长，使呼吸器官的疾病大量增加，从而使死亡人数增加。”⑤

（3）直击资本主义“工业黑化”现象。由于英国的大城市最早进入工业生产体系，因而这些城市也是环境污染最早、最严重的地区，环境污染的同时也引发了生态系统的严重破坏，“工业黑化”这一概念也因此在这里首先被提出。早在19世纪初，英国曼彻斯特市第一次发现了一种黑色飞蛾，而在以前，这种飞蛾只有浅色型个体。从那时起，黑色型飞蛾出现在所有工业地区。伴随着“工业黑化”现象的则是各种“环境公害”事件的频发。据相关资料统计，1846年，英国伦敦的耗煤量就比同年德国的煤产量（320万吨）还要多。仅此一项，我们就可以知晓当年伦敦的工业污染严重到何种程度，这也决定了伦敦必然在以后的1873年、1880年和1892

① 《马克思恩格斯全集》第2卷，北京：人民出版社，1957年版，第493页。

② 《马克思恩格斯全集》第2卷，北京：人民出版社，1957年版，第494页。

③ 《马克思恩格斯全集》第2卷，北京：人民出版社，1957年版，第536页。

④ 《马克思恩格斯全集》第46卷，北京：人民出版社，2003年版，第104页。

⑤ 《马克思恩格斯全集》第46卷，北京：人民出版社，2003年版，第106页。

年屡次发生令世人震惊的煤烟污染的“环境公害”事件。恩格斯多次到资本主义“工业黑化”现象的首发城市曼彻斯特及其周边考察，他在《英国工人阶级状况》一书中，对曼彻斯特及其周围的城市环境污染的现象及成因都有过详细的阐发。

2.3.2 本质批判：对导致资本主义环境恶化的根源的揭示

马克思恩格斯在揭示了资本主义工业化进程中工人的生活状况、生产环境和社会生态恶化等事实后，又对导致生态环境恶化的原因进行了剖析。

（1）诘问人类的思想认识。马克思恩格斯认为，由于资产阶级革命以来科学技术的空前发展和人们对于自然界认识能力的不足，导致人们没有真正看清人类在大自然中所处的位置，没有充分认清人与自然的关系。西方国家进入资本主义社会后，自然科学的兴起，唤起了人们征服自然的欲望。这一时期，“技术至上”的口号响彻整个世界。随着人们对自然探索的不断深入，人们越来越相信人是万物之灵，凭借科学技术可以统治世界。这种对自然界没有丝毫敬畏的心理，主导着人们把地球宰制得千疮百孔，把大自然盘剥得支离破碎。实际上，每一次人类以地球的主人自居对大自然肆意掠夺后，总是伴随着大自然对人类的“报复”。马克思恩格斯曾明确地告诫人类：“不以伟大的自然规律为依据的人类计划，只能带来灾难。”[①]人们在实践过程中，“每一次胜利，在第一步都确实取得了我们预期的结果，但是在第二步和第三步却有了完全不同的、出乎预料的影响，常常把第一个结果又取消了。”[②]

（2）挖掘资产阶级本质。马克思主义之所以成为解放全世界无产者伟大的理论武器，就在于马克思恩格斯站在广大劳动人民的立场上看到了资产阶级的丑陋本性。资本主义工业能以其自身的运行方式，在创造大量财富的同时导致了严重的生态危机，归根结底就源自于资产阶级的本质。马克思恩格斯认为，由于资产阶级唯利是图和极端贪婪的本性，导致资本家在资本主义生产过程中，只会把自身利益放在第一位，而且除此无他，工人阶级是死是活根本不在他们的考虑之内，只要工厂创造了丰厚的经济效益，哪怕背后的代价是无数工人的尸体。他们只在乎眼前的高额利润，而这是他们进行工业生产的唯一动力。而且，为了降低生产过程中的投入

① 《马克思恩格斯全集》第 31 卷，北京：人民出版社，1979 年版，第 251 页。

② 《马克思恩格斯选集》第 3 卷，北京：人民出版社，1972 年版，第 517 页。

成本，以最大限度地追求利润，资本家极尽所能地压榨剥削工人，把工人们干活时的各种生理需要压到最低标准才是他们绞尽脑汁所想的。正如马克思所说，“支配着生产和交换的一个一个的资本家所能关心的，只是他们的行为的最直接的有益效果……出售时要获得利润，成了唯一动力。”①“在资产阶级看来。世界上没有一样东西不是为了金钱而存在的，连他们本身也不例外，因为他们活着就是为了赚钱，除了快快发财，他们不知道还有别的幸福，除了金钱的损失，也不知道还有别的痛苦。”②

（3）探析社会生产方式。资本主义工业化的生产方式有两种基本属性：一是资本属性，二是工业属性。资本属性体现在资本家对获取资本的极度贪婪上，只要能扩大生产、聚集财富，劳动者和自然资源都可以无限牺牲。工业属性体现在工业化生产的极大“反自然性”。一方面，从资本属性上来分析，资本属性体现的是人与人之间的矛盾与冲突，为了资本的无穷积累，资本家丧失良知，剥削工人，无产阶级为了生存，只好牺牲劳动，受尽压迫。马克思一针见血地指出：“资本主义生产方式按照它的矛盾的、对立的性质，还把浪费工人的生命和健康、压低工人的生存条件本身，看作不变资本使用上的节约，从而看作提高利润率的手段。”③因而，从实现人与人的和谐的角度来讲，必须追求公平正义、自由民主，实现无产阶级的解放。另一方面，从工业属性上来分析，工业属性体现的是人与自然之间的矛盾与冲突，工业生产无论能给人类带来多大益处、享受到多少文明成果，究其根本，这种生产是建立在消耗自然资源的基础上的，我们现在所说的 GDP 增长，无一不是以消耗地球上有限的自然资源为代价的。而自然资源是有限的，工业生产又是马不停蹄的，这样两者之间就形成了一个永不调和的矛盾。因而，资本主义工业生产的本质是反自然的，后果只能是把地球有限的自然资源消耗殆尽，自己毁掉了生存和发展的自然基础。从资本主义生产方式的两种属性上来剖析，资本属性和工业属性既导致了人与人的背离，也导致了人与自然的背离。因而，资本主义生产方式既是反人类的，又是反自然的，这是导致生态危机的根本原因。马克思恩格斯从揭开资本主义生产方式的弊病入手，找到了生态危机的病根，要根治这种社会病症和生态病症，就必须改变资本主义制度。

---

① 《马克思恩格斯选集》第 3 卷，北京：人民出版社，1972 年版，第 520 页。

② 《马克思恩格斯全集》第 2 卷，北京：人民出版社，1979 年版，第 564 页。

③ 《马克思恩格斯全集》第 46 卷，北京：人民出版社，2003 年版，第 101 页。

2.3.3 生态批判之后的社会建构

马克思恩格斯在对资本主义工业进行生态批判后，提出了一些生态合理化的构想，这些构想成为了生态文明的理论先声。

（1）通过提高科学技术水平，减少工业废物。马克思认为，只要工业生产得以继续存在和发展，工业废物就不可能绝迹，而生产废物特别是工业废物又是环境污染的一个主要原因。这样我们可知，减少污染的方法既可以通过减少工业废物，也可以通过再利用工业废物来实现。关于减少工业废物，马克思说："废料的减少，部分地要取决于所使用的机器的质量。……在生产过程中究竟有多大一部分原料变为废料，这要取决于所使用的机器和工具的质量。最后，还要取决于原料本身的质量。而原料的质量又部分地取决于生产原料的采掘工业和农业的发展，部分地取决于原料在进入制造厂以前所经历的过程的发达程度。"[①]关于利用工业废物，马克思认为，随着科学特别是化学科学和化工技术的发展，人们可以发现工业废物的有用性质或属性，并在生产的各个部门加以利用，把本来毫无价值的废料制成有多种用途的产品。马克思提到的对"排泄物"的深度开发和综合利用，以及基于此而产生的各个工业生产部门的合理配置和协调发展的问题，在今天看来尤为重要。

（2）各类工厂应尽可能合理地分布，实现城市和农村的高度融合，通过合理布局来减少工业污染的密度，这样就可以减轻环境承受污染的重负，在一定程度上仍可依靠生态系统自身的自我净化能力和生态修复能力，达到缓解生态环境受到的压力。

（3）消除工业的"资本主义性质"。当时大工业中的蒸汽技术是社会生产的核心技术，这种技术只是一个客观存在，真正使其导致大规模污染环境的是资本主义对它的使用方式。因此，"要消灭这个不断重新产生的现代工业的矛盾，只有消灭工业的资本主义性质才有可能。只有按照统一的总计划协调地安排自己的生产力的那种社会，才能允许工业按照最适合于它自己的发展和其他生产要素的保持或发展的原则分布于全国。"[②]以上皆为马克思恩格斯针对生态问题所预设的解决措施。我们看到措施当中包括了认识上的转变和科技水平的提高应用，这些实际上都属于技术层面的解决措施，而真正解决问题必须刨根问底，找到根源。在马克思恩格斯看

---

① 《马克思恩格斯全集》第46卷，北京：人民出版社，2003年版，第117～118页。

② 《马克思恩格斯选集》第3卷，北京：人民出版社，1972年版，第335页。

来，必须铲除资本主义制度，赋予工业生产以社会主义性质，实现健康的、无愧于人类本性的人与自然的物质交换，着眼于长远利益，在人与自然和谐相处的前提下追求社会生产的发展。

马克思恩格斯透过工业生产带来的环境恶化对资本主义工业进行的生态批判，对于我们今天如何避免西方发达国家的生态危机，走新型工业化道路，进而逐步实现向生态文明的转型具有重大而深远的意义。

沿着马克思恩格斯思想发展的脉络寻觅，我们可知他们敏锐地认识到资本主义社会存在着人与自然不可化解的矛盾以后，仍然将批判理论的重点放在对资本主义政治经济问题上，这是因为在马克思恩格斯那个年代，资本主义工业生产对自然资源的开发和利用的规模和程度要比当今有限得多，工业化生产对生态环境造成的破坏也没有今天这样严重。时间推移到今天，生态学马克思主义继承和发扬了马克思主义对资本主义的批判精神和批判方法，感知到了马克思恩格斯在工业化初期对人与自然对立关系的关注，开始了对资本主义社会更具颠覆意义的生态批判，这些内容构成了马克思恩格斯对资本主义工业生态批判的理论延续。

反观之，相对于生态学马克思主义的生态批判，由于马克思恩格斯的批判理论中具有深厚的政治经济成分的现实基础，因而他们对资本主义工业的生态批判拥有更强大的战斗力和现实的借鉴意义。可以说，马克思恩格斯对资本主义工业的生态批判是马克思主义社会批判理论的重要组成部分，它凸显了马克思主义社会批判理论的新维度与新视角。

我国的工业化进程起步较晚，今天我们不得不遗憾地说，我们正在走着当年西方发达国家走过的工业化老路，而且距离他们当今的工业化程度还有很大差距。可是，我们绝没有必要步其后尘，连生态危机、环境恶化也要重蹈覆辙。在这方面，马克思恩格斯对资本主义工业的生态批判理论为我们指明了方向，我们完全有可能实现“弯道超越”，在避免生态危机的同时走中国特色的社会主义新型工业化道路。

总之，马克思恩格斯对资本主义工业的生态批判理论是一座亟待开发的“富矿”，其内蕴的理论特质和现实意义对当下我国的发展极具启示意义。

2.4　资本主义制度与合理农业相矛盾

马克思恩格斯的思想具有鲜明的批判特质。在他们对资本主义工业进行生态批判的同时，他们也对资本主义农业进行了生态批判。他们分析了资本原始积累的反农业生态性，指出资本主义社会城乡对立导致新陈代谢的断裂，批判了土地私有制、资本理性对土地肥力的损耗，提出了农业可持续发展和生态农业的思想。

2.4.1 从李比希到马克思：对资本主义农业的生态批判

德国农业化学家李比希的理论对马克思形成资本主义农业生态批判理论有着深刻影响。19 世纪，土壤肥力的枯竭是资本主义社会所面临的严重环境问题。为了消除人们对“土地衰竭”的担忧，增加土壤肥力，资本主义农业的发展引起了对化肥需求的显著增长。正是在资本主义农业渴望肥料的背景下，1837 年，英国科学促进会委托李比希写一本关于农业和化学之间关系的著作。1840 年，李比希出版了《农业化学》一书。该书第一次对土壤的营养物质，如氮、磷、钾在植物生长过程中的作用提供了科学的说明。在李比希农业化学理论的指导下，英格兰农学家 J. B. 劳斯在 1842 年研制了第一种农业化肥——磷酸盐。一时间，依赖李比希的农业化学和劳斯的合成化肥，英国大农业利益集团的商人们看到了获得更多农作物产量的美妙前景。但是，时间不长，人们就发现，单一的肥料（如磷酸盐）在使用的早期对农业增收是很有效果的，可在多次使用这种肥料之后，该肥料的效果就逐渐减弱。李比希的土壤最小养分律就告诉人们：土壤肥力总是受制于最不充分的营养成分。

李比希的土壤化学以及对土壤肥力的分析最初只是强化了资本主义农业的危机感，目的是使农场主更加注意土壤肥力的衰竭和化学肥料的缺乏问题。但是，他在分析了资本主义农业的生产方式，看到了资本主义日益尖锐的城乡对立、劳动分工的制约以及资本主义农业掠夺式的经营方式之后，他认为，农业化学和土壤科学并不能从根本上减轻资本主义农业的危机。所以，李比希把自己的工作转向了对资本主义农业进行强烈的生态批判的道路上。

1859 年，李比希在《关于现代农业的通信》中指出，资本主义农业形成了破坏土地再生产状况的掠夺制度。他说：“永久地失去某些东西的土地不可能增加甚至不可能保持它的生产能力。事实上，任何基于掠夺土地的耕种制度都会导致土地的贫瘠。理性农业，与掠夺性农业制度不同，是建立在归还原则的基础之上的；通过归还土地的肥力状况，农场主确保了后者的永久性。”[①]他认为，农场主大量使用化肥的耕种方法是一种更为精制的掠夺方式。美国的谷物种植中心和美国农场市场之间的距离有数百英里，甚至数千英里。因此，土壤的构成成分从它们的原始地点被运输到遥远的地方，这就使得土壤肥力的再生更加困难。

李比希还发现，农村土壤的衰竭问题与人类和动物排泄物所引起的城市污染问题联系在一起。他认为，人们应该把城镇居民所有的固体和液体排泄物收集起来，返还到土壤中去；把城市污水中存在的营养成分返还给土地，形成农业生态的有机循环。只有这样，土壤的肥力才可以持续地保有，即使人口不断增长，对农产品的需求持续增长，这样的措施也可以保证肥沃土地中的矿物元素是非常充足的。这一点，李比希认为在理性的城市—农村系统中是不可缺少的一部分。

马克思对资本主义农业的生态批判深受李比希的影响。他写作《资本论》时，就大量摘录了李比希的著作。马克思认为：“李比希的不朽功绩之一，是从自然科学的观点出发阐明了现代农业的消极方面。”[②]在李比希的影响下，马克思开始批判资本主义农业对土地的“剥削”，探讨资本主义大工业对农业的破坏和土壤贫瘠状态的问题。马克思写道：“大土地所有制使农业人口减少到一个不断下降的最低限度，而同他们相对立，又造成一个不断增长的拥挤在大城市中的工业人口。由于产生了各种条件，这些条件在社会的以及由生活的自然规律所决定的物质变换的联系中造成了一个无法弥补的裂缝，于是就造成了地力的浪费，并且这种浪费通过商业而远及国外（李比希）……大工业和按工业方式经营的大农业共同发生作用。如果说它们原来的区别在于，前者更多地滥用和破坏劳动力，即人类的自然力，而后者更直接地滥用和破坏土地的自然力，那么，在以后的发展进程中，二者会携手并进，因为产业制度在农村也使劳动者精力衰竭，而工业和商业则为农业提供使土地贫瘠的各种手段。”[③]

在对资本主义农业展开生态批判的时候，马克思比李比希高明的地方在于，他注重批判理论的建构，提出了资本主义农业“新陈代谢断裂理论”。马克思敏锐地指出，资本主义城市化导致了人与土地之间物质变换的断裂，从而造成了资本主义农业的生态危机。马克思指出：“资本主义生产使它汇集在各大中心城市的人口越

---

① 约翰·贝拉米·福斯特：《马克思的生态学》，北京：高等教育出版社，2006年版，第170～171页。

② 《马克思恩格斯全集》第23卷，北京：人民出版社，1972年版，第553页。

③ 《马克思恩格斯全集》第46卷，北京：人民出版社，2003年版，第918～919页。

来越占优势，这样一来，它一方面聚集着社会的历史动力，另一方面又破坏着人和土地之间的物质变换，也就是使人以衣食形式消费掉的土地的组成部分不能回到土地，从而破坏土地持久肥力的永恒的自然条件……资本主义农业的任何进步，都不仅是掠夺劳动者的技巧的进步，而且是掠夺土地的技巧的进步，在一定时期内提高土地肥力的任何进步，同时也是破坏土地肥力持久源泉的进步……因此，资本主义生产发展了社会生产过程的技术的结合，只是由于它同时破坏了一切财富的源泉——土地和工人。”[①]

马克思关注的是“人与土地之间物质变换”的“断裂”这个重要概念。马克思对“新陈代谢”这个重要概念进行了社会—生态学的新解释。德语中“Stoffwechsel”一词在它的基本含义中就直接表达了“物质交换”这个观念。马克思利用新陈代谢概念来描述劳动中人与自然的关系。国内外许多学者认识到，正是马克思把“新陈代谢”概念应用于社会科学领域，用它来解释人类社会的新陈代谢问题，批判资本主义社会存在着的新陈代谢断裂问题。

马克思写道：“劳动首先是人和自然之间的过程，是人以自身的活动来引起、调整和控制人和自然之间的物质交换的过程。人自身作为一种自然力与自然物质相对立。为了在对自身生活有用的形式上占有自然物质，人就使他身上的自然力——臂和腿、头和手运动起来。当他通过这种运动作用于他身外的自然并改变自然时，也就同时改变他自身的自然……（劳动过程）是人和自然之间的物质变换的一般条件，是人类生活的永恒的自然条件。”[②]人们可以看到，尽管写作的背景和针对性有所差异，但马克思在自己的成熟著作中贯穿着新陈代谢的概念和思想。1880 年，马克思在《关于阿•瓦格纳的笔记》中，强调了新陈代谢概念在他对资产阶级政治经济学进行全面批判时的重要地位。在马克思的分析中，经济循环是与物质变换（生态循环）紧密地联系在一起的，而物质变换又与人类和自然之间新陈代谢的相互作用相联系。

2.4.2 马克思对资本主义农业生态批判理论的主要内容

马克思运用新陈代谢概念和物质变换理论对资本主义农业异化进行了彻底批

① 《马克思恩格斯全集》第 23 卷，北京：人民出版社，1972 年版，第 552 页。

② 《马克思恩格斯全集》第 23 卷，北京：人民出版社，1972 年版，第 202 页。

判。他对资本主义农业的生态批判涉及的内容是丰富的，主要集中在以下几个方面：

（1）马克思明确指出，资本主义从它产生的那天起，就是以牺牲农业、破坏农业生产的自然条件为前提的。资本主义原始积累就是反生态的，是破坏、掠夺、剥削土地肥力的。马克思指出，对土地的异化是资本主义制度的必要条件。在《政治经济学批判（1857—1858 年手稿）》中，马克思阐发了这样的思想：在所有的社会形态中，一切生产都是在一定的社会形式中人与自然的一种关系，人们在生产实践的基础上，要从自然界获取人类生存和发展必需的物质资料，要利用自然、占用自然。在这样的生产实践中，人与大自然有着天然的联系。但是，人类进入资本主义社会以后，情况发生了巨大变化。资本主义的私有财产制度是通过割裂绝大多数人与土地等自然条件的直接联系而产生的，农民因失去土地的背井离乡是工业资本家和农业资本家通过强制手段实施的。因此，马克思认为，资本的真正存在是以"两种关系的解体"为前提的：第一，劳动者把土地当做生产的自然条件的那种关系的解体；第二，劳动者是劳动工具所有者的那种关系的解体。正是这种人类劳动与土地之间有机关系的解体，才使资本主义制度下的资本原始积累成为可能。

马克思在《资本论》中也表达了同样的思想。在描述资本主义原始积累的历史进程时，马克思解释了为什么会有大批农民被强制性地从土地上迁移出来，被当做不受法律保护的无产者而被抛向了劳动力市场，成为了雇佣劳动关系中的被剥削者。因此，对农民土地的剥夺的历史过程与资本主义农场者和工业资本家的产生是同步进行的。

马克思通过英国"羊吃人的圈地运动"的史实强化其上述观点。空想社会主义思想家托马斯·莫尔在《乌托邦》一书中也对资本主义早期的这个现象进行了批判。莫尔说，英国是一个奇怪的国家，在那里，"羊把人吃掉了"。早在 14、15 世纪，随着养羊业的发展，英国领主开始用栅栏、篱笆等将农民的公有地围起来作为牧羊场。15 世纪末期，地理大发现造成新的世界市场的需要，英国由于处于有利的地理位置，成为世界航运和国际贸易的中心，毛纺织业的蓬勃发展，导致了羊毛价格的不断上涨，养羊成为了特别有利可图的事业。资产阶级化的新贵族为了攫取暴利，不顾农民的反抗，掀起了大规模的圈地运动，大批农民被剥夺了赖以生存的土地，沦为城市乞丐、无产者。英国政府颁布了一系列的血腥立法，把这些无产者驱入资本主义工厂中去，成为了资本家雇佣的廉价劳动力。马克思看到，在资本主义政府法令的鼓励下，"圈地运动"到了 18、19 世纪已经成为"合法"行动。占用、盗窃农村公用土地也“合法化”了。当时，在许多资本家的心目中，早已把农民与土地之间的联系忘却了。恩格斯也谈到了这种情况。他说，意大利的大地主“他们不是把荒地变成可耕的土地，而是把农民已经开垦的土地变为牧场，把人赶走，使整片整片的土地荒芜。”①

所以，马克思得出结论：土地与资本的合并是可能的。

为工业资本的产生提供了原始积累的“羊吃人的圈地运动”表明，资本家从一开始就把土地等自然资源仅仅视为榨取利润的对象和自然基础，始终是从资本理性的视角来看待这些自然资源。资本家仅仅看到了土地的经济价值，根本不可能关心土地的生态价值，更遑论作为一个“好家长”来保护土地生态系统的整体性了。

（2）马克思明确指出了资本主义农业对“人类生活的永恒的自然条件”的破坏，列举了许多事实来揭示资本主义社会处理人与自然关系时新陈代谢“断裂”的状况。

在马克思看来，大规模工业化模式经营的资本主义农业生产导致了人类与土壤关系的疏离、异化，导致了对农业可持续发展所必需的自然条件的破坏。资本主义的农业生产，仅把土壤看成是获得高额利润的自然条件，只是在它的影响使土地贫瘠并使土地的自然性质耗尽以后，才开始把注意力集中到土地上。就像李比希一样，马克思也认识到资本主义社会城乡对立的严峻现实，已经对土壤肥力造成了致命的破坏。以各种食物和纺织纤维等不同形式输送到城市供居民消费的农产品，实际上等于把土壤中的肥力转移到了大城市，而大城市产生的工业废料、污染物和生活排泄物等饱含有机肥料的垃圾由于得不到很好的循环处理，而成为了令人恼怒的“都市病”。马克思说：“消费排泄物对农业来说最为重要。在利用这种排泄物方面，资本主义经济浪费很大：例如，在伦敦，450 万人的粪便，就没有什么好的处理方法，只好花很多钱来污染泰晤士河。”②恩格斯在《论住宅问题》一文中也谈到了类似的问题，他指出：“当你看到仅仅伦敦一地每日都要花很大费用，才能把比全萨克森王国所排出的更多的粪便倾抛到海里去，当你看到必须有多么巨大的建筑物才能使这些粪便不致弄臭伦敦全城——那么你就知道消灭城乡对立的这个空想是具有极实际的基础了。”③在他们看来，人类社会新陈代谢所产生的排泄物、废弃物，作为自然界完整的新陈代谢循环的重要部分，应当返还到土壤中，以增强土壤的

① 《马克思恩格斯选集》第 3 卷，北京：人民出版社，1995 年版，第 520 页。

② 《马克思恩格斯全集》第 46 卷，北京：人民出版社，2003 年版，第 115 页。

③ 《马克思恩格斯选集》第 2 卷，北京：人民出版社，1972 年版，第 542 页。

自然肥力。

非常可贵的是，马克思对早期“生态殖民主义”和“生态帝国主义”行径的批判。在马克思看来，资本主义国家城乡对立所导致的新陈代谢断裂的现象，在国际关系方面也有所表现。在殖民主义时代，殖民地国家的自然资源都被殖民者大肆掠夺。李比希曾经指出，大英帝国掠夺所有国家的土地肥力，爱尔兰就是一个极端的例子。马克思说：“英格兰间接输出爱尔兰的土地……可是连单纯补偿土地各种成分的资料都没有给予爱尔兰的农民。”[①]马克思的这些思想对我们今天分析“生态殖民主义”“生态帝国主义”的实质、洞察生态环境危机国际化的深刻原因是很有帮助的。

（3）马克思批判了资本理性对农业生态环境的破坏。马克思认为，资本理性是肮脏的、可恶的。它血腥的贪婪性是与生俱来的，追求利润最大化是资本的天职，只要有利润可赚，资本就敢冒天下之大不韪。对待农业，资本理性也是如此。所以，资本理性与农业生态理性是矛盾的。马克思指出：在农业生产方面“资本主义生产指望获得眼前的货币利益的全部精神，都和供应人类世世代代不断需要的全部生活条件的农业有矛盾。”[②]马克思明确指出，资本主义生产与农业是有矛盾的，因为，在资本理性的驱动下，资本主义生产是以利润最大化为目的的，看重眼前的货币利益，而农业生产的特点是可持续性的，它要为人类的世代繁衍生息提供自然条件。所以，资本主义不可能用生态理性、用可持续发展思想来对待农业。马克思指出：“纽约州特别是它的西部地区的土地，是无比肥沃的，特别有利于种植小麦。由于掠夺性的耕作，这块肥沃的土地已变得不肥沃了。”[③]恩格斯也曾经揭示出同样的问题：“在北美洲，绝大部分的土地是自由农的劳动开垦出来的，而南部的大地主用他们的奴隶和掠夺性的耕作制度耗尽了地力，以致在这些土地上只能生长云杉，而棉花的种植则不得不越来越往西移。”[④]

可见，在资本主义工业化的早期，由于农业资本家对待土地采用掠夺性的耕作，导致了土地肥力的衰退，致使土地的生态环境遭到破坏，断送了农业可持续发展的生态根基。

① 《马克思恩格斯全集》第 23 卷，北京：人民出版社，1972 年版，第 769 页。
② 《马克思恩格斯全集》第 25 卷，北京：人民出版社，1974 年版，第 697 页。
③ 《马克思恩格斯全集》第 46 卷，北京：人民出版社，2003 年版，第 755 页。
④ 《马克思恩格斯选集》第 3 卷，北京：人民出版社，1995 年版，第 520 页。

为什么会是这样？马克思恩格斯认为，这是资本主义土地私有制的恶果："因为土地所有权本来就包含土地所有者剥削地球的躯体、内脏、空气，从而剥削生命的维持和发展的权利。"[①]。

恩格斯从政治经济学的角度，分析了资本主义农业生态环境问题产生的制度原因。"在各个资本家都是为了直接的利润而从事生产和交换的地方，他们首先考虑的只能是最近的最直接的结果。一个厂主或商人在卖出他所制造的或买进的商品时，只要获得普遍的利润，他就满意了，而不再关心商品和买主以后将是怎样的。人们看待这些行为的自然影响也是这样的。西班牙的种植场主曾在古巴焚烧山坡上的森林，以为木灰作为肥料足够最能盈利的咖啡树施用一个世代之久，至于后来热带的倾盆大雨竟冲毁毫无掩护的沃土而只留下赤裸裸的岩石，这同他们又有什么相干呢？在今天的生活方式中，面对自然界以及社会，人们注意的主要只是最初的最明显的成果，可是后来人们又感到惊讶的是：人们为取得上述成果而做出的行为所产生的较远的影响，竟完全是另外一回事，在大多数情况下甚至是完全相反的。"[②]。恩格斯把资本主义生产方式与生态环境恶化的关系讲得非常清晰、透彻。赚钱就是硬道理，这是包括农业资本家在内的一切资本家的共识。所以，他们生产的唯一目的就是追求眼前的最直接的利润，而根本不会去考虑这种生产可能带来的生态环境灾难。

马克思掷地有声地得出这样的结论："历史的教训是：资本主义制度同合理的农业相矛盾，或者说，合理的农业同资本主义制度不相容，合理农业所需要的，要么是自食其力的小农的手，要么是联合起来的生产者的控制。"[③]从马克思恩格斯的教导中，我们可以真切地体会到，他们对资本主义农业的生态批判是深刻的、高瞻远瞩的。在资本主义发展的早期阶段，农业生态环境恶化的现实与根源就进入了马克思恩格斯批判的法眼。他们揭示了资本主义制度下农业的不可持续性，揭露了资本主义农业与生态环境之间的矛盾，为人们洞察资本主义农业生产的环境问题提供了理论基础。资本主义农业发展的事实也证明了马克思恩格斯对资本主义农业的生态批判是正确的。众所周知，当代资本主义农业同样导致了严重的生态环境灾难。资本家对土地的掠夺性使用和对土地实施大量的化肥、农药，使农村乡间的田园风

---

① 《马克思恩格斯全集》第 46 卷，北京：人民出版社，2003 年版，第 875 页。

② 《马克思恩格斯选集》第 4 卷，北京：人民出版社，1995 年版，第 386 页。

③ 《马克思恩格斯全集》第 46 卷，北京：人民出版社，2003 年版，第 137 页。

光伤痕累累，大批动植物死于此举，土壤环境遭到了严重的破坏。卡逊的《寂静的春天》一书，就是对资本主义国家农业生态恶化、环境污染现象的血泪控诉，她用大量毋庸置疑的事实，披露了资本主义农业生产方式对农业和农村生态环境带来的厄运并开启了人类社会生态环境保护运动的大幕。

（4）不破不立，破是为了立。所以，马克思恩格斯在批判资本主义制度下人与土地的自然关系异化时，提到了农业可持续发展、生态农业、超越资本主义城乡对立等方面的观点和思想。马克思写道："从一个较高级的社会经济形态的角度来看，个别人对土地的私有权，和一个人对另一个人的私有权一样，是十分荒谬的。甚至整个社会、一个民族，以致一切同时存在的社会加在一起，都不是土地的所有者。他们只是土地的占有者，土地的利用者，并且他们必须像好家长那样，把土地改良后传给后代。"①在这里，首先，马克思批判了资本主义制度下的"土地私有论"并且旗帜鲜明地强调了在一个较高级的社会经济形态中土地的共有性、公共性。其次，马克思要求土地的占有者和利用者不能只顾眼前直接的经济效益而掠夺式地糟蹋、祸害公有土地。而应该像好家长悉心呵护自己的孩子成长一样关爱土地，保护农村农业的生态环境。最后，马克思告诫人们，一定要花气力改良土地并把改良后的良田传给我们的后代。这样，马克思农业的可持续发展理念就表达出来了。当今可持续发展思想的本质："既满足当代人的需要，又不对后代人满足其需要的能力构成危害的发展"，就与马克思的上述观点有着内在的契合性。

更可贵的是，马克思还为土地肥力的恢复与提高提出了具体方法。他说："农业的改良方法。例如，把休闲的土地改为播种牧草；大规模地种植甜菜，（在英国）于乔治二世时代开始种植甜菜。从那时起，沙地和无用的荒地变成了种植小麦和大麦的良田，在贫瘠的土地上生产的谷物增加两倍，同时也获得了饲养牛羊的极好的青饲料。采用不同品种杂交的方法增加牲畜头数和改良畜牧业、应用改良的排灌法、实行更合理的轮作、用骨粉作肥料等等。"②在这里，人们可以真切地体悟到马克思的生态农业的情结。在改良土地、增加土壤肥力、发展畜牧业等方面，马克思的方法是非常生态化的，与当今生态农业的主张是一致的。所以，我们可以说，马克思已经具有了农业可持续发展和生态农业的思想萌芽。

在马克思恩格斯看来，在资本主义条件下，城乡对立所形成的敌对关系是导致

① 《马克思恩格斯全集》第 46 卷，北京：人民出版社，2003 年版，第 878 页。

② 《马克思恩格斯全集》第 47 卷，北京：人民出版社，1979 年版，第 599～600 页。

农业生态环境恶化的重要原因。所以，超越资本主义条件下严重对立的城乡关系是马克思恩格斯的一贯主张。恩格斯使用生态学术语表达了对资本主义城乡敌对关系的超越："城市和乡村的对立的消灭不仅是可能的，而且它已经成为了工业生产本身的直接需要，正如它已经成为农业生产和公共卫生事业的需要一样。只有通过城市和乡村的融合，现在的空气、水和土地的污毒才能排除，只有通过这样融合，才能使现在城市中日益病弱的群众的粪便不致引起疾病，而是用来作为植物的肥料。"①马克思恩格斯在《共产党宣言》中也表达了这种思想，他们认为，在未来社会，城乡之间能达到较高层次的融合，乡村进一步城市化，而城市也更加地乡村化，一些工业转移到了农村，而同时，城市中的公园、绿地、城市森林、园林的面积扩大了，不受土地狭窄的限制。许多人生活在遍布农村的、缩小了的、小规模和中等规模的城市之中。城市与乡村之间的差别越来越少，城市对乡村生态环境造成的压力也越来越小。城乡之间断裂的物质循环的链条重新得到了恢复。

中国共产党十七届三中全会发表的《中共中央关于推进农村改革发展若干重大问题的决定》指出，要破除城乡二元结构，进行城乡经济一体化改革，推进小城镇建设。要加大工业反哺农业、城市反哺农村的力度，不能以牺牲农业、破坏农村生态环境为代价来推进畸形工业化的进程。要探索城市垃圾处理的新方法，促使一部分城市排泄物转变为有机肥料，减少农业生产对化肥、农药的依赖，开辟城乡物质新陈代谢的新途径，探索生态农业的新模式。我们相信，马克思恩格斯对资本主义农业的生态批判理论将对我国深化农村改革、建立新型城乡关系有着重要的启迪。

---

① 《马克思恩格斯全集》第20卷，北京：人民出版社，1971年版，第321页。

第3章

生态批判：西方马克思主义的新视野

对资本主义社会展开全面批判一直是西方马克思主义社会批判理论关注的重点。在资本主义社会陷入深深的生态环境危机的背景下，西方马克思主义开始了对资本主义社会生态环境问题的研究，他们从生态学的视角展开了对资本主义的批判。西方马克思主义对资本主义社会生态环境问题的关注肇始于法兰克福学派的霍克海默、阿多尔诺和马尔库塞，之后经过马尔库塞的学生威廉·莱斯及其追随者本·阿格尔的努力阐发，当代西方马克思主义重要的新兴流派——生态学马克思主义诞生了。生态学马克思主义将马克思恩格斯的社会批判理论和当代生态学、环境科学相结合，从资本主义制度、生产方式、生活方式、思维方式以及文化层面上深刻揭示了导致当代生态环境问题的制度根源、社会根源、认识根源和文化根源，从生态环境问题入手对资本主义展开了全方位的生态批判。他们亲身经历了资本主义世界的环境公害，深切感受到西方社会“绿色运动”对资本主义制度的冲击，洞察到了资本主义与生态学的矛盾。他们阐发的对资本主义的生态批判理论对我们认清资本主义生态环境问题的实质是很有帮助的。

3.1 法兰克福学派对资本主义的生态批判

3.1.1 “启蒙辩证法”中的生态批判理论

霍克海默（Marx Horkheimer，1893—1973 年）和阿多尔诺（Theodor Adorno，1903—1969 年）是法兰克福学派的创始人。他俩于 1947 年出版的《启蒙辩证法》一书是法兰克福学派的经典著作之一，在该学派对资本主义社会批判理论中占有十分重要的地位。“启蒙辩证法”这个概念已经成为 20 世纪西方马克思主义技术理性批判理论的经典表述之一。“启蒙辩证法”所表现出的批判思维、逆向思维、否定思维、解构思维和“让思想冲破牢笼”的理论气质和思维特质深深感染着后继者们。“启蒙辩证法”不啻为思想解放的“良药”，理论创新的范例。

“启蒙辩证法”对法国大革命以来，盛及一时的并被资本主义大力倡导的启蒙精神、启蒙理性进行了深刻的质疑和批判，发出了对启蒙理性再认识的理论呼唤，提出了给人类“第一次启蒙”再来一次启蒙的所谓“第二次启蒙”的理论诉求。他们的这些思想对生态学马克思主义者们产生了重大影响，“启蒙辩证法”可以说是生态学马克思主义的生态批判理论的理论渊源之一。

《启蒙辩证法》的内容十分丰富，笔者在这里主要论述它所包含的对启蒙精神内蕴的支配自然、控制自然、盘剥自然观念的批判理论，阐述它对隐藏在启蒙精神背后的反自然观的无情揭批。《启蒙辩证法》的思想十分深邃，具有很强的前瞻性，在人类面临严峻的生态环境问题，开始就生态批判问题展开研究的今天，研读《启蒙辩证法》在自然观上的生态批判理论大有裨益。

《启蒙辩证法》的批判锋芒直指曾经使人类引以为豪的启蒙精神。那么，什么是启蒙精神？它的基本内涵是什么？霍克海默和阿多尔诺在书中开宗明义：“从进步思想最广泛的意义来看，历来启蒙的目的都是使人们摆脱恐惧，成为主人。但是完全受到启蒙的世界却充满着巨大的不幸。过去的启蒙纲领曾经是使世界清醒。启蒙想消除神话，用知识来代替想象。”[①]通过他们的论述，我们可以看到，在大师们

---

① 霍克海默、阿多尔诺：《启蒙辩证法》，重庆：重庆出版社，1990 年版，第 1 页。

的视野中，启蒙精神至少包含以下 3 个方面的含义：

（1）针对封建迷信、中世纪理性对信仰的屈服，启蒙精神高擎理性大旗，强调理性至上，理性万能，主张用知识取代神话，用科学事实取代臆造想象，把人类从迷信和愚昧中解放出来，使世界变得理智清醒。

（2）理性一旦登上人类思维的舞台，它的影响就无处不在。人类挟持理性不仅深刻改变了人们的实践方式和社会的组织结构，而且彻底改变了人与自然的关系。以理性、技术和实验科学为理论内核的启蒙精神的实际目的就是确立人对自然界的无限统治权。

（3）启蒙精神认为，人类征服自然、改造自然，让理性主宰世界的目的就是为了增强人类的本质力量，扩大人们自由活动的空间，实现人的最高价值，达到使人们普遍幸福之目的。在启蒙精神看来，人高于万物之所在，就在于人是唯一的理性存在物，理性的意义和人类的目的是高度统一的，人是理性世界的核心，而理性能力的运用与提高恰是人的本质力量的验证。

在霍克海默和阿多尔诺看来，启蒙精神天真的初衷与自然衰败严峻的现实形成了强烈的对比。理性统治的世界不仅没有给人们带来普遍的幸福，反而给人们带来了巨大的伤害。“人类进行毁灭的能力是如此之大，如果这种毁灭力实现了，整个地球就会成为一片空地。或者人类自身互相吞尽，或者人类食尽地球上全部动物和植物，如果地球符合一种著名的论断还有足够的生命力的话，万物就会从最低级的阶段重新开始。”[①]为什么会是这样？在理性的指引下，为什么人类不是进入到真正合乎人性的状况，而是堕落到一种新的野蛮状态？问题就在于“信仰的荒谬最终演变为欺诈。20 世纪的神话，以及信仰的非理性变成了总是使社会彻底堕入野蛮时期的被启蒙者的理性活动。”[②]在他们看来，当人们“把从内部和从外部支配自然界变成了他们绝对的生活目的”时，人与人（社会）的异化、人与自然关系的异化就是不可避免的。这充分说明：“随着支配自然界威力的增长，社会制度支配人的权力也猛烈增长，这种荒谬的状况说明了合理社会的理性已经过时。”[③]针对这种情况，霍克海默和阿多尔诺给人类提出了振聋发聩的警告：“不可阻挡的进步的厄运就是不可阻挡的退步”，“天堂和地狱是连在一起的”。这些体现批判精神又充满辩证法

① 霍克海默，阿多尔诺：《启蒙辩证法》，重庆：重庆出版社，1990 年版，第 213～214 页。

② 霍克海默，阿多尔诺：《启蒙辩证法》，重庆：重庆出版社，1990 年版，第 17 页。

③ 霍克海默，阿多尔诺：《启蒙辩证法》，重庆：重庆出版社，1990 年版，第 34 页。

的警世恒言，是值得当今人们认真思考的。

在霍克海默和阿多尔诺的辩证思考中，他们看到了启蒙辩证法的悲剧，看到了启蒙精神自我异化，自我毁灭的致思路径。启蒙精神的本意在于要求人们不要相信迷信神话并以否定批判的姿态登上了人类思想的舞台。而现在，启蒙精神已经异化为一种盲目崇拜理性思维和科学知识，而缺少主体性和批判性特质的新的迷信和神话，启蒙精神要求人们除了理性外不要相信任何其他东西，并在人类思想的舞台上表演着唯我独尊的“独角戏”。这就注定了经过理性暴雨洗礼过的世界并不是一个真正合乎人性的世界，也不是一个人与自然和谐共处的世界，而是以人与人的异化、人与自然的异化为显著特征的普遍异化的世界，人类又陷入一种新的野蛮状态。

霍克海默和阿多尔诺认为：“启蒙精神摧毁了旧的不平等的、不正确的东西，以及直接的统治权，但同时又在普遍的联系中，在一些存在的东西与另外一些存在的东西的关系中，使这种统治权永恒化。”①例如，在人与自然的关系问题上，启蒙精神的一个主要内容，就是要在看待处理人与自然的关系时确立人对自然的无限统治权，并使这种统治权永恒化。然而，自然界的辩证法是无情的，人类“每一个企图摧毁自然界强制的尝试，都只会在自然界受到摧毁时，更加严重地陷入自然界的强制中。”②人征服自然的结果并没有使人类成为大自然的主人，也没有使自然界完全成为属人的存在。相反，人对自然界的统治导致了人与自然关系的破裂，导致了自然界对人类的报复。

我们应当看到，在资本主义工业蓬勃兴旺的年代，霍克海默和阿多尔诺就在人与自然的关系问题上充分表达了生态意识，展现出了生态批判的精神，这是很有前瞻性的。他们清醒地认识到在人与自然关系问题上人类中心主义态度的危险性。他们描述了人类过分征服自然所导致的消极后果。在他们看来，人与自然关系的异化是人类面临的最大危险，因为这将导致人类生存的危机。在肇始于培根的征服自然界、控制自然界的理性暖风的吹拂下，人类主体性的欲望陡然间膨胀起来，人类忘记了自然母亲的养育之恩，没有了对大自然应有的敬畏，人类反而对自然界变得冷漠无情。人类失去了与周围自然界直接联系的眷恋，失去了对泥土的直接联系的眷恋。这样“自然界只有在它的异化形式中才是可见的。……自然界的衰退就在于自

① 霍克海默、阿多尔诺：《启蒙辩证法》，重庆：重庆出版社，1990 年版，第 10 页。

② 霍克海默、阿多尔诺：《启蒙辩证法》，重庆：重庆出版社，1990 年版，第 11 页。

然界的受支配，没有自然界的受支配，精神就不能存在。”[①]而自然界，作为完全异化的自然界，其结果就是“自然界是垃圾堆。……现代工业社会的整个挖空心思想出来的机制，也不过是互相残杀的自然界。”[②]在这里，“自然界是垃圾堆”，而工业社会的结果是“互相残杀的自然界”，这些令人警醒、令人反思的话语，反映出霍克海默和阿多尔诺对资本主义工业的生态灾难有着超乎常人的预知和批判，他们所揭批的资本主义性质的工业必然导致生态危害的事实也被后续频繁爆发的“生态公害”所证实。

难能可贵的是，在人与自然的关系问题上，霍克海默和阿多尔诺把“戡天”与“役人”内在地联系起来，不是脱离资本主义的社会制度抽象地研究人与自然的关系，而是深刻认识到资本主义控制自然与控制人（社会）、人（社会）的异化与自然异化的关系。他们这样去看待资本主义工业社会的生态危机，就比一般的环境保护运动和环境理论要深刻得多，减少了“绿色乌托邦的情结”，增添了现实可操作性的力度。他们的这个观点对西方马克思主义思想家的影响很大，我们在马尔库塞的“自然解放论”中就可以看到霍克海默和阿多尔诺上述观点的影响。

3.1.2 马尔库塞对资本主义的生态批判

马尔库塞（Herbert Marcuse，1898—1979 年），著名的哲学家、社会学家，法兰克福学派的重要成员，被称为是“弗洛伊德主义的马克思主义”的主要代表人物，同时是积极的社会活动家，被誉为“新左派之父”和“青年造反之父”。他是资本主义发达工业社会最重要的批判理论家，有人甚至将马尔库塞与马克思、毛泽东并列在一起，称为是批判资本主义世界的“3M”（Marx，Mao，Marcuse）思想家。他在 1972 年出版的《反革命和造反》一书中，不仅总结了 20 世纪 60 年代末的青年造反运动，而且阐述了“自然解放论”，成为对资本主义进行生态批判的重要理论成果。

3.1.2.1 “自然解放论”——马尔库塞社会批判理论的一抹亮色

马尔库塞一生著作等身，理论研究视域广阔。但是，人们在仔细爬梳整理他的研究主题后就会发现，贯穿在他众多研究主题中的一根理论红线就是他的资本主义

① 霍克海默，阿多尔诺：《启蒙辩证法》，重庆：重庆出版社，1990 年版，第 35 页。

② 霍克海默，阿多尔诺：《启蒙辩证法》，重庆：重庆出版社，1990 年版，第 240～241 页。

社会批判理论。而“自然解放论”是其中的一抹亮色，颇具前瞻性地提出了对资本主义的生态批判理论。

在马尔库塞的理论范式内，批判与解放，即“破”与“立”是一个事物的两面，二者有着不可分割的内在联系。批判是手段，解放是目的。在马尔库塞看来，面对发达资本主义社会普遍存在的异化现象，要想真正实现人的解放和自然的解放，我们就必须秉持马克思的社会批判理论传统，建立一种能够唤起人们批判意识和否定思维的社会批判理论。这种批判理论旨在给人们新的启蒙，以唤醒被资本主义发达工业社会的意识形态所“污染”、所“忽悠”的社会大众，使人们认识到什么是自己的真实利益和真实需要，从而摆脱虚伪和欺骗意识对自己的宰制，也从自我营造的欺骗和梦幻中挣脱出来。因此，社会批判理论的主旨就是为了人的解放。

依据上述理论旨趣，马尔库塞创立了以“总体解放理论”为主线的新革命论。其中主要内容是“爱欲解放论”“自然解放论”和“艺术解放论”。这三种理论围绕着“人的解放”这个理论轴心，分别从人的生理学角度、人与自然关系的角度和美学审美角度对“人的解放”理论进行了多棱镜式的理论透视和学理扫描。从本书的理论主线考虑，笔者在这里将对马尔库塞“总体解放理论”的评述主要集中在他的“自然解放论”上。

在马尔库塞看来，自然的解放与人的解放之间存在着内在的联系，正是为了人的解放，他才研究起自然解放这个问题。人的解放离不开自然的解放，压迫自然与压迫人有着内在的关联性，自然的解放乃是人的解放的手段，人的彻底解放离开自然的解放是不可想象的。因此，人们可以看到，“自然解放论”是马尔库塞关于人的“总体解放理论”的一个重要组成部分。

自人类进入资本主义高度发达的工业社会以来，人与自然的关系发生了重大变化。随着人类主体性的膨胀和科学技术的发展，人们对自然界有了更强的征服感和占有欲。占统治地位的“征服论自然观”造成了人与自然关系的对立与分裂。马尔库塞所论述的就是这一时期的自然观。在这个历史时期，征服论自然观在人与自然的关系问题上处于主导地位。一方面，虽然征服论自然观张扬了人类的主体意识，提升了人类的主体地位，强化了人类对自然界的控制能力，促进了社会生产力的极大发展，推进了人类社会文明的进度，肯定了人类在自然界中的统治地位。但是，从另一方面看，人们就必须承认，征服论自然观极大地破坏了人与自然之间的和谐关系，导致人与自然关系的严重对立和分裂，生态危机变成了现代人类社会面临的重大社会问题。

正是面对着人与自然全面异化的资本主义社会，马尔库塞展开了对资本主义工业文明的生态批判。他谈到："我想指出一个至关重要的问题，即关于人和自然（人本身和外部自然界）之间的关系问题。自然界的根本变革成为社会根本改革的一个不可分割的组成部分。……正在发生的事情是：人们发现（或者确切地说是再发现），自然界成为反对剥削社会的斗争中的同盟者，因为在剥削社会中对自然界的损害加剧了对人的损害。发现解放自然界的力量以及这一力量在建设一个自由社会中所起的至关重要的作用，将成为社会变革中的一种新型的力量"。[①]马尔库塞指出，表面繁荣的资本主义工业社会，其实是一个普遍异化的病态社会，这种单向度的文明在人与自然的关系问题上却表现出十足的不文明。在资本主义大城市中，人口高度密集，交通拥挤不堪，空气污染严重，噪声不绝于耳。人与自然隔绝，在工业社会高度竞争中挣扎的人们，在筋疲力尽时十分渴望到大自然中呼吸新鲜空气，触摸感悟大自然，但这样的环境对普通大众来说是可望而不可即。许多生态条件相对好的自然环境，如风光旖旎的海滩、江畔、湖滨、森林公园、草坪、绿地、园林、牧场等等都私有化了，商品化了，成为了上层社会和有钱人的专属领地，一般民众只能望而却步，退避三舍。

马尔库塞敏锐地指出，在现代资本主义社会中，存在着人们过度开发和利用自然界的严重现象，而这种现象实际上是在破坏自然、盘剥自然和滥用自然。"在现存的社会中，尽管自然界本身越来越受到有力的控制，但它反过来又变成了从另一方面控制人的力量，变成了社会伸展出来的手臂和它的抗力。商品化的自然界、被污染了的自然界、军事化的自然界，不仅仅在生态学的含义上，而且在存在的含义上，缩小了人的生存环境。"[②]所以，在现代社会中，被人类暴行所污染、所伤害的自然界正在成为资本主义统治的"新工具"，成为控制人类社会而伸展出来的"手"，资产阶级对人的统治要借助于对自然的统治，大自然成为了资产阶级统治社会的新领域。

于是，在西方马克思主义思想家中，马尔库塞独具慧眼地指出，反对资本主义社会环境污染的斗争是一种政治斗争。在当代资本主义社会中，生态环境问题已经不再是纯粹自然界的问题，不再是人们对环境敏感的"小资情结"，更不是人们茶

① H·马尔库塞等：《工业社会和新左派》，北京：商务印书馆，1982年版，第127页。
② H·马尔库塞等：《工业社会和新左派》，北京：商务印书馆，1982年版，第128页。

余饭后所表现出的“悲天忧虑”。被污染的生态环境，商业化、军事化的大自然不仅从生态学的意义上，而且从人类生存的意义上缩小了人们的生存世界，破坏了人们生存的自然基础。面对这样日益腐败的生态环境，人类不可能在自然中重新发现自己，不可能“诗意般地栖居在大地上”，人们无法“享受到大自然之美”。人们环视一下周边的自然界才发现，一方面，风水宝地被商家占尽，湖光山色美丽之处辟成了军事禁区或政府所在地，森林、绿地、湖滨、江畔被划成了私人禁地；另一方面，大气污染、水污染、城市噪声、城市垃圾、稠密人口、交通堵塞等“城市病”成为普通民众生活中必须面临的常态。这样一来，资本主义工业社会的人们在遭受了经济、政治和文化上的压迫和奴役之后，又面临着生态环境恶化所导致的新的奴役和压迫。人们被动接受新的奴役和新的限制，这比牢狱之苦和监禁之难好不了多少。所以，在马尔库塞看来，资本主义“这个社会具有一种自杀的倾向”。

马尔库塞明确指出，资本主义工业社会出现的生态环境问题是资本主义制度的必然产物，人们要想从根本上克服生态环境危机就必须反对资本主义制度。他说：“必须随时随地同现存的制度所造成的这种物质上的污染做斗争，这正像必须同这一制度所造成的精神污染做斗争一样。使生态学达到在资本主义结构内再也不能容纳的地步，就意味着开始超出在资本主义结构内的发展。”①

正是因为马尔库塞看到了资本主义制度反生态的本质，认识到了资本主义生产方式在压抑人、剥削人的同时也破坏、损伤了自然，人的异化与自然的异化相伴而生，而日益严重的生态环境污染就是自然受到压抑而异化的信号和警告。所以，马尔库塞在对资本主义展开生态批判的时候提出了著名的“自然解放论”，开辟了从生态环境危机角度批判资本主义社会危机的新路径，拓展了从自然异化透察资本主义社会异化的新视域。

3.1.2.2 “自然解放论”的理论向度

在马尔库塞的理论框架中，“自然解放”的意思就是将自然从资本主义制度下受压抑、受伤害的状态下解放出来，还自然以本来的面目，让自然界“自然而然”地进化发展。马尔库塞认为，自然解放有两个方面：一方面是人自身的自然的解放，即人的本能和感官的解放，人的生理特征和需求的解放；另一方面是人身外的自然的解放，即人生存的生态环境的解放，大自然的复苏与繁荣。囿于本书的目的，笔

---

① H·马尔库塞等：《工业社会和新左派》，北京：商务印书馆，1982 年版，第 129 页。

者仅对“人身外的自然的解放”发表评述。

马尔库塞强调指出，把自然界当做解放的领域，是马克思《1844 年经济学哲学手稿》的中心论题。但遗憾的是，长期以来，人们在很大程度上忽视了马克思的这一思想。现在，在资本主义社会生态环境危机日益加重的今天，阐发马克思的上述思想既有理论上的意义，又有现实上的共鸣。

马尔库塞说：“自然的解放就是恢复自然中的活生生的向上的力量，恢复与生活相异的、消耗在无休止的竞争中的感性的美的特性，这些美的特性表示着自由的新的特性。”他还认为：“‘自然界的解放’并不意味着倒退到前工业技术阶段去，而是进而利用技术方面的成就，把人与自然界从为剥削服务的破坏地滥用科学技术中解放出来。”[①]在他看来，资本主义工业的发展，在很大程度上是以牺牲大自然为前提的。人们滥用科学技术，毫无节制地开采自然资源，使得自然界百孔千疮、伤痕累累。在无休止的经济竞争中，大自然是资本家厮杀的战场，大自然中活生生的向上的力量遭到破坏，感性的美的特性遭到摧残。人与大自然天然的亲近关系被斩断，二者间的关系由和谐走向了对峙。所以，解放自然已经是人类社会面临的重大课题。

马尔库塞是从三重意蕴上来阐发自然解放理论的。自然解放的第一层意蕴是指将自然界从单纯的物的客体的状态下解救出来，使其成为一种主体性的客体。这是自然解放论的哲学基础和理论前提。自然解放的第二层意蕴是构建人与自然和谐的新关系，这是自然解放论的目的和意义。自然解放的第三层意蕴是使自然界获得自由，张扬自然界本真的、活生生的向上的力量，上升到自然美、生态美的诗意境界。这是大自然解放的景观标志，也是自然解放论的最高境界。从理论的内在逻辑分析，马尔库塞的自然解放论的三重意蕴是层层递进、步步升级的关系。

（1）自然解放论主张把自然界看做一种“主体—客体”（Subject-Object）。在宗教和传统哲学的视野里，人类与自然界是二元对立的存在物，人类是主体，而自然界只能是客体。人类这个主体对自然界这个客体的控制、盘剥和掠夺被视为是天经地义的。在这样的认知框架内，自然界的主体地位丧失了，人把自然界单纯客体化，人类不承认自然界的主体地位。所以，马尔库塞认为，要解放自然首先要改变自然界的地位，应当把自然界看作是具有主体意义和目的的存在物，看做是一种“主

① H·马尔库塞等：《工业社会和新左派》，北京：商务印书馆，1982 年版，第 128 页。

体—客体”。自然界本身也是客观价值的承担者，有它自己的可能性、必然性和偶然性的宇宙世界，它是一个活的对象，是一个有机的独立的生命体。马尔库塞呼吁，人类社会不应该向资本主义社会那样，仅仅将自然界看作是提供自然资源的单纯的物质客体，不要过度地蹂躏自然和毁灭性地滥用自然。相反，人类应该关爱大自然，呵护大自然，努力把大自然从受压抑、受束缚、受污染的状态中解救出来。

（2）自然解放的目的是构建人与自然和谐的新型关系。在马尔库塞看来，在资本主义制度下，人的命运与自然界的命运是一样的，人的异化伴随着自然的异化，对自然的剥削也是对人的剥削。资本的逻辑在无节制地榨取人的价值的同时，也在无节制地榨取大自然的价值。所以，自然的解放和人的解放应该是同步的。

但在现实的资本主义世界里，人与自然的关系处于极度的异化之中，人与自然原来具有的和谐融洽的共荣关系，被资本主义工业文明的开矿炮声，被火车、汽车的噪声打断了，撕扯了。“人所遇到的自然界是为社会所改造过的自然，是服从于一种特殊的合理性的，这种合理性越来越变成技术的、作为工具的合理性，并且服从于资本主义的要求。”[①]这表明，在资本主义制度下，人与自然的关系是一种斗争的关系，人与自然的关系出现了严重的危机。所以，马尔库塞呼吁：“自然界正等待着革命的到来”。所谓“自然界的革命”就是要改变人类对大自然的占有剥削关系，建立一种人与自然协调的新关系，这就是自然解放论的根本主旨。

（3）自然解放的最高境界是“按照美的法则来塑造自然界”。马尔库塞指出，“按照美的法则来塑造自然界”是马克思在《1844年经济学哲学手稿》中的重要思想。这个思想既不是马克思附带说说的，也不是为了表示自己的浪漫情怀而偶然提及的，而是为人们正确处理人与自然的关系制定的一条根本原则。

“按照美的法则来塑造自然界”，就是要求人们在改造、利用自然时，要依照自然美的特性对大自然进行“美的还原”，即把外部自然界还原为自然本真的状态。自然界的美是一种生态的美，而生态的美是自然而然的。苏州的园林、南方的茶场和云南红河哈尼族的梯田，法国的葡萄园、印度尼西亚的水稻田等都是“按照美的法则塑造大自然”的杰作。

所以，“按照美的法则塑造自然界”，其实就是号召人们按照生态学的要求去保护大自然，关爱大自然。自然美的要求与生态学的要求是一致的。帮助大自然进行

① H·马尔库塞等：《工业社会和新左派》，北京：商务印书馆，1982年版，第127页。

“美的还原”就是帮助自然界摆脱被压制、被盘剥、被宰制的屈辱状态，使人们重新发现大自然所固有的生命向上的、感性的和美的特性。马尔库塞还说：“如果美学的还原成功地把统治和解放联系起来，使统治走向解放，那么它就表现在对自然的技术改造上。在这种情形下，对自然界的征服减少了盲目性、凶残性和掠夺性——这也意味着减少了人对自然的凶残性。”①

3.1.2.3 “人的解放”与“自然的解放”的辩证关系

作为法兰克福学派重要思想家的马尔库塞，同样高擎着社会批判理论的大旗。他不同于西方世界中一般的环保主义者和绿色和平运动的倡导者，不是单纯地就环境谈环境，就生态谈生态，而是从对资本主义社会进行生态批判的理论角度，把生态环境问题放到对资本主义进行社会改造和社会批判的大背景中来思考，把生态环境问题看成是社会问题，把自然异化看成是人的异化、社会的异化的一种外在的表现。所以，马尔库塞对资本主义生态批判理论的一个亮点，就是把人的解放与自然的解放紧密联系起来，把自然的解放当做人的解放的手段，解放自然是解放人的一种工具。对此，马尔库塞有许多论述：“对人的统治是通过对自然界的统治而实现的。要了解解放人和解放自然界之间的具体联系，在今天，只要看一下生态学上的冲击在激进运动中所起的作用，就一清二楚了。空气和水的污染、噪声、工商业对空旷的自然空间的侵占，具有奴役和压迫的物质力量。反对这些奴役和压迫的斗争，是一种政治斗争。对自然界的损害和资本主义经济之间的密切联系达到了多大程度也是显而易见的。”②他还说：“解放自然界的思想也并没有认为宇宙中有这样的计划或意图，解放是人加之于自然界的一种可能的计划和意图。但是，这种思想的确认为，自然界是能接受（容许）人加之于它的这种解放活动的，而且，在自然界中，即在已被破坏和压制的自然界中，存在着能支持和增强对人的解放的力量。”③

在马尔库塞看来，人是自然界的一部分，人不可能离开自然界而生存。自然界是有客观价值的，其内部蕴含着为了增强和实现人类生命所必不可少的特性。正是在这个客观的基础上，人要解放自己的能力就必须与自然界的解放联系在一起。对此，他进一步从解放的最终结果、解放的手段和解放的力量 3 个方面进行了更为有力的论证。

① H·马尔库塞：《单向度的人》，重庆：重庆出版社，1988 年版，第 202 页。
② H·马尔库塞等：《工业社会和新左派》，北京：商务印书馆，1982 年版，第 129 页。
③ H·马尔库塞等：《工业社会和新左派》，北京：商务印书馆，1982 年版，第 133 页。

（1）马尔库塞认识到，离开了自然的解放，人的解放只能是一种空谈和奢望。所以，人的解放最终要归结为自然的解放。在他看来，资本主义社会中越来越具有控制力的自然界就像是从其社会躯体中伸展出来的手臂，牢牢地控制着人们。在资本主义社会，资本家通过对自然资源的控制和占有，就能达到占有生产资料，从而控制人、控制社会的目的。由于人与自然界是不可分割的，所以，马尔库塞认为，人的解放与自然的解放在本质上是一致的。

（2）马尔库塞强调，自然的解放是人的解放的自然前提和物质基础，自然的解放是人的解放的手段。在他看来，假如人与自然的关系是盘剥与被盘剥、压榨与被压榨的关系，那么，人类社会就与大自然处于尖锐对立之中，这样，人是不会感到舒心和惬意的。的确，在马尔库塞生活的资本主义时代，人与自然的异化已经达到了相当激烈的程度，资本家控制着自然界，人们在丧失了自然资源的困境中，一定是受制于他人的。生态环境的恶化也一定会引起社会环境的恶化。如果人们呼吸的是污浊的空气，喝的是受到污染的水，吃的食物是各种化学制品的“合成物”，看到的是“白色垃圾”包围的世界……在生态环境日益恶化的社会，人的解放就是一句空话。

（3）马尔库塞把自然的解放看做是社会解放的一个重要领域，看做是推动社会变化的一支新力量。在传统的社会理论中，人们在谈到社会解放时往往会涉及的是社会的政治解放、经济解放、思想解放、宗教解放、文化解放、民族解放、阶级解放和妇女解放等领域的内容，几乎还没有涉及自然解放的话题。在生态环境日益恶化的今天，自然异化已经演化为社会异化的重要组成部分，任何脱离了自然解放的社会解放运动都是有缺陷的，也是不会成功的。面对着资本主义生态环境恶化的现实，马尔库塞敏锐地感到，自然界受到的伤害加剧了人受到的伤害，自然解放已经成为了社会解放的重要领域，自然界成为人们反对资本主义的一个同盟者，成为了推动社会变化、建设一个自由社会的新领域。

总而言之，“自然解放论”在马尔库塞的社会解放理论中占有重要地位。他不仅把自然解放论视为自己的“整体解放”理论的一个有机组成部分，而且把自然解放论看做是人的解放理论的一个重要组成部分，人的解放离不开自然的解放，自然的解放是实现人的解放的重要手段，彻底的社会解放、人的解放必然包含自然的解放。

3.1.2.4 马尔库塞对资本主义的生态批判

在马尔库塞的资本主义生态批判理论中，他的观点是很有启发意义的，也是极具针对性和前瞻性的。从亲身经历出发，他指出，在资本主义社会中存在着严重破坏自然、盘剥自然和污染自然的现象。这不仅使自然界成为“商品化的自然，被污染的自然，军事化了的自然界”。而且，在现代社会中，被人类的暴行污毁了的自然界，正在成为统治阶级控制社会所伸展出来的“手臂”。他敏锐地看到了在资本主义工业社会中，人们对待自然的商品化的倾向和军事化的后果，对自然环境造成了极大的伤害。但在这些问题上，马尔库塞只是提到了上述现象，并没有太多的具体论述。为了加深对马尔库塞观点的认识，需要展开比较深入的阐发。

“军事化了的自然界”，即军事活动对自然环境的破坏。从第二次世界大战的爆发到美苏两个超级大国持续多年的冷战，再到连年爆发的局部战争和地区冲突，军事行动导致了严重的生态灾难。军事活动对自然环境的破坏引起了马尔库塞的高度关注，“军事化的自然”即军事活动对自然环境的破坏大致有如下几个方面：

（1）战争对自然环境的破坏。人类进入工业社会以来，战争就成为生态环境最直接、最严重的破坏者。战争造成的环境破坏具有空间上的迁移性和时间上的延续性的特点，环境影响远远超出了战争发生当地和发生当时的范围。例如，战争所导致的大气污染就是地区性乃至全球性的灾难，不仅使局部地区气温反常，影响当地人民的健康，而且能对其他地区乃至全球气候和全人类的生存环境产生不同程度的影响。20 世纪 90 年代初，海湾战争中的科威特油田大火，导致石油燃烧，所释放的烟雾伴随着战争硝烟卷向天空，影响了亚洲季风，导致了印度和东南亚干旱，农田减产 70%以上。战后，科学考察队在珠穆朗玛峰和南极地区都发现了飘去的灰烬和污染物。即使在非战争期间，军事行动也浪费自然资源，破坏自然环境。已用和未用的、过期的、库存的军事器械、弹药、油料终将成为一堆无用的垃圾和严重的安全隐患。穷兵黩武的美国造成了自然资源的极大浪费，军事基地也成了全美国污染最严重的地区之一。为了满足军事的需要，广袤的良田变成了打靶场、训练场或军事基地。其中一些地区已经受到放射性物质的严重污染，频繁的军事演习恶化了生态环境。更为严重的是，很多军事基地选在珍稀濒危野生动物的栖息地，严重地影响甚至破坏了当地的生物多样性与生态平衡。

（2）日常军事活动对自然环境的破坏。常规武器和装备由于被频繁使用，对环境造成的破坏范围也很广。比如，坦克、装甲车等大型装备在行驶过程中对地表植被的破坏。据沙漠地质学家分析，伊拉克战争中美军遇到的严重沙尘暴可能至少有一部分是美军自己造成的。在海湾战争、科索沃战争和阿富汗战争中，美军投下了上千万吨炸弹，重磅炸弹留下的弹坑改变了地表形态和植被结构，引发了当地许多城市空前频繁的地震。贫铀弹爆炸产生的高温高压作用使放射性气溶胶和大量的有害气体（如二噁英等）在大气中呈高度分散飘逸状态，对环境和人畜造成严重侵害。大量修建的、占地广阔的军事基地，对生物的自然分布造成严重影响。有的基地油污已经渗入地下十几米，严重破坏周围植被，污染地下水。至于用于化学、生物战争演习和核测试的区域，对当地自然生态环境的破坏更是灾难性的。武器装备的研制、试验、生产、运输、储存、销毁也都可能破坏生态环境。近年来，国际上军用危险品泄漏和在运输中爆炸的事件时有发生，成为环境破坏的一大隐患。有资料显示，突发事故最多的环节是运输，每天都有车辆在运输军用危险品，其潜在危险和危害就在城乡人们的身边徘徊。有毒有害军用品的贮存对环境的影响也是很大的。比如，英国在第二次世界大战时贮存芥子气的一些地区的土壤和地表水被污染，至今仍无法彻底消除。裁减军备，销毁武器本来是一件好事，但它同样带来对生态环境的破坏。美国曾把 12 000 枚“过时”的神经性毒气弹和 5 000 吨糜烂性毒气容器投入大西洋，这种不负责任的处理方法极大地损害了生态环境。目前，全世界有成千上万吨废弃的武器弹药等待着被销毁。1992 年，前苏联部队从原东德撤出时，约 150 万吨弹药需要被销毁。大多数弹药没有经过任何处理就被烧掉，释放出大量的包括氮氧化物及重金属（如汞等）在内的污染物。

使用生物武器实际上就是将人蓄意制造的剧毒微生物引入自然生物圈，将可能打破现有的生态平衡，导致受污染地区在很长时期内人和动物都无法栖息。化学武器的使用会造成大量有毒有害化学品进入生态环境，它们不受自然条件（光、热、水、氧等）影响而长期残留在环境中，影响作物生长，影响微生物、水生物繁殖。在越南战争期间，美军将 90 000 吨化学药剂喷洒在越军的藏身之地——亚热带森林，曾使大片森林夷为平地，橡胶种植园、农田遭受严重破坏，生态系统严重失衡。

（3）新式武器对自然环境的破坏。随着高新技术的不断发展，更可怕的、区别于现有常规武器的所谓新概念武器也正在大量的研发之中，其中有些已在实战中使用。有些新概念武器将大气、地壳、海洋、生物圈、天体或空间作为攻击目标，不但可形成洪水、热风暴、地震、海啸、火山爆发、严寒，甚至可以通过破坏敌方上空的臭氧层，使大量紫外线直射到地面，从而将地面上的全部生物杀死。更可怕的是基因武器的出现，倘若蔓延开来，将毁灭整个人类。可以想象，在未来战场这些“终极武器”一旦被使用，对人类的生存环境来说无疑是一场浩劫。

（4）军用废弃物威胁海洋生态环境。有资料表明，海洋中的军用废弃物对珊瑚礁和整个海洋生物的生态系统构成严重威胁，海啸等自然灾害还有可能将这些军用废弃物冲上海滩、农田，污染那里的环境。

波罗的海、地中海和太平洋是受军用废弃物影响最严重的地区。据悉，美军在夏威夷附近投下了8 000多吨化学武器。1946—1965年，有大约30万吨用于战争的化学制剂投入海洋。美国水域沉有40多万发炮弹，波罗的海、澳大利亚海域和日本沿海分别有4万吨、2.1万吨和6 000吨常规武器。

专家指出，这些军用废弃物对海域生物产生负面影响，破坏了海域生物和海鸟的栖息地与食物来源。

1977—1996年，法国在法属波利尼西亚进行了127次海底核试验，制造了一个直径140米的人造火山口，清除了上百万立方米的珊瑚和沙子。爆炸使核原料渗透入岩石中，并将逐步释放入海。地震和海啸将加剧放射性物质的释放，对海洋生物、洋流和全球的降雨都将产生影响。

印度军方也对脆弱的海洋生态环境造成损害。印度国防研究与发展组织在孟加拉湾进行的导弹试射破坏了加希尔马塔的海龟栖息地。印度海军将植物和动物多样性极为丰富的西部岛屿内德拉尼岛作为试验基地。海军演习是对生态系统的直接威胁，大量子弹、炸弹、导弹和鱼雷射向海岛和海里的动植物，造成鱼类和珊瑚的大批死亡。

由上可知，马尔库塞提到的“军事化的自然”，这种现象的确是存在的，在某些地区和某些时段，这个问题还是相当严重的。这是马尔库塞在对资本主义进行生态批判时指出的一大“罪状”。我们应当承认，从军事角度看待生态环境问题，指出军事活动对生态环境的破坏和影响，这是马尔库塞理论的一个“亮点”。

“商业化的自然”，即商业活动对自然环境的破坏。在马尔库塞对资本主义的生态批判理论中，他还提出了“商业化的自然”概念，他亲身感到了资本主义发达的商业活动和强烈商品化的社会倾向对生态环境造成的破坏，谴责了资本主义过度商业化的反生态本质，揭示了商品经济条件下消费异化对人和生态自然所造成的伤害。马尔库塞率先把资本主义商业活动与生态环境问题结合起来研究，开辟了对资本主义进行生态批判的一个新领域。他的这一思想也对后来的生态学马克思主义者产生了极大影响（如对阿格尔和福斯特的影响）。对我们认清商品经济和商业活动对生态环境的破坏、警惕并防范过度商业化可能导致的生态灾难都很有意义。探讨商业活动与生态环境的关系也是一个很有研究意义的新课题。

那么，马尔库塞提出的“商业化的自然”这个概念是什么意思？ 它有哪些理论所指？实话实说，马尔库塞在这方面的论述并不多。但从他的一些论述中，我们也能认识到他的这一思想的主要内容。

在马尔库塞指出资本主义社会存在着“商业化的自然”这个现象之后，他指出：“大气污染和水污染、噪声、工业和商业强占了迄今公众还能涉足的自然区，这一切较之奴役和监禁好不了多少”。[①]“攻击进入生活本能的领域，使大自然越来越屈从于商业组织。……景色本来可以是性本能的天然空间：安宁、幸福和美的感官世界，避开和抵挡资本的权力，避开和抵挡交换价值的权力，没有交换价值的世界，一句话，就是心满意足。……但商业扩张和商业人员的暴行污毁了大自然，压抑了富有生命力的性本能的浪漫梦想”。[②]

马尔库塞认为，在资本主义的大型商业区中，人们“拥挤不堪、嘈嘈杂杂和无可奈何地凑合在一起，这是人类社会的特征。这种情况使人们渴求安静、隐居、独立、主动和行动自由……它是真正的生物学的必需。缺乏这些东西使本能结构受到了损害”。[③]

通过马尔库塞的上述论述，我们可以体会到，“商业化的自然”的主要思想是反对资本主义商业活动对生态环境的破坏，反对人们用商人的眼光来看待自然环境，反对仅仅用交换价值来看待动植物。同时，他提醒人们，要充分认清“商业化的自然”导致的生态灾难，认识到商业活动的扩张对自然环境的破坏，它阻断了人与大自然的亲密接触，从生态的维度破坏了人类生存的自然根基。

（1）在马尔库塞看来，“商业化的自然”不仅从生态的意义上，而且也从生存的意义上缩小了人们的生活空间，原本人们最熟悉、最亲近的自然环境，现在反而与人们陌生了、疏离了。在这种异化了的自然环境中，人们不可能“诗意般地栖居在大自然”的怀抱中，相反，人们普遍感到“商业化的自然”给人们生活带来的压抑、限制和约束，人们在其中憋屈、郁闷地苟活着。

---

① H·马尔库塞等：《工业社会和新左派》，北京：商务印书馆，1982 年版，第 129 页。

② H·马尔库塞等：《工业社会和新左派》，北京：商务印书馆，1982 年版，第 16 页。

③ H·马尔库塞等：《工业社会和新左派》，北京：商务印书馆，1982 年版，第 9 页。

（2）在马尔库塞看来，对大自然的攻击已经进入人类生活的本能领域，使大自然越来越屈从于商业组织和商业活动。许多商人或商业组织为了获取最大的商业利益而残忍地、无节制地捕杀动物，导致了动物的大劫难，大批珍稀野生动物被宰杀，珍稀动物面临灭绝的边缘。

在国际上，日本从商品利益考虑而进行大规模的海洋猎鲸行为已经是臭名昭著，国际市场上丑恶的象牙贸易导致了大象数量的减少，国际上对藏羚羊皮毛的渴求导致了在可可西里高原上令人震惊的屠杀，市场上对冬虫夏草的需求直接破坏了高原草场的生态环境，这些都与“商业化的自然”有关。正如关于禁止食用鲨鱼翅的广告所说：“没有买卖，就没有杀害”。

（3）从“商业化的自然观”出发，商人们仅仅看到了自然界、动植物的交换价值、商业价值，没有考虑到它们的生态价值，更没有考虑到它们在生态系统中的地位和作用。有些庸俗经济学家甚至认为，人们之所以过度开采自然资源、滥用动植物资源，是因为这些东西是免费的或者廉价的，要是人们从经济学的角度把这些资源纳入到经济核算的体系中来，给它们标价，按照经济学的理论视角来处理人与自然资源的关系，就可以起到保护自然资源的作用。其实，这个观点是站不住脚的。把自然资源纳入经济核算体系，甚至给海滩、绿地、宽敞的空间和明媚的阳光标价，给各种木材、矿产和动植物资源定价，并不能起到保护自然资源的作用。相反，“商业化的自然”的结果是对大自然的严重伤害。因为在经济理性肆虐的地方，生态理性很难发扬光大。

（4）在“商业化的自然观”主导下，商业扩张行为愈演愈烈，商品广告无处不在，浪费了大量纸张，斩断了人们与自然环境的联系。资本家出于商业利益的考虑，借助广告这一强有力的工具，不断刺激人们的消费欲望，导致了严重的异化消费。在资本主义高度发达的商品社会中，广告是箭，消费者是靶，广告之箭从各种媒体射出，在各种载体上体现，消费者无不应声而倒。广告无止境，消费亦无止境。过度地广告化，刺激了过度的、异化的消费，结果是在商品生产、运输、商品过度包装物的处理方面消耗了大量的自然资源，产生了大量的生活垃圾。商业垃圾剧增是形成现代“城市病”的重要病因。

总之，马尔库塞提出的“商业化的自然”的思想，很有创意，他敏锐地看到了资本主义商业扩张对生态环境、自然景观的破坏，对人们生活空间产生的压迫感。他认为，在这种到处充斥着商品广告的社会中生活，比受奴役和监禁好不了多少。

他提示人们关注商业活动对生态环境的影响，认清商业理性与生态理性的内在矛盾。马尔库塞的这一思想对后来的生态学马克思主义者有很大启发，在福斯特的生态学马克思主义理论中我们就能听到马尔库塞“商业化的自然”这个思想的理论回响。

3.2 阿格尔的生态危机论与莱斯的自然控制论

3.2.1 从经济危机转到生态危机的资本主义

本·阿格尔（Ben Agger）是加拿大滑铁卢大学的社会学教授。1978 年，他出版的《西方马克思主义概论》一书正式提出了“生态学马克思主义”这个概念，并阐发了他关于资本主义社会危机的新变化理论。他说：“我们的中心论点是，历史的变化已使马克思主义关于只属于工业资本主义生产领域的危机理论失去了效用。今天，危机的趋势已转移到消费领域，即生态危机取代了经济危机。”[①]

阿格尔提出了当代资本主义社会危机的新变化理论：① 资本主义的异化消费必然导致生态危机。所以，资本主义未来社会革命的爆发点不再产生于劳动领域，而是发生在消费领域。未来社会的生态危机将取代经济危机而成为资本主义社会的主要危机。② 未来社会革命的直接导火线将是生态危机。“我们要证明新的危机趋势可以产生一系列新的需求，这些新的需求然后又可以提供进行激进的社会和政治变革的动力。”[②]所以，“生态运动一般也是可以激进化的”。这样，阿格尔致力于把马克思主义的批判理论应用到生态危机问题上，把生态环境恶化导致的危机看成是批判资本主义的另一个突破口，从生态角度证明了资本主义的不可持续性。③ 阿格尔看到，资本主义的内在矛盾虽然存在，但表现形式不同了。资本主义危机类型的差异决定了社会革命的主体的殊异。所以，在生态危机日益严重的条件下，引导全面社会变革的力量和形式就有所不同。阿格尔认为，批判资本主义社会的生力军不再是传统的工人阶级，而是消费社会的“弃儿”和面临生态环境压力、遭受生态环境折磨的“生态难民”。因生态环境恶化导致的社会变革也不再以暴力的方式表

① 阿格尔：《西方马克思主义概论》，北京：中国人民大学出版社，1991 年版，第 486 页。

② 阿格尔：《西方马克思主义概论》，北京：中国人民大学出版社，1991 年版，第 487 页。

现出来，而是以社会改良的方式进行的“总体革命”，它涉及改变资本主义的生产方式、生活方式、消费方式、政治模式、心理机制和文化结构。

阿格尔认为，经典马克思主义对资本主义危机的分析主要集中在生产领域中的经济危机。马克思恩格斯认为，资本主义的基本矛盾——生产的社会性与生产成果的私人占有之间的矛盾，最终决定了资本主义个别企业生产的有组织性和整个社会生产的无政府状态之间的矛盾，以及生产力发展与劳动者支付能力相对缩小之间的矛盾。这两种矛盾随着资本积累的增长和再生产规模的不断扩大而日益加剧，它们激化到一定程度就必然导致经济危机，造成产品的相对过剩、工厂倒闭、大批劳动者失业，导致社会混乱。这会对资本主义的生产力和生产关系造成极大破坏，并最终引发无产阶级革命。但是，现实的资本主义通过国家干预和调整劳资关系在很大程度上缓和了资本主义社会的基本矛盾，所以马克思恩格斯关于资本主义的经济危机理论已经过时了，当代资本主义面临的新危机就是生态危机。

我们应当如何评价阿格尔“生态危机取代经济危机”这个论断呢？① 阿格尔这个论断给我们耳目一新之感。可以说，该命题的提出既不是空穴来风，也不是哪个学究主观臆造的产物，它在一定程度上真实反映了当代资本主义社会生态危机恶化的现实。的确，从资本主义社会人民大众的日常生活来看，工作环境与生活环境面临的一系列环境污染现象的加剧，激起了民众对资本主义政府的强烈不满，引发了以环境保护为主要内容的“新社会运动”。这样，从生态环境批判的角度去观察和分析资本主义，剖析资本主义必然灭亡的生态原因，就成为值得我们认真研究的新课题。② 阿格尔敏锐地把马克思主义与生态环境问题联系起来，提出了马克思主义的当今形态——“生态学马克思主义”，丰富与拓展了马克思主义的理论视阈。阿格尔向人们展示的理论创新表明，马克思主义理论时刻关注着资本主义社会的新变化、新情况，时刻保持着批判资本主义的理论特质，马克思主义是与时俱进的、有生命力的理论。③ 阿格尔关于资本主义的生态危机理论，给后来的许多生态学马克思主义者以极大启发，也使得关于资本主义的生态危机理论成为了生态学马克思主义研究的一个重要课题。④ 我们也要看到，阿格尔的洞见也有重要的现实意义。他觉察到了生态环境问题对社会的影响，看到了生态环境恶化与社会骚乱的关系，提出了生态环境问题的政治意义和社会意义。这些见解对我们分析资本主义社会的环境问题，了解环境压迫与阶级压迫的关系是很有价值的。

当然，我们也要看到，阿格尔关于“生态危机已经取代经济危机而成为了资本主义的主要危机”的观点也存在着一些瑕疵，显得有些轻率和武断，也不符合资本主义社会危机的存在现状。在当代资本主义世界普遍遭到金融危机折磨的今天，经济危机并没有消失，因为金融危机就是经济危机的具体表现。大多数学者仍然坚信马克思恩格斯对资本主义的分析，只要资本主义的基本矛盾还存在，资本主义的经济危机就一定会存在，生态危机只是表象，而实质在于资本主义制度。生态危机正是资本主义基本矛盾演变的结果。

3.2.2 “自然的控制”：导致生态危机的认识论探源

威廉·莱斯（William Leiss）是法兰克福学派著名代表马尔库塞的弟子，早期的生态学马克思主义理论家。他在美国圣地亚哥大学获得博士学位，从 1968 年起他一直在加拿大安大略省约克大学环境研究所从事教学与研究工作。他的著作主要关注的是由生态环境问题引发的哲学和社会学问题，并从生态环境问题入手展开了对资本主义的生态批判。在生态学马克思主义的经典著作中，研究导致生态危机的认识论根源的《自然的控制》和研究消费异化问题的《满足的极限》是他的代表作。

资本主义社会“环境公害”的频发，使得生态环境问题成为了西方社会人们普遍关注的新的社会问题。生态环境问题也引起了哲学家的思考。在生态环境问题的研究方面，莱斯很有特色的地方在于：他并不直接描述生态环境问题的具体表现和危害程度，而是以哲学家特有的视角下潜到人们行为的灵魂深处去深挖导致生态环境问题的思想根源，去剖析产生生态环境问题的根性意识。从哲学的高度研究生态环境问题，威廉•莱斯《自然的控制》一书无疑是具有开拓意义的。

长期以来，在人们的思想深处一直“潜伏”着许多已有的观念和范式，它们以无形胜有形，左右着人们的行为。遗憾的是，普通人在毫不质疑其合理性的前提下自然而然地接受了这些观念和范式。但哲学家却不这样认识问题。莱斯的《自然的控制》一书，对已经固化人们的思维范式并被人们普遍赞颂的“控制自然”的观念进行了多视角的广泛而深刻的研究，揭示了这一观念所包含的内在矛盾，阐明了生态环境危机的实质是资本主义社会生存斗争的危机。在资本主义制度下，控制自然与控制人这两个方面有着必然的联系，控制自然是手段和方式，而控制人、控制社会才是目的和意义。在莱斯看来，农耕文明时代自然主义田园牧歌式的崇拜自然观和工业文明时代的征服自然观都不适应现代社会的发展，都是应当加以扬弃的自然观。所以，莱斯得出结论：“控制自然”应当重新解释为对人与自然关系的正确控制。

3.2.2.1 导致生态危机的最深层的认识论根源是“控制自然”的传统观念

作为一个哲学家，莱斯研究生态环境问题的途径与众不同，他从认识论的角度，以支配人们行为的观念为切入点，研究了生态环境问题。莱斯明确指出：“控制自然”的观念是导致生态环境问题的最深刻的根源。这样，作者就确立了研究问题的出发点和基本思路。

面对资本主义社会日益严重的生态环境问题，阐发其产生的根源在学术界呈现出见仁见智的状态。这方面，主张“生态资本主义”的两种观点颇具代表性。一种观点认为，经济手段的缺失是导致生态环境问题的根源。该观点认为，在传统经济学的框架中，没有把生态状态和环境质量看作商品，没有赋予其适当的价格，人们往往是“免费”享受其价值的。所以，生态环境方面的“公有地悲剧”就会持续上演。另一种观点则认为，生态环境问题“全是科学技术惹的祸”，特别是科学技术的异化和滥用，导致了严重的生态环境灾难。所以，在资本主义制度下科学技术已经异化为可诅咒的偶像，成为了导致生态环境问题的技术根源。

莱斯认为，这两种观点都相当肤浅，还囿于传统的思维方式，误把现象当做根源。他认为，生态环境问题产生的根源既不在于经济手段的缺失，也不在于科学技术的异化，而在于人们的观念形态。经济措施和科学技术仅仅是人们在与大自然打交道时的手段和工具，关键的问题是在什么观念的引导下发挥经济杠杆和科学技术的作用。因此，“控制自然”的观念才是导致生态环境问题的最深刻的认识论根源，只有深入剖析这一根源才能找到解决生态环境问题的根本出路。

莱斯指出，长期以来，由于在宗教、哲学和文化上的长期灌输与浸染，加上人们在“征服自然”“控制自然”的征途上依赖科学技术而取得的节节胜利，使“控制自然”这一观念内化到人们的意识深处，成为一种毋庸置疑的、普遍的社会共识，成为人类理性启蒙的“硕果”。但是，熟知未必是真知，只要认真地反思，我们就会发现“控制自然”是一个矛盾的概念，它既有积极作用，又有消极后果。在“控制自然”观念的支配下，人们把大自然仅仅作为满足人的欲望的材料来看待和占有，为了达到这个目的，人们不得不在异化的生产和异化的消费中生存，人的自由被强制性的、盲目重复的社会行为所破坏，人类从外部必然性中获得解放的漫长而艰辛的努力在对自然和人的严酷控制中付诸东流。

3.2.2.2 “控制自然”观念在人类思想史上是如何形成的

通过探究“控制自然”观念形成和演变的历史过程，莱斯敏锐地洞见到该观念包含着内在的矛盾，他从大量有关“控制自然”的文献中概括出一个简单而深刻的命题：非理性的机巧是在一种长期的错觉（即“控制自然”的行为本身也应当是被控制的）中被揭示出来的。这意味着，人类的历史进程不仅被理性的机巧所驱使，同时也被非理性的机巧所促进。人类历史上许多原本体现着人类理性力量、展示主体能力的命题，在自身发展演化过程中往往会被异化，走向异端从而坠入非理性的罗网。

莱斯的这个看法是很深刻的。的确，当人们反思那些曾经恰如黑夜里的火把、大海中的灯塔的“理性机巧”时，人们都可以看到“莱斯观点”的正确性。例如，“科学技术是人类启蒙的工具”这个命题曾经被我们普遍接受，“启蒙”意味着开启民智，剔除蒙昧与迷信，提倡思想自由，反对盲目崇拜。但科学技术在自身的发展过程中也发生了异化，它要求人们不要相信其他而只相信科学技术；不要崇拜其他而只崇拜科学技术。这样，科学技术本身就成为了一种“新宗教”，成为了一种新的判定是非的“标准”，科学技术也由启蒙的工具变成为遮蔽的工具。再比如，“生产力是人们征服自然、改造自然的能力”的定义在我们的哲学、经济学教科书中俯拾即是，它契合着人们对生产力的认知。然而，生产力是与自然环境相关的，生产力不仅具有社会的维度，还有自然的维度，社会生产力的发展一定会受到“生产的自然条件”的限制。生产力的发展对自然资源和自然条件的破坏，反过来已经成为生产力继续发展的自然障碍。所以，现在许多人重新定义“生产力”概念，增添了“生产力”概念的生态环境因素，提到了“自然生产力”，“保护环境就是保护生产力”这样一些新观念。“人定胜天”“制天命而用之”这些曾经给人类巨大鼓舞的“理性机巧”，也在自己的演变过程中出现了不同程度的异化，现在人们已经认识到这些“理性机巧”所包含着的非理性意蕴。

莱斯揭示了“控制自然”观念形成的三大历史根源：

（1）在古代神话、宗教教义和炼金术士的观点中，人们就可以看到“控制自然”观念的端倪。例如，《圣经》中的“上帝创世说”就确立了上帝对宇宙的统治权以及人对地球生物的派生统治权，地球完全是为了服务于人的目的而设计的。这种宗教意识已经渗透到西方文化传统之中，对形成“控制自然”观念的西方人来说，没有比这更为根本的了。文艺复兴时代的社会意识也对形成“控制自然”观念起到了推波助澜的作用。在炼金术、炼丹术、宇宙学、占星术等自然巫术中，甚至在马基雅弗里的政治学著作《君主论》中，我们都可以明显感到其中包含着的人类征服自然、征服世界的价值取向。

（2）莱斯认为，在“控制自然”观念形成的过程中英国哲学家弗兰西斯·培根起到了关键性的作用。统治自然、控制自然是培根思想的宗旨所在。他的伟大成就在于他比以往任何人都清楚直白地阐述了人类控制自然的观念，并且在人们心目中确立了“控制自然”观念的突出地位。在《新大西岛》一书中，培根热情讴歌了科学技术的社会作用，他认为，人类通过科学技术来控制自然是人类主体意识成熟和发展的必然，也是社会进步的重要尺度。所以，在培根摇唇鼓舌的大力追捧下，“控制自然”的观念成为了理性时代的标志。

（3）莱斯也看到，由于科学技术的日益强大，使“控制自然”的观念从哲学的学理层面上升到科技的操作层面，具有了实践理性的价值导向。通过科学技术的手段去征服自然、榨取自然的观念，已经成为了人类社会不证自明的“公理”，成为了人类社会应当遵循的“天条”。几乎所有的哲学家、科学家都没有认识到应当质疑“控制自然”的这一观念。这说明人们的思想僵化了，丧失了思想的批判维度，在潜意识中完全接受了“控制自然”的观念。

3.2.2.3 莱斯对“控制自然”观念的重新解释

莱斯详细论述了在人与自然的关系方面“控制自然”观念形成和发展的历史脉络和价值导向。他明确指出：强化“控制自然”这种观念形态的第一个社会制度是西方的资本主义社会。17 世纪以来，“控制自然”观念的积极作用是鼓励人们破除迷信、崇尚科学，为了人类的更好生活而改造大自然的不利环境，使人们树立“人是万物的尺度”“人为自然界立法”的自信心。它的消极作用是只看到科学技术是控制自然的工具，而忽视了滥用科学技术导致的生态环境危机，没有看到科学技术的异化对人的主体性的伤害，更没有认识到“科学技术的发展”与“不断扩大的奴役”（马尔库塞）之间的关系。科学技术的异化在 17 世纪还只是一种潜在的可能性，但在 20 世纪却已经成为社会发展的重大障碍。在人类思想发展史上，有些曾经是积极正面的观念形态现在却蜕变成了消极负面的教条。

莱斯指出，随着“控制自然”观念内在矛盾的日益暴露，人们对它的信仰也发生了动摇。人们已经认识到，控制自然似乎不再是值得人类夸耀的伟大事业，而是维护统治集团利益的手段。由于对它的内在矛盾没有正确的理解和克服，使得人们在控制自然的实践过程中出现了种种失误。在这种背景下，马克思恩格斯提倡的“人与自然的和解”的观念就具有更高的意义。当然，我们对这个观念也要正确的理解，强调“人与自然的和解”并不意味着要崇拜原始自然主义，更不意味着要拒斥科学技术，而要理解为对破坏性生产的消除和对环境恶化的遏制。

莱斯主张，人类社会必须重新解释“控制自然”的观念：“控制自然”的要义应当理解为把人的欲望的非理性和破坏性的方面置于人们的控制之下。这种努力的成功将是自然的解放与人的解放，人类在生态平衡和社会进步中自由享受智慧的硕果。从社会进步的角度考虑它，我们会深刻地感到人类面临的最迫切的挑战不是征服外部自然，而是发展一种理智地使用科学技术手段来提高生活水平的能力，以及培养和保护这种能力的社会制度。通过反思，人们应该建立一种新的生态自然观，不要把科学技术仅仅视为控制自然的工具。这种思维范式的转变不仅对科学技术的发展是必要的，而且对人们正确理解“控制自然”的观念也是必要的。“控制自然”的观念一旦走出误区，就将获得新的意义。当然，这种新的生态自然观一定要建立在一种新的社会制度上。在这种社会制度中，公民广泛地承担责任和分享权利，所有的个人都被鼓励发展他们的批判能力，形成一个合理的、健全的社会。最后，莱斯的结论是：我们不应该把科学技术的本质看作是控制自然的工具，相反，我们应该把“控制自然”理解为对人和自然关系的合理控制、生态控制。只有这样的控制才能够实现在“控制自然”的原初观念中所蕴含的进步意义。

3.2.2.4 莱斯《自然的控制》一书的价值何在

通览该书，我们应当承认，莱斯机敏而深刻地剖析了“控制自然”这一司空见惯、习以为常的观念。莱斯的贡献在于从认识论和社会共识的角度深挖了导致生态环境问题的思想根源，这是一项颇具特色的研究。当然，莱斯的观点也有一些瑕疵。在此，笔者试作一个初步的析评。

（1）在众多研究生态问题的著作中，莱斯从认识论批判的角度切入，深入剖析了“控制自然”的观念，并把它视为当代生态环境危机产生的思想根源。这样，从哲学高度分析了生态环境问题，开辟了生态环境问题研究的哲学视阈，这对人们观察、研究和处理生态环境问题很有启发性。

（2）莱斯深刻解读了大众话语中“控制自然”观念的意义内蕴，并睿智地洞察出该观念所包含的内在矛盾，指出控制自然与控制人在社会历史中是密不可分的，控制自然是手段，而控制社会、控制人才是目的。莱斯把生态环境问题与人的问题、社会的问题联系起来，不是脱离社会关系抽象地研究人与自然的关系。这样，人们就能从改造社会入手来解决生态环境问题，从而找到解决生态环境问题的有效途径。

（3）莱斯还把生态环境问题与批判资本主义联系起来，确信“控制自然”观念最先在资本主义社会获得普遍承认，成为资本主义工业时代的思想共识，这无疑是有针对性的。但是，我们也应该看到，莱斯对这一观念与资本主义生产方式的关系未进行深入的研究。远不及马克思恩格斯对资本主义生态批判的高度。

（4）莱斯重新解释了“控制自然”的观念。他认为，人们应该从新的视角来理解控制自然的思想，把控制自然重新解释为对人与自然关系的合理控制，用人与自然关系的和谐论来代替征服论，避免人与自然关系的异化，更加合理地使用科学技术，抑恶扬善，造福人类。但是，莱斯又把这个问题首先归结为伦理和道德问题，主张依靠生态伦理的自觉和环境道德的养成来改善、调整人与自然的关系。这一点又体现出莱斯思想的“稚嫩”。

总之，莱斯的《自然的控制》一书给我们的启发是多方面的。他从分析“控制自然”观念入手，让人们清晰地看到，“控制自然”观念是导致生态环境问题的最深层的认识论根源。因此，我们在解决生态环境问题时，要重视哲学思维层面的顶层设计，树立新的生态观念，确立生态思维方式，让人类的家园更美好。

3.3 高兹：从“技术法西斯主义”批判到经济理性批判

安德瑞・高兹（Andre Gorz，1923—2007 年）1923 年出生于奥地利的维也纳，出生时叫杰勒德・希尔施。1939 年纳粹德国吞并奥地利以后，杰勒德移居瑞士。1945 年，他获得化学工程学位。翌年，在瑞士的一个会议上，他结识了法国哲学家萨特和西蒙・波伏瓦，他们鼓励他从事自己的志趣所在——道德哲学研究。第二次世界大战结束以后，为了与萨特和左派思想中心靠得更近，他于 1949 年来到巴黎，从那时起他就主要生活在法国。20 世纪 50 年代意识形态的氛围极其浓郁，同时，杰勒德・霍斯特也在等候入籍法国。所以，为了安全起见，他决定以笔名写作，于是他成了安德瑞・高兹。1964 年，他参与共同创立左派报纸《新观察家》，5 年后，他接手了萨特和西蒙・波伏瓦 1945 年创办的《现代》杂志的编辑工作。萨特与高兹之间的知识分子同盟保持了多年，直到 1968 年，法国知识界的种种骚动导致了二人关系的永久破裂。高兹不谙世事，是个知识分子型的人物，为人羞涩谨慎，一个朋友称他为“图书馆里的老鼠”。

3.3.1 核技术的生态悖论——“技术法西斯主义”批判

“生态资本主义”的一个重要观点就是，让科学技术造成的生态灾难伴着科学技术的进步随风而去！科学技术的发展可以解决人类目前面临的生态环境危机。为了批驳这种观点，笔者研究了高兹的“技术法西斯主义”理论。该理论虽然发轫于分析法国核技术发展的案例，但它具有很强的针对性，反驳了“技术可以解决资本主义环境问题”的谬论。因此，高兹对“技术法西斯主义”的分析和批判对批判“生态资本主义”具有警示的意义。

高兹批驳“技术法西斯主义”绝非一时心血来潮，也绝非偶为，而是很有针对性地对资本主义“技术决定论”的批判。由于发达资本主义国家的环境污染日趋严重，自然资源面临枯竭，尤其是1973年10月爆发的波及西方发达国家的“石油危机”，使得法国朝野上下陷入一种极度的恐慌之中。为了应对环境和能源危机，资本主义的政客和技术官僚们都幻想着采用科学技术的手段来摆脱环境恶化的困境，解开能源危机的死结。于是他们中很多人重新弹起了科学技术可以解决生态环境问题的“技术乐观主义”的老调。这样，“实施核计划，开发核能以取代石油，在完全核能化的前提下，实施完全的电气化”就成为法国主流社会的“新呐喊”。“石油危机”的出现，导致了石油供应短缺，油价飙升。这种危局给怂恿立刻实施“核计划”的游说者提供了契机，法国电力公司的资本家和技术专家也找到了救命“稻草”。他们游说政府官员，夸大核技术的能源和生态效益，有意掩盖核计划的实施可能导致的生态危害，欺骗社会舆论、麻痹民众，在法国社会上下造成了“实施核计划，以核能取代石油”的强大社会共识。所以，在没有公民辩论、公决，没有充分社会调查的前提下，法国政府于1974年3月4日批准了该国的核计划。

高兹认为，法国核计划的实施与“技术官僚主义”（Technobureaucracy）和“技术官僚”阶层的形成有直接的关系。所谓“技术官僚”，是指掌握一定的科学技术知识，在政府部门中担任行政职务的，既有院士、教授等的头衔，又具有官僚权威和作风的人。在制定国家科学技术发展战略时，“技术官僚”具有极大的权威性，同时，也容易形成“技术独裁”而具有极大的欺骗性和危险性。

在“众人皆说核能好”的赞扬声中，高兹以敏锐的批判视角看出了其中的问题。在他看来，资本主义政府用欺骗的手段告诉人们，似乎科学技术这艘“诺亚方舟”可以拯救人类，帮助人类寻找到解决环境危机和能源危机的新方法，科技进步可以为“生态资本主义”提供支撑。在能源问题上，只有采用核技术才是技术合理性的表达，才能使人类走出能源危机的泥潭。但是，自然资源的有限性和科学技术的“双刃剑”效应，使得科学技术也不可能“包治百病”。同时，实施核技术是祸，还是福？是“技术乐观主义”，还是“技术法西斯主义”？基于这样的认识，高兹对法国以及资本主义国家的技术模式进行了深刻的批判。

在法国，发展核能被政府官员和技术官僚们编织了许多诱人的好处。例如，实施核计划可以减少石油消耗，降低对石油的依赖，增加就业，改善居住环境，减少环境污染等。但在高兹看来，这些完全是“愚蠢的陷阱”“傻子的圈套”。他认为，选择核能技术，绝不单纯的是技术选择，而是资本主义国家的“卓越的政治选择”。所以，技术选择从根本上讲是政治选择。“核技术不是一个纯技术上的选择，而是一项政治上和意识形态上的选择。”[①]在“尊重专家”“技术至上”等华丽辞藻掩盖下，涉及核计划的方方面面的程序、议程，都是在隐蔽的状态下由政客、技术官僚、巨商、企业家等人秘密决定的，而不是由人民决定的，相反，人民对此一无所知。而这种隐藏的程序所潜伏着的危害比核能本身具有的危险性还要大。

在高兹看来，“核技术是一个自相吞食的怪兽”。在核能下生存的社会将变得越来越复杂、狂乱，人们对核技术的盲目崇拜导致了许多认识上的误区。

（1）只有核能才能替代石油充当燃料的看法是错误的。事实上，法国实施核技术并没有减少其石油进口，还是保持在目前的水平上。相反，地热、太阳能、风能、潮汐能和生物能等也是可以利用的能源，这些能源不仅是可以再生的，而且在使用和运输的过程中是清洁的，也是相对安全的。政府只要用开发核能的一半的费用来开发上述自然资源，就可以达到同样的效果。

（2）人们生活水平的提高和扩大就业不一定依赖于能源消耗的增长。事实上，基于能源消耗零增长基础上的发展比基于能源消耗增长基础上的发展，会提供更多的就业机会。仅当核能被用来发电时，核能才比石油便宜，一旦核能被用于工业生产，用于民用供热，一个单位核电的费用要比同样单位石油热能的费用高出 2～3

① Andre Gorz，*Ecology As Politics*，South End Press，1980，p.103。

倍。结论是，用核电取代石油将导致生活水平的下降。[1]人们要想提高生活水平，应该关注节约能源，而不是大量生产能源，最好采用可再生的、无污染的新型能源。小规模的、地方性的、多种类的能源开发所需要的劳动力多于资本，可以增加就业，减少环境污染。

（3）实施核计划可以增加可用能源的总量，这也是自欺欺人的说法。事实上，法国里昂大学的教授和专家们的研究表明：1979—1981 年，法国没有能够生产出足够量的铀，分离铀的工厂花费巨大，消耗的能量惊人。法国实施核计划消耗的能量将大于它所生产的能量。而实施核计划之外的成本被他们忽视了。这些成本包括：电力输送网络、用户管道网、各类变电站、配套公路、新厂房的计划、各类管理人员的培训费、研究费、安全措施的费用等。事实上，7 个建设中的核电站消耗的电能与 4 个核电站全负荷运转所生产的电能相差无几。能源危机远没有解决，而核计划只能使这种能源危机持续下去，甚至恶化。

（4）核技术并不是“清洁技术”。实施核技术带来的生态环境问题是严重的：核辐射、核垃圾、核事故、食物链中的核污染等等，都将对人类生存造成极大伤害。同时，技术官僚们在分析核反应堆的偶然事故时，在很大程度上是任意的、武断的，核反应堆的安全机制也是令人难以相信的。法国政府和电力公司有意掩盖核危害的事实，没有透明度，社会大众对此不了解。例如，核反应堆出事故的危害相当于原子弹爆炸的危害，核辐射扩散的范围相当远。核垃圾的运输和处理也是十分棘手的难题，因为钢筋水泥建筑也挡不住核辐射，即使在国家的长期监督下用“冷却法”处理核垃圾，也要几百年的时间。所以，“核计划可以减少环境污染”的观点也是站不住脚的。

既然核技术有这么多的缺点，那么资本主义政府为什么会选择它呢？这就涉及技术的政治化问题。高兹把核技术在众多技术中的强势位差，在资本主义国家政治中的地位和作用，称为“技术法西斯主义”。

高兹认为，资本主义国家在应对能源危机、生态环境危机时的技术选择是有政治倾向性的，是从控制社会、有利于统治和管理的角度考虑技术问题的。科学技术并不是中立的，它反映了人与人、人与社会以及人与自然环境的关系。技术模型中嵌入了权力分配、生产关系和劳动分工的等级性。所以，“资本主义只发展那些与

---

① Andre Gorz，*Ecology As Politics*，South End Press，1980，p.111。

其逻辑相一致的科学技术，这样，这些技术就与资本主义的持续统治相一致了。”[①]资本主义国家（如法国和美国）之所以热衷于选择核技术，从根本上讲是看中了核技术所具有的政治意义：

（1）在众多技术群中，核技术是最有控制力的技术，是技术中的“独裁者”“法西斯”。资本主义政府不倾向于发展太阳能、风能、水能等其他能源，是因为这些能源到处都有，不容易被资本家垄断。所以这些技术不容易被纳入资本主义的技术模式中。而实施核计划势必意味着中央集权的加强，社会等级制度的分明和警察控制的严厉。因为，政府会借口“保护核电安全”而加强对社会的控制。这样，资本主义对广大人民的控制和限制又披上了一件技术合理化的外衣。

（2）实施核计划会给资本家集团带来丰厚的利润。核计划不是任何个人和小公司就可以实施的，只有资本主义大企业集团才能有此资格和实力。而核能的垄断地位一旦形成，强迫人们消费核电将是大势所趋，资本家集团通过核电的垄断价格而获得丰厚的经济利益也是显而易见的。

（3）核计划导致了新的技术专制主义。正如高兹说的：“核选择从一开始就被认为与民主精神不一致。”[②]核计划实施后一定会出现一个准军事管理的社会。工程师、技术人员会以科学技术的名义，制定类似于军事组织的监管条例，以此培训、指导工人，监视整个生产过程，处理核垃圾，精心选择核工厂的厂址，制定核工厂运行的长期规划。人们可以看到，核工厂的等级制与社会的等级制一样，没有工人的自由和人权可言。在科学技术的名义下，技术官僚们的控制作用增强了，俨然成了统治工人的“新主人”。核电生产和分配的权力在中央政府，使得中央政府的权力越来越大，地方政府的权力越来越小。这样，在实施核计划的进程中，技术专制主义也就应运而生了。

（4）核计划的实施将扶植一批“技术官僚主义者”，他们成了资本家在科学技术上的代言人，实现了资本家从技术上奴役工人的目的，加速了工人阶级边缘化的进程。核计划实施后，工人阶级不仅要受到资本家在经济上的控制，而且还要受到技术官僚们在技术上的控制。由于核技术的复杂性和危险性，迫使工人们对技术专家产生了一种崇拜，养成了一种心理依赖。技术专家是人们可以信赖的科学技术知识的拥有者、管理者，是公众利益的唯一代表，是在科学技术领域唯一可以做出决

① Andre Gorz，*Ecology As Politics*，South End Press，1980，p.19。

② Andre Gorz，*Ecology As Politics*，South End Press，1980，p.100。

定的人。实际上，技术官僚主义上是“技术法西斯主义”存在的温床，而技术官僚们也是其幕后的操纵者，他们受到了核计划的既得利益者的支持和拥护，他们从技术上代表着资本家集团的经济利益。持反对意见的技术专家们的处境将是十分艰难的，他们的反对意见被视为不明智。例如，法国电力公司就把持有反对意见的专家称为“内部的敌人，是核计划的破坏者、颠覆者”。工人们成为了技术的奴仆，只要按照计算机给定的生产和管理程序到自动生产流水线上去工作就可以了。人的主体性、全面性、创造性都丧失了，恰似一个被动的“机器人”、单面人。资本家标榜的“自愿合作”“民主计划”“工人管理”等主张全是幻想，工人阶级面临的总体性危机更加严重了。

高兹是坚决反对“技术法西斯主义”的，他认为：“拒绝核计划就是拒绝资本主义的逻辑和资本主义国家的权威。”[①]相对于核技术等“硬技术”(Hard Technology)而言，高兹提出了“软技术”(Soft Technology)的概念并指出了“软技术”的特点：

（1）该技术简单易学，能被邻里或社会团体所掌握、所控制。

（2）该技术具有实效性，能增强社区内民众的经济实力。

（3）该技术是“生态技术”，不残害自然界，不对生态环境造成污染。

（4）该技术与生产者和消费者的需求相一致，更具人性化。

高兹指出，地热能和太阳能方面的技术就属于此类。这些技术对资本家集团来说没有多少利润可言，是投资分散化、小规模的技术，人人都可以学会操纵并加以利用。这些新型能源技术安全、清洁，在个人家中或居民社区内就可以输送，不需要铺设输送管道和其他附属设施。大公司、银行和政府就很难垄断这些技术。这样，当地民众高水平的独立自治，自我管理以及选择新的经济发展模式才有可能。

高兹也看到了技术模式不是独立运行的，它是与一个社会的政治、经济和文化模式交织在一起的。所以，“抛弃技术法西斯主义不在于对自然平衡的科学理解，而在于政治与文化上的选择。”[②]同样，“对不同的科学技术的斗争实质上是为了一个不同的社会而进行的斗争。”[③]这样，高兹就从对资本主义技术模式的否定与批判中，得出了否定资本主义社会制度的结论。

在生态学马克思主义的理论框架内，高兹的“技术法西斯主义”理论显示出了

---

① Andre Gorz，*Ecology As Politics*，South End Press，1980，p.113。

② Andre Gorz，*Ecology As Politics*，South End Press，1980，p.17。

③ Andre Gorz，*Ecology As Politics*，South End Press，1980，p.19。

独特的分析视角，提出的许多新见解、新观点对我们有一定的启发和借鉴的意义。

（1）高兹继承了法兰克福学派的批判精神，尤其是受到了哈贝马斯的“科学技术即意识形态”理论、霍克海默和阿多尔诺的“启蒙辩证法”思想的影响。他以法国核技术发展为案例对技术模式的剖析，从技术哲学、技术社会学的理论层面，全面分析了以核技术为代表的“硬技术”在资本主义国家政治中的地位和作用，探讨了“技术官僚主义”与“技术法西斯主义”的关系，分析了“技术法西斯主义”的成因、表现和危害。明确指出“技术法西斯主义”是与资本主义国家权力、独裁体制相结合的。提出了在资本主义条件下，科学技术社会作用的异化问题，具体分析了核技术是如何成为控制社会的手段的；科学技术是如何从启蒙的理性工具、反对迷信神学的理论走向自己的反面而演变为新的精神枷锁，新的“宗教”的；科学曾经与民主为伴，是人类反对封建专制、迷信愚昧的两面亮丽的大旗，但现在的科学技术与民主精神背道而驰，变友为敌了。高兹的这些分析是很有价值的，丰富了技术哲学和技术社会学的内容，拓展了人们的理论视界，加深了人们对资本主义国家科学技术的意识形态化和技术异化问题的理解。

（2）高兹在批判“技术法西斯主义”理论时提出的“软技术”“清洁技术”和“人性化技术”等思想也是具有现实意义的。高兹主张小规模、分散化、多样性的技术模式，要求人们因地制宜、因时制宜地选择技术模式，这种技术模式要容易被市民社会所掌握、所利用，不会与民主精神相抵触，还考虑到了生态环境的可承受性，不能造成对自然界的伤害。这些见解在自然资源日渐枯竭，生态环境持续恶化，全球提倡可持续发展理念的今天是很有现实意义的，对广大发展中国家来讲更是如此。

（3）高兹在阐发自己的技术哲学和技术社会学观点时还提出了一些值得我们关注的问题。例如，他认为：“科学是仆人，而不是主人，科学可以形成不同的手段和方式，但科学不能确立目标，目标是建立在人民的道德和政治选择上的。”①他还探讨了“绿色革命”与社会革命、文化革命的关系。在印度引进高产水稻技术推行“绿色革命”的结果失败时，引起了一些骚动和暴乱。因为这些水稻技术要求高、投资大，只有在少数富人农场可以实施，而广大贫苦农民根本无法运用这些技术。所以，高兹认为：“缺乏社会革命和文化革命，绿色革命是不能成功的……引进资

① Andre Gorz，*Ecology As Politics*，South End Press，1980，p.101。

本主义的技术只能导致、加速资本主义的集中和中央集权的加剧。”[①]同时，他还敏锐地看到了在资本主义社会条件下，控制自然与控制人的关系，明确指出：资本主义国家用技术手段全面控制自然会不可避免地导致对人的控制。

当然，毋庸讳言，高兹的“技术法西斯主义”理论也存在着一些缺点和不足，有着浓厚的“技术乌托邦”情结，理论的阐发缺乏深度，有时还有自相矛盾的地方。

（1）高兹在对“技术法西斯主义”理论的批判中流露出的“技术决定论”观点是错误的。高兹认为：“没有技术的改造，社会转型将是一种形式和幻想。……国家的体制和结构在很大程度上是由自然条件和技术的分量决定的。”[②]这样，他就颠倒了二者的关系，只看到了技术对社会的影响，而忽视了社会对技术的控制与牵引。误导人们好像“全是核技术惹的祸”，过分期盼技术模式的转变。似乎只要采用了“软技术”来取代现代大工业技术，人们就无生态环境之忧了。这种观点有避重就轻之嫌，只关注于技术模式的转变，而忽视了对资本主义私有制的扬弃。其实，科学技术的作用是受到社会制度、社会环境制约的。我们在为有效解决生态危机问题寻找对策时，不能把希望仅仅寄托在单纯的技术模式的选择上，而应该把新的技术革命与政治革命和社会改造结合起来。

（2）我们也要看到，高兹对核技术的指责是不科学、不公正的。他把核技术说得一无是处，而没有客观地评价核技术的优点和好处，把核工厂、核电站严格的技术要求、组织管理完全等同于技术管理上的“法西斯主义”这也是不对的。他把批判的矛头指向核技术是立错了靶子，找错了方向。对形成“技术法西斯主义”的社会机制的揭示缺乏深度。

（3）我们也应该看到，由于时代的局限性，高兹的有些观点现在看来有陈旧之感。例如，他误把“苏联模式”的社会主义等同于社会主义的普遍形态，看到了苏联在发展核技术时出现的问题，并主观地认为，在社会主义国家发展核技术也会导致资本主义同样的后果，难以避免“技术法西斯主义”。所以他说：“如果别无选择，我们宁愿要一个没有核技术的资本主义，而不要一个有核技术的社会主义。”[③]这是不是太极端了。似乎技术模式比社会制度更重要，过分强调了技术模式对社会面貌，对社会政治、经济的决定作用，这样就违背了历史唯物主义的基本观点。

---

① Andre Gorz，*Ecology As Politics*，South End Press，1980，p.66。

② Andre Gorz，*Ecology As Politics*，South End Press，1980，p.19。

③ Andre Gorz，*Ecology As Politics*，South End Press，1980，p.20。

3.3.2 批判经济理性，重建生态理性

在分析生态危机产生的原因时，生态学马克思主义不满足于仅仅从客观的外在因素寻找原因，而是更注重于从人们的心理层面，从认识论根源上探索引起生态环境危机的思想基因。这是生态学马克思主义的一个学术传统，也是该学派的理论价值所在。我们从对莱斯的“控制自然”概念的分析中就可以体会到这样的学理传统。

同时，人们也注意到了生态学马克思主义对资本主义生态批判的理论维度，这是批判资本主义的一个新切入点。高兹的“经济理性批判”理论实际上就是这样学术传统的延续。在高兹看来，当代资本主义社会中的生态环境危机是资本主义追求利润最大化的生产方式的逻辑必然。这种利润至上的观念就是资本主义经济理性的具体体现。所以，高兹把对资本主义利润至上原则的批判具体化到对资本主义经济理性的批判，从批判资本主义核心价值观的层面探讨导致资本主义生态环境危机的思想根源。

3.3.2.1 批判与重建：高兹对现代化的重新审视

纷乱杂陈的后现代主义思潮普遍认为，当今的生态危机是现代化的“副产品”，人们要摆脱生态危机的厄运，就要放弃现代化的价值主张。但是，高兹并不认同这种见解。在该书的“导论”部分，高兹就旗帜鲜明地表达了自己对现代化的看法。他说：“现在我们所经历的并不是现代化的危机。我们当今所面临的任务是要把现代化的前提加以现代化。当前的危机并不是理性的危机，而是合理性的日益明显的不合理的动机的危机，正如被人们变本加厉地追求的那样。当前的危机并不意味着现代化的过程已经走到了尽头，而我们必须走回头路。倒不如说具有这样的含义：我们需要对现代化本身加以现代化，需要反过来将现代化本身纳入其自身的行为领域，即将合理性本身加以合理化。”[①]在这里，高兹对现代化的合理性问题采取了辩证否定的态度。在他看来，对现代性的价值诉求是不能放弃的，当前资本主义社会出现的种种危机不是现代性本身的危机，也不是理性的危机。人们没有必要抛弃现代化，诋毁理性。更不能走回头路而“跟着感觉走，紧握着梦的手”。同时，高兹也敏锐地体察到了现代化、合理化中存在着的非现代化、不合理性的思想观念和认

---

① Andre Gorz，*Critique of Economic Reason*，Verso，1989，p.1。

知标准。换句话说，导致危机的症结不在于现代化、合理化，而在于隐藏在其后并驱使着现代化、合理化的那种“不合理的动机”。所以，我们当今要做的事情，是要让现代化本身现代化，让合理化本身合理化，而不是要退化到前现代化、非现代化的状态，更不是用非理性、无理性来取代理性。这样，目标就明确了，我们不是要驱逐现代化，而是要使现代化、合理化臻于完善、趋于发展。

那么，人们怎样才能达到上述目标呢？高兹提出了给“现代化划定界限”的思想。他重新审视了现代化的观念，发现了过去人们在理解现代化时存在的误区，即人们往往把现代化视为没有界限的、可以漫无边际地加以应用的观念。他说：“我希望证明现代化具有本体论和存在论的界限，证明这些界限只有伪合理性、非理性的手段才能加以突破，而正是这种伪合理性、非理性的手段，使合理化走向了反面。”[①] 因此，他强调：“这里我的主要目的之一就是给我们能加以合理化的领域划定界限。”[②]所谓给合理化的领域划定界限，就是要确立在现代化、合理化的进程中，哪些是我们可以做的，哪些是不能做的，而不像现在这样什么都可以做，什么都敢做。

我认为，高兹对现代化、合理化的分析是有道理的，他没有跟随着“后现代主义者”对现代化大放厥词，反对笼统地否定现代化，而是主张重新审视现代化，给其划定界限，这是一种真知灼见。

3.3.2.2 经济理性的表现

高兹在反思现代化、合理化时认识到，人们在追求现代化的过程中，过分彰显了经济理性，而忽视了生态理性。而这恰恰是现代化中的“软肋”，是合理化中的伪合理化和非理性的表现。高兹指出，当前资本主义社会普遍面临的生态环境危机不是现代化本身的危机，而是追求经济理性的非理性动机的危机，是生态理性严重迟滞的危机。资本主义国家在现代化的进程中，在经济理性的怂恿下，片面追求经济利润，陷入了唯利润主义的泥淖。所以，为了寻找导致生态环境危机的思想根源，我们必须考察经济理性在资本主义社会的运作情况。

什么是经济理性？高兹在《经济理性批判》和在他的其他专著中多次提到“经济理性”或者“经济合理性”这个概念，他有的时候是用描述的方式，有的时候是用对比的方式阐发这个概念，从严格的学理层面上精确的定义还不多见。但我们仍然可以真切领会到“经济理性”这个概念的内涵与外延。下面摘录他对“经济理性”

---

① Andre Gorz，*Critique of Economic Reason*，Verso，1989，p.1。

② Andre Gorz，*Critique of Economic Reason*，Verso，1989，p.2。

的几段说明：

他说："计算机化和机器人具有一种经济的合理性，确切地讲，它以尽可能有效地使用生产要素的经济需求为主要特征。……这种合理性的目的在于使生产要素发挥作用时更加经济化，它要求用简单的度量衡单位标准对生产要素的使用加以衡量、计算和规划。无论这些要素是什么样的，我们都可以表述它们。这个度量衡单位就是'单位损耗'，这种损耗本身就是劳动时间的一种功能，而劳动时间又体现在产品和用来生产产品的手段（广义地说即是资本，它是积累起来的劳动）之中。从经济合理性的角度看，由于所使用的手段的日益有效而在全社会的范围内节省下来的工作时间构成了这样一种工作时间，它可以用来生产附加财富。……通过安排这种被节省下来的劳动时间给予失业者以补偿，其方式或是雇佣这些失业者从事其他经济活动，或是付给他们一定的报酬让他们去干那些以前既不付酬也不被认为属于经济活动范围的事。"[①]高兹在这里强调了"经济理性"的产生是与计算机化和高度机械化联系在一起的，它的特征是用度量衡的尺度来计算和核算生产要素的经济效益。对由于劳动手段改进后节省下来的劳动时间也要加以经济上的利用，以便生产出更多的产品，获取更大的价值。

他说："经济理性发端于计算和核算。……从我的生产不是为了自己的消费而是为了市场那一刻起，经济理性就开始启动了。……于是，计算和核算就成为了具体的合理化的典型形式。计算与核算关心的是单位产品所包含的劳动量，而不考虑劳动带给人的活生生的感受，即带给人的是幸福还是痛苦，不考虑它所要求的成果的性质，不考虑人们与劳动产品之间的感情和美的关系。……人们的活动取决于一种核算功能，而不顾及他们的兴趣和爱好。"[②]在这里，高兹指出"经济理性"是市场经济的理性符号，它是单向度的理性，仅仅考虑经济总量的增长和盈亏计算，而根本不考虑经济活动主体——人的感受与心情。所以"经济理性"是冷冰冰的，是硬邦邦的，缺乏人文关怀的维度。

高兹认为，在经济理性盛行的资本主义社会，人们普遍认为："与从事具体劳动导致的自由的丧失相比，挣钱所带来的满足更重要。赚钱成为了工作的首要目的，人们不会从事任何没有经济补偿的活动。金钱取代了其他价值并且变成了资产阶级

---

① Andre Gorz，*Critique of Economic Reason*，Verso，1989，pp.2-3。

② Andre Gorz，*Critique of Economic Reason*，Verso，1989，pp.109-110。

唯一的衡量尺度。”[①]这里，高兹突出了经济理性所内含的金钱至上、金钱万能的特性。

他还说：“在经济理性的指导下，生产必然是被商品交换所支配的，它必然被“在一个自由的市场上进行交换”这一原则所驱使。在市场上，被割裂的生产者面对着同样被割裂的购买者，他们在市场竞争中发现了自己。”[②]在经济理性的驱动下，生产的主要目的是为了市场交换，那么，这样的生产必然是越多越好。于是，人们在传统社会中形成的“够了就行”的价值理念就势必要被“越多越好”的经济理念所取代，“经济理性”的“幽灵”就会在人们心中久久地徘徊。正如高兹所说的：“取代‘够了就行’这种看法，人们提出了一种用来衡量工作成效的客观标准，即利润的尺度。从而成功不再是一种个人评价的事情，也不是‘生活质量’问题，而主要是看挣钱的多少和财富的多寡。经济量化的方法确立了一种确信无疑的标准和等级森严的尺度。现在，这种标准和程度不需要用任何权威、任何规范和任何价值观念来确认。效率就是标准，并且通过这一标准来衡量一个人的水平和能力：更多总比更少好，挣钱更多的人总比挣钱更少的人好。”[③]

从上面的论述中，我们可以比较清晰地把握高兹表述的经济理性的含义，即把经济活动建立在计算和核算的基础上，竭力奉行金钱至上的原则、利润效益最大化原则、生产规模越大越好的原则、消费越多越有尊严的原则和商品越多越好的原则。在经济理性的视野里，人的主体地位、审美感觉、兴趣爱好、交往需要、完善自我等等都失去了存在的必要。

高兹在共时性地揭示了经济理性的含义和特征的同时，也从历时性的角度论述了经济理性形成的历史过程。他强调指出，是资本主义的形成与发展催生并强化了经济理性，使得经济理性成为在资本主义社会占主导地位的理性特质。在前资本主义的传统社会中，“当人们可以自由地决定其需要和工作强度时，经济理性并不适用。那时人们为了使其工作控制在一定限度内，就自发地限制其需要，工作到自认为满意就行，而这种满意就是自认为生产的东西已经足够了。‘足够’调节着满意度与劳动量之间的平衡。……‘足够’不是一个经济学范畴，而是一个文化意义或者存在意义上的范畴。‘够了就行’（Enough is Enough）意味着拥有更多东西并不

---

① Andre Gorz，*Critique of Economic Reason*，Verso，1989，p.46。

② Andre Gorz，*Critique of Economic Reason*，Verso，1989，pp.110-111。

③ Andre Gorz，*Critique of Economic Reason*，Verso，1989，p.113。

意味着更好的服务，更多并不等于更好，正如英国谚语所云‘知足常乐’（Enough is as Good as Feast）。”[①]高兹提到的前资本主义社会，属于自给自足的农耕文明时代，人们在生活中处处奉行着“够了就行”的原则，耕种、纺织、营造、饲养、制造、采集、渔猎等活动对大自然的索取和影响是微不足道的，人们对自然界的利用程度与自然界的恢复程度基本上是同步的。在传统社会中，经济理性并不占支配地位，人们在社会生活的诸多方面都信奉着“够了就行”和“知足常乐”的理念，还经常用这样的处世哲学来警示自己，那就是：“要怎样才算是好，只如此已是过分”。

3.3.2.3 经济理性的生态危害及社会危害

高兹批判资本主义经济理性的危害，其目的是要揭示资本主义制度的反生态本质，这也是人们批判“生态资本主义”的一个发力点。“生态资本主义”之所以是不可能的，一个重要原因就是经济理性的过度膨胀，势必导致严重的生态危害。所以，高兹对经济理性的批判实质上就是对“生态资本主义”的批判，他的经济理性批判理论对我们批判“生态资本主义”是很有帮助的。

高兹多次谈到生态环境问题，体现了他批判资本主义的生态维度。他指出：“自然资源的有限性构成了经济合理性的障碍。”[②]所以，从高兹批判资本主义的经济理性所得到的结论就是：批判生态资本主义，建立生态社会主义是人类理性发展的必然。他善于借用已有的生态学理论来论证自己的观点，提到了法国存在主义哲学大师萨特的生态观点。萨特在《辩证理性批判》中涉及了物质世界的整体性问题。在论述该问题时，萨特谈到人们初始行为的盲目性可能导致相反的结局。例如，每个农民为了扩大耕地这个初始目的而伐树开荒，结果是既破坏了植被，又造成土壤侵蚀，引起了灾难性的洪水。高兹还引用了伽里特·哈丁的“公有地悲剧”假说，说明经济理性的生态危害。哈丁分析到：每个牧民自由地追求自己的利益，最大限度地在公共草场上放牧，当公共牧场上“牛满为患”的时候，每头奶牛会因为牧草有限而减少牛奶产量。然而，个别奶牛产奶量的增加是以其他奶牛产奶量的减少为代价的。反之，每个牧民都想通过增加牛群数量的方式来达到增加牛奶产量的目的，这样势必促使牧民为了自己的利益尽快扩大牛群数量，寻求自己利益的最大化，其结果必然损害大家的利益。这样，“公有地悲剧”就发生了。

在高兹的分析中，我们可以清晰地看到生态理性与经济理性的对抗，二者是价

① Andre Gorz，*Critique of Economic Reason*，Verso，1989，pp.111-112。

② Andre Gorz，*Critique of Economic Reason*，Verso，1989，p.111。

值取向迥异的不同范式。他说："生态学有一种不同的理性；它使我们知道经济活动的效能是有限的，它依赖于经济外部的条件。特别是，它使我们发现，超出一定的限度之后，试图克服相对匮乏的经济上的努力造成了绝对的、不可克服的匮乏。但结果是消极的，生产造成的破坏比它所创造的更多。当经济活动侵害了原始的生态圈的平衡或破坏了不可再生的自然资源时，就会发生这种颠倒现象。"[①]高兹用对比的方法凸显了经济理性与生态理性的不同，他指出："从总体上看，生产力的经济规则与资源保护的生态规则是根本不同的。生态理性是以尽可能少的劳动、资本和资源投入，采取尽可能好的生产方式和手段，尽可能提高产品的使用价值和耐用性来满足人们的物质需要。相反，经济理性把利润最大化建立在生产效率、消费和需求最大化的基础上。只有通过这种最大化的消费和需求才能获得资本的增殖。结果是，企业生产力的发展导致整个经济领域浪费日益严重。人们可以看到，从生态观点看是对资源的破坏和浪费，从经济观点看就是增长的源泉；……从生态观点看是节俭的措施，如生产耐用消费品，降低能源和资源消费，从经济眼光看就是国民生产总量的减少，就是没有做到物尽其用。"[②]通过高兹的分析，我们看到，资本主义倡导的生产最大化、利润最大化和消费最大化的经济标准是不同于资源保护的生态最大化标准的。从经济理性看，企业就是要追求利润最大化，而生产最大化是前提，消费最大化是手段。但从生态理性看，片面追求利润最大化势必导致自然资源的巨大浪费和枯竭，反过来制约经济的发展。从经济理性看，企业为了在激烈的市场竞争中立于不败之地，就一定要加快商品的淘汰率，以更多更新颖的商品不断刺激人们的消费。但从生态理性看，这种异化的消费并不能满足人们真正的需要，反而导致了巨大的浪费。正如美国销售分析家维克特·勒博说的："我们庞大而多产的经济要求我们使消费成为我们的生活方式，要求我们把购买和使用货物变成宗教仪式，要求我们从中寻找我们的精神满足和自我满足。……我们需要浪费东西，用前所未有的速度去烧掉、穿坏、更换或扔掉。"[③]可见，经济理性与生态理性在资本主义社会是不相容的。

高兹认为，经济理性大行其道的资本主义社会是一个病态的社会，人们的思维被禁锢在狭隘的利润至上的精神桎梏中，忽视了对生活本质的反思和对人生价值的

---

① Andre Gorz，*Ecology As Politics*，South End Press，1980，p.16。

② Andre Gorz，*Capitalism*，*Socialism*，*Ecology*，Verso，1994，pp.32-33。

③ 艾伦·杜宁：《多少算够》，长春：吉林人民出版社，1997年版，第5页。

追问。这样的社会氛围使得“社团成员间团结一致、互相帮助、志愿互助这些行为只能处于社会系统和经济理性的边缘。……我们生活中一些最本质上的需求，如没有污染的空气和水、避免工业污染而受到保护的地区、避免化学掺假物污染的食品和体贴周到的照顾等等，只有在反对该社会系统中的经济理性、用暴力斗争的方式反对国家官僚和工业大机器的斗争中才能获得伸张和辩护。”[①]同时，人们也应该认识到市场不是万能的，经济理性也不是通神的，因为“人们的许多需求是市场不能提供的：对空旷地、空气、清洁的水、光线、安静、公共交通的需求，对疾病和事故的预防，对公共卫生、教育、给破碎家庭的服务性的补偿和社区的团结互助关系等的需求。”[②]而这些需求才是人的本真状态的需求。

高兹认为，当代资本主义社会是一个异化普遍化的社会，在众多的社会危机中，生态危机是根本的危机。这是资本主义经济理性的必然结果。因为以经济理性为核心价值观的资本主义生产方式崇尚“生产更多、利润更大和消费更快”的原则。但是“事实上，传统的工作伦理已经过时了。这样的情况已经是不真实的了：认为生产的产品多就意味着工作时间长，或者是生产的产品多就意味着能过上好日子。现在‘更多’与‘更好’之间的纽带已经断裂了；我们对产品和服务的需要已经超过了足够的程度。我们许多尚未满足的需要不能靠生产更多的产品，而是靠不同的产品，不同的生产，甚至靠更少的生产来满足。尤其是我们在满足对空气、水、空地、安静、美、时间和人际交往等方面的需要时情况更是如此。”[③]所以，在生态理性的视野里“生活质量依赖于环境，其中包括我们对空地、新鲜的空气、宁静、建筑样式和城市规划等方面的需求。这些东西在市场上是买不到的。自然资源不是生产出来的，无论什么价格也购买不到。特别是像扩大植树造林、控制污染、能源保护、城市发展和疾病预防这些事情更是如此。”[④]

高兹在指出了资本主义经济理性的生态危害的同时，也从人的存在状态和社会批判的角度展开了对经济理性的社会危害的剖析。

（1）作为生态学马克思主义者，高兹采用了马克思的理论来揭示资本主义经济理性的社会危害。他说：“资产阶级所秉持的经济理性是单向度的，直截了当的，

---

① Andre Gorz，*Critique of Economic Reason*，Verso，1989，p.99。

② Andre Gorz，*Critique of Economic Reason*，Verso，1989，p.131。

③ Andre Gorz，*Critique of Economic Reason*，Verso，1989，p.220。

④ Andre Gorz，*Critique of Economic Reason*，Verso，1989，p.237。

其含义是要扫除一切从经济角度看来不合理的价值和目的。这样的结果是，除了人与人之间存在着的金钱关系之外什么也没有留下，除了各个阶级之间存在着的暴力关系之外什么也没有，除了人与自然之间存在着的工具关系之外什么也没有。这样势必导致工人无产阶级完全被剥夺，仅仅沦为劳动力的交换者，他们任何的特殊利益都被剥夺了。无产阶级的劳动失去了劳动者的所有魅力，他们变成了机器的附属物。”[①]高兹在这里强调，按照马克思恩格斯对资本逻辑的批判，我们可以看到，经济理性的危害在异化条件下的表现可以归结为两方面：一方面导致了人与人的关系异化为赤裸裸的金钱关系，另一方面使人与自然的关系异化为单向度的工具关系。这样的结果就使得社会异化和自然异化成为资本主义社会经济理性的逻辑必然。

（2）法兰克福学派哲学家哈贝马斯的“认识—工具理性”理论也对高兹的经济理性批判理论有很大的启发。哈贝马斯认为，在资本主义经济理性的灌输下，人们喜欢用金钱的标准来衡量人们的各种行为，用成本—利益分析的方式来量度人们的各种表现。许多社会问题，如从城市建设到预防犯罪的项目，由于以金钱为目的而被弄得一塌糊涂。在高兹看来，哈贝马斯的“认识—工具理性”实际上就是经济理性。

（3）高兹批判了当代资本主义经济理性的新危害——“新奴隶主义”的产生。高兹在剖析资本主义经济理性时发现，该理性也对社会结构、劳动力结构、对人们的生存方式产生了多方面的影响。由于机械化、电气化、计算机的大力普及，劳动时间日渐缩短，社会已经不需要那么多的人，花费那么多的劳动时间来生产物质生活资料。但资本主义的经济理性仍然起着牵引的作用，整个社会还沉浸在“越多越好”的理性狂欢中，从而造成了对节省下来的劳动时间加以不平等的分配，即越来越多的人被从经济领域中排除出去。而与此同时，一批职场“白骨精”（白领、骨干、精英）则继续从事着各项重要的工作，他们的收入高、工作环境好、社会地位受人尊敬，职场感觉令人羡慕。随着“技术鸿沟”和“信息鸿沟”的拓宽，技术和信息方面处于劣势的人群就逐渐沦为职业精英的奴隶，社会的两极分化进一步扩大，信息化时代的“新奴隶主义”产生了。他说：“对经济领域中劳动的不平等分配，以及与此相伴随的对由技术发明所创造的自由时间的不平等分配，导致了这样一种状况，在这样的状况下，一部分人可以从另一部分人那里购买到额外的闲暇时

① Andre Gorz，*Critique of Economic Reason*，Verso，1989，p.19。

间，而后者则沦为了为前者服务的人。……至少是对于提供个人服务的这部分人来说，这样的社会层次决定了他们只能是服从于和依附于他们为之提供服务的那些人。这样的社会后果是，曾经被战后工业化所废除掉的‘奴隶阶级’再次出现了。”[①]在高兹看来，今天这种被职业精英雇佣来为其服务的仆人和以前富人阶级雇佣的家奴没有什么本质上的区别。

高兹在这里提到的“新奴隶主义”的问题，实际上涉及了科学技术发展和工业化加快所导致的社会分层问题，涉及经济理性造成人的社会关系的畸化和物化。该观点对我们重新认识资本主义新的社会问题有一定的启示作用。

3.3.2.4 逃脱经济理性的禁锢

高兹明确指出：“从经济或商品理性中解放出来是可能的，但要把它变成现实必须要有行动。”[②]而这个行动的理论指南就是前面提到过的给现代化、给理性划定界限。他一再重申，现代化的列车不能再以经济理性为引擎，而应该逃脱经济理性的禁锢，树立生态理性，使现代化列车在生态理性的指引下前进。

高兹认为，经济理性属于工具理性，生态理性属于价值理性，这两种理性在资本主义制度下是不相容的。作为工具理性的经济理性，它主要是谋求有利于自身的好处，就像人们只关注工具的性能、特点那样，只要“好使”“能用”就行，至于用工具干什么、干的对与不对，那是价值理性要关心的事情。高兹指出，从经济理性考虑，只有作为商品的价格，交换价值才是一切事物现实性的体现。只有可以计算的、定量化的和可以用数字来描述的东西才是“真实的”，而对经济活动的价值追问、对终极意义的思考是虚幻的，是不被人们看好的。正如高兹所言：“经济理性无处不在，它的终极目标就是最有效地使用各种手段并且最有效利用各种手段组成的组织系统。从本质上看，经济理性就是工具理性，其终极目标就是发挥这些组织系统的合理功能，目的是积累金钱，创造利润，达到对自然资源的有效利用。”[③]高兹充分认识到资本主义的经济理性与生态理性在本质上的对立，前者只抓住眼前的利润，后者考虑到自然循环的长期性和保护自然环境的必要性；前者是“今朝增长今朝对，管它明日是与非”，而后者要奉行可持续发展的理念，树立生态思维方式，充分考虑生态正义、生态平衡等问题。因此，超越经济理性的藩篱，摆脱其控

---

① Andre Gorz，*Critique of Economic Reason*，Verso，1989，p.6。

② Andre Gorz，*Critique of Economic Reason*，Verso，1989，p.223。

③ Andre Gorz，*Critique of Economic Reason*，Verso，1989，p.94。

制，树立生态理性就是一个社会理性成熟的思想诉求。

如何逃脱经济理性的禁锢？高兹为我们提供了解决问题的路径。

（1）要破除经济上“越多越好”“多多益善”的思维惯性，打断“更多”与“更好”之间的联结，使“更好”与“更少”联系起来。高兹分析到，资本主义与其说是消灭了匮乏，不如说是在其他更为本质的需要方面再生产着匮乏：空闲时间、自然资源的匮乏、甚至新鲜的空气、干净的饮用水、绿地园林、和平的氛围和安静的社区环境的匮乏。这些匮乏是不入经济理性法眼的。所以，高兹主张，只要我们生产更多的耐用品以及不破坏生态环境的产品，只要生产的商品人人有份，那么工作时间的减少不一定会带来工资减少，消费品的减少不一定会带来生活窘迫。相反，人们生活水平的提高，就是完全可能的。他说：“特别是当人们发现更多并非必然是更好，发现挣得越多，消费得越多并非必然导向更好的生活，从而发现还有比工资需求更为重要的需求时，他们也就逃脱了经济理性的禁锢。……当人们认识到并不是所有的价值都可以量化，认识到金钱并不能购买到一切东西，认识到不能用金钱购买到的东西恰恰是最重要的东西，或者甚至可以说是最必不可少的东西之时，‘以市场为根基的秩序’也就从根本上动摇了。”[①]

（2）要大力弘扬生态理性，把它从经济理性的遮蔽中解放出来，使其成为生态文明时代的新理性。高兹说：“生态理性的思路在于，以尽可能好的方式，尽可能少的、有高度使用价值和耐用性的物品来满足人们的物质需要，并因此以最少的劳动、资本和自然资源来实现这一点。……生态理性可以归结为一句口号：‘更少但更好’，它的目标是建立一个我们在其中生活得更好而劳动和消费得更少的社会。”[②]高兹认为，经济理性实际上是“不理性”“非理性”，而生态理性才是真正的理性。健全的生态理性反对人们无节制地追求高消费、把消费与幸福满足等同起来的传统观念，主张劳动是建立人与自然和谐关系的中介，实现劳动与休闲的有机统一。要告诫人们，消费不是快乐之源，只有在劳动中人们才能体会到主体的创造性和能动性，才能体会到发自内心的喜悦与快乐。人们要注重提高生活质量，做到物质生活与精神生活的平衡和谐，学会从创造性的、有特色的、非异化的劳动中感到劳动者的价值与尊严，从而保证生态理性、经济理性和社会理性的内在统一。高兹很注重揭批消费主义，破解“不消费就衰退”“不消费就不幸福”的神话，他把

① Andre Gorz，*Critique of Economic Reason*，Verso，1989，p.116。

② Andre Gorz，*Capitalism*，*Socialism*，*Ecology*，Verso，1994，p.33。

是从消费领域还是从生产领域获得满足概括为经济理性与生态理性的区别，认为从经济理性向生态理性的转换过程也是人们不断地从生产领域而不是从消费领域获得满足的过程。

（3）社会发展的整体趋势要从经济社会逐步向文化社会过渡。要挣脱经济理性的禁锢，人们就要重新认识闲暇的意义。由于科学技术的发展、资本有机构成的提高和劳动时间的缩短，人们可以自由支配的时间大大增多了。在这样一个足够大的自由空间中，人们的生活不再被劳动所占据，不再为挣钱所累。人们发现，在社会生活中并不是所有活动都可以被量化的，不以金钱为衡量标准的活动也是人们生活中的自主活动。以经济为目的所进行的劳动大大减少之时，自主的行为有可能在社会生活中占据支配地位。所以要把经济理性从闲暇时间中清理出去，因为人们在劳动之余的许多活动，如艺术创作、照料老人与病人、与人交往、从事体育锻炼、观光旅游、读书写作、野外考察、科学研究、参与环境保护等并不是唯经济理性马首是瞻。闲暇活动不再只是劳动的剩余或补偿，而是人们真实生活中必不可少的内容。要使闲暇时间超过劳动时间，使自由时间压倒非自由时间。让人们在自由的时间里充满创造、欢乐和美感，人人徜徉在人际和谐、人与自然和谐的氛围中。高兹指出，当劳动降低到从属的地位，当一个社会不再建立在劳动之上，而自由闲暇的活动也是社会普遍价值的承担者时，人类一个可能的社会远景就出现了。在他看来，“这个未来的社会不再是一个以劳动为基础的社会。”[①]而且这个社会“所涉及的是从一个生产主义的以劳动为基础的社会向一个时间解放了的社会的转折，在这一社会中，文化和社会被赋予了比经济更大的重要性。一句话，就是向一个德国人称为‘文化社会’的社会的转折。”[②]

（4）人们应该从挣钱的权利向劳动的权利回归。在高兹看来，超越经济理性，摆脱经济理性的羁绊，不要简单地理解为让闲暇时间压倒劳动时间，也不意味着我们的社会不再以劳动为基础了。从本质上看，超越经济理性的一个重要表现就是使劳动本身成为一种自主性的行为，成为一种目的性的行为。人们要在劳动中体现自我价值和创造性，要通过劳动使主体获得更大的自由发展，而不是把劳动仅仅当成了养家糊口的手段。那样的劳动是被动的、压抑的，劳动失去其意义、目的和动力。挣钱的劳动不是自己选择的人生目标，而是被雇主付给的报酬所支配的机械反应。

① Andre Gorz，*Critique of Economic Reason*，Verso，1989，p.212。

② Andre Gorz，*Critique of Economic Reason*，Verso，1989，p.183。

这样的行为类似于马戏团中为了吃到驯兽师手中的食物而表演的动物行为。他说：人们“存在着一种普遍的混淆，就是把‘劳动’（Work）与‘工作’（Job）或‘就业’（Employment）混为一谈，把‘劳动的权利’与‘挣钱的权利’以及‘得到收入的权利’混为一谈。”[①]高兹分析到，在经济理性这股“暖风”的吹拂下，人们普遍把挣钱的权利、获得收入的权利完全等同于劳动的权利，实际上你有权挣钱并不意味着你真正获得了劳动的权利。在劳动领域摆脱经济理性的羁绊，就是让人们不仅要拥有挣钱的权利，更重要的是要获得劳动的权利。要让劳动者在劳动的全过程中，充分发挥其主观能动性，把劳动看成是实现自我价值、达到个人全面发展的途径。

3.3.2.5 生态理性重建之路

高兹批判资本主义经济理性，其目的就是为生态理性的重建扫清思想上的障碍。他虽然没有专门的篇幅来论证生态理性重建的问题，但人们通过散落在该书中的思想片段，还是可以触摸到高兹生态理性重建思想的脉搏。

高兹认为，生态重建就是要重新调整经济理性与生态理性的关系，使经济理性服从于生态理性。在资本主义社会，经济理性与生态理性处于尖锐的对峙状态。在经济理性“天马行空”的时期根本没有生态理性的位置，因为生态理性的价值追求与资本主义生产最大化、利润最大化和消费最大化的时代理念格格不入。长期以来，经济理性遮蔽了生态理性，人们忽视了、麻木了经济理性膨胀所带来的生态环境危机。现在是到彰显生态理性的时候了，重新思考两种理性的关系，展现生态理性重建的逻辑必然已经是顺理成章的事情了。

高兹所倡导的生态重建，主要是指经济上的生态重建，即资本主义工业社会的生态重建。所谓工业社会的生态重建，就是要把生态理性贯彻到经济活动中，产品设计要节约原材料，产品必须是耐用品，是便于个人维修、可重复使用的产品；尽量选用当地原料，减少运输造成的能源浪费和空气污染；对于工业废水、废气和废渣的处理，要遵循可持续发展和循环利用的原则。对资本主义工业的生态重建，就是要对其进行生态现代化的变革，经济活动的全过程都应该置于生态理性的监控之下，经济理性必须服从于生态理性，因为生态理性是对人类生存与发展的最本质需求的理性考量。

高兹认为，在资本主义社会，生态重建有以下两个方向：

---

① Andre Gorz，*Critique of Economic Reason*，Verso，1989，p.221。

一个方向是资本主义的生态重建，即走一条资本主义生态重建的道路。资本主义在生态重建方面是有一定作为的，但在经济理性的统辖下，这样的生态重建也是以营利为出发点的，生产绿色商品、绿色食品的行业，绿色农业、生态技术、生态商业等行为在资本家看来，只不过是追求利润最大化的现代方式，在现代社会生活中，披上生态环境保护这样的绿色外衣，就是打开商品销路的最佳方式。所以，在一定条件下，资本主义社会也会挥舞着生态环境保护的大旗，许多资产阶级的政客们也会利用各种机会，利用各种媒体标榜自己也是“绿派”。在高兹看来，资本主义方向的生态重建企图一方面追求利润最大化，另一方面又想保护生态环境，保持生态平衡。而这个企图是不可能实现的。因为，假设经济理性完全服从于生态理性，用生态思维的视角去观察经济活动的话，那么生态重建就不能包含有利润最大化的目标，因为利润最大化无疑是经济理性的价值期盼。这种条件下的服从不是真正意义上的服从，“资本主义的生态重建”这个命题本身就是一个悖论。所以，高兹认为，资本主义方向上的生态重建的道路不是理想中的生态重建的社会模式，“资本主义的生态重建”是一个伪命题，其实践结果必然以失败告终。

另一个方向是社会主义的生态重建，即走一条生态社会主义的道路。在社会主义的生态重建中，生态理性要扩大其影响，彰显其威力。生态环境对经济发展的外在制约性、承受能力都应当是人们从事经济活动时首先要考虑的问题。高兹指出，人类经济活动的长期实践已经证明，从生存论的意义上来说，生态上非理性的东西就不可能是经济上合理的东西，生态上的非理性将在终极的意义上导致经济上的非理性。生态重建的努力就是要说明，生态理性与经济理性有着内在的关联性。生态社会主义的生态重建就是要转变人们已有的认识范式，使经济理性服从于生态理性，不要处处以核算、统计等量化标准来牵制人们的行为，不要把人们的其他活动也商品化、货币化，更不要让人们整天哼唱着经济理性的“醉歌”而遗忘了人的全面而自由的发展。所以，高兹主张“对经济理性所发挥作用的领域施加新的社会限制。只有这种限制才能保证劳动者的完整性，确保他们无论在个体还是集体层面自我决定怎样度过自己一生的权利。”[①]高兹憧憬的未来社会应当是一个生态社会主义的社会。

3.3.2.6 评价与借鉴

高兹认为，当代资本主义存在着各种各样的危机，而其中主要的危机就是生态

① Andre Gorz，*Capitalism*，*Socialism*，*Ecology*，Verso，1994，p.38。

危机，而危机的根源则在于资本主义的生产方式。高兹对资本主义生产方式的核心价值观——经济理性——进行了深入的批判，这是难能可贵的。深入挖掘导致资本主义生态危机的思想意识根源，比表面上指出资本主义生态环境恶化的事实更重要，也可以加深人们对资本主义生产方式反生态性的了解。不破不立，破立兼行，破得深，才能立得稳。高兹在批判资本主义经济理性的同时树立起生态理性的大旗，他反复强调，批判经济理性不是要主张经济非理性，也不是要毁弃理性精神。人们应该认真辨识理性精神的本意，赋予理性精神新的含义。只有逃脱经济理性的羁绊，踏入生态理性的坦途，才能说明人们在真正用理性思考的道路上又前进了一大步。

像许多西方马克思主义思想家一样，高兹也认为，不是理性本身出的错，而是“理性僭越”惹的祸。在资本主义生产方式下，理性超出了自己的范围，各种理性的变种粉墨登场，工具理性、科技理性、经济理性过度膨胀，理性的衍生物（如科层制、技术官僚、技术法西斯主义、劳动分工、精英政治等）也成了人自身的异己力量，造成了理性的错位。而过度膨胀的经济理性导致了人与人、人与自然的尖锐对立，现代化进程中出现的各种病态都可以说是经济理性“浸润”的结果，是经济理性过分“坚挺”所带来的负面影响。人们要矫正现代化的发展方向，就必须反思经济理性，把它和生态理性进行有机的整合。

我们应当看到，高兹对资本主义经济理性的批判可以给我国接纳和反思现代化提供理论借鉴和启迪。资本主义从诞生的那一天起，经济理性作为其核心价值观一直是资本主义工业文明的基石，其科学技术的发展、经济奇迹的产生以及政治民主化的进程都与经济理性有着直接的关系。所以，在一般的意义上，我们不能笼统地否定经济理性，如果过度否定经济理性、强调生态理性，这本身就是一种非理性，属于理性上的矫枉过正。同时，高兹倡导的生态理性是否能成为引领现代化列车的思想引擎也是一个值得探讨的问题。

同时，我们也要看到，高兹只从经济理性的角度，从人与自然的关系角度来批判资本主义，给人们的印象是；资本主义危机的普遍化“全是经济理性惹的祸”，只要克服了经济理性，用生态理性取而代之就可以万事大吉了。这样的思路有避重就轻之嫌，忽视了对资本主义制度的批判，掩盖了资本主义社会的基本矛盾，回避了对社会经济、政治制度弊端的有力剖析，企图以保护生态环境的“善良意志”来改变资本家追逐利润的本性，这肯定是不切实际的空想，充满了浪漫主义的情怀。

第4章

福斯特和奥康纳对生态资本主义的批判

在批判“生态资本主义”的理论大军中，美国生态学马克思主义理论家福斯特和奥康纳无疑是领军人物，他们对“生态资本主义”的批判理论在中国引起了巨大的反响，受到众多理论同仁的拥戴。

福斯特是“生态资本主义”批判的理论巨擘，在对资本主义生态危机的问题上，他迥异于一般环保人士和生态技术人员的看法，撇开生态危机现象的迷雾，“往祖坟上刨”，深究导致生态危机的本质原因，揭示产生生态环境问题的社会历史根源。他明确指出，资本主义是导致生态环境危机的制度“基因”，是形成环境污染的“原罪”。在他看来，主张在保留资本主义制度框架下的一些具体生态补救措施，如利用市场机制和技术手段重塑“生态资本主义”的论说，都充满着“牧师布道”的味道。福斯特对“生态资本主义”的批判是犀利而全面的，对我们认清“生态资本主义”的缺陷和实质具有深刻的启示和借鉴。

奥康纳对“生态资本主义”批判的创新性贡献，就在于他提出了“资本主义第二重矛盾”的观点。他认为，经典马克思主义关于资本主义的基本矛盾（生产力和生产关系之间的矛盾）的论述是我们大家耳熟能详的，是资本主义面临的第一重矛盾。马克思正是从分析该矛盾出发，敲响了资本主义必然灭亡的“经济丧钟”。但是现在，人与自然之间的矛盾已经演变为最严重的问题，资本主义社会中实际存在两种类型的矛盾，除了第一重矛盾之外，还存在着“资本主义第二重矛盾”，即资本主义生产的无限性与资本主义生产条件的有限性之间的矛盾。它涉及的是资本主义生产力、生产关系和生产条件之间的矛盾，这个矛盾的激化将敲响资本主义必然灭亡的“生态丧钟”。所以，在回答“可持续发展的资本主义是否可能”的询问时，奥康纳给予了“不!”“大概不!”这样的回答。

在开展对“生态资本主义”“绿色资本主义”或“可持续发展的资本主义”等理论观点批判的征途上，我们为有这样的理论同道而感到欣慰!

4.1 生态学反对资本主义

在生态学马克思主义版图上，美国的生态学马克思主义占据重要的位置，约翰·贝拉米·福斯特（John Bellamy Foster）是其中突出的代表。1953 年，福斯特出生于美国的太平洋西北岸。1984 年，他在加拿大约克大学获得博士学位。他曾经担任美国杂志《资本主义、自然、社会主义》的编辑委员会委员。现在，他是《组织与环境》和《每月评论》杂志的主编，美国俄勒冈大学社会学教授。最能反映他生态学马克思主义理论要旨的著作是：《脆弱的行星——环境的经济简史》《马克思的生态学——唯物主义与自然》《生态学反对资本主义》（又名《生态危机与资本主义》）。

福斯特对生态资本主义的批判是生态学马克思主义的重要组成部分，因其理论和见解的深刻性、全面性而独领风骚。他对生态资本主义的批判主要体现在《生态危机与资本主义》一书中。正如作者所言，该书主要是对 1992—2001 年资本主义制度下应对环境危机的主流经济措施进行的一系列批判。

4.1.1 生态与资本主义是相互对立的

福斯特对生态资本主义的批判，其理论是犀利的，观点是明确的。他指出：“生态与资本主义是互相对立的两个领域，这种对立不是表现在每一个实例之中，而是作为一个整体表现在两者之间的相互作用之中。”[①]在福斯特看来，全球性生态危机已是一个不争的事实，人们围绕着导致生态危机的根源各抒己见：有人把它归咎于人类固有的对自然的占有欲；有人认为是“现代化的副产品”和工业文明的恶果；

① 约翰·贝拉米·福斯特：《生态危机与资本主义》，上海：上海译文出版社，2006 年版，前言第 1 页。

有人认为是传统经济发展模式的必然产物。处理环境污染，科学家和环保主义者往往只强调一些具体的改善环境的措施：例如减少对矿物燃料的依赖，采用太阳能；减少消费；消除世界贫穷；控制人口增长；等等。“全世界的自然科学家虽然做了大量努力来警告我们人类和地球所面临的危机，但却没有足够的能力认识到问题的根源（甚或无法认识到危机的严重程度），因为他们大都没有深入探究生态危机背后的社会问题。危机的原因需要超出生物学、人口统计学和技术以外的因素作出解释，这便是历史的生产方式，特别是资本主义的制度。”①

福斯特认为，很多人只是看到了环境问题的现象，而没有看到实质，没有从资本主义制度上探寻原因。所以，“由于对社会因素及其对生态可持续性的关系缺乏认真思考，主流环保主义者，包括大多热心关注环境的科学家，其观点经常弥散出牧师布道的气味。”②

与上述观点迥异，福斯特强调，生态学是反对资本主义的，生态学的学理主张与资本主义逻辑相抵牾，这种抵牾不是表现在环境公害的个案上，而是生态系统与资本主义经济系统在整体上的对抗。所以，他主张，人们应该从资本主义制度的扩张主义逻辑中寻找导致生态危机的根源。

作为生态学马克思主义理论家，福斯特很注重对资本主义制度的生态批判，这既体现了该理论的鲜明特点，也表明其理论立场。他说，资本主义反生态的本质是资本主义制度的必然。因为资本主义本质上是一种积累制度，特别适应资本和利润的生产，资本主义的资本积累不会停止，用马克思的话说就是，它“要么积累，要么死亡”。

福斯特指出：“资本主义作为一种制度需要专心致志、永无休止地积累，不可能与资本和能源密集型经济相分离，因而必须不断加大原材料与能源的生产量，随之也会出现产能过剩、劳动力富余和经济生态浪费。”③这样做的结果就是，“这种积累一直靠全球环境不断被系统地剥夺其自然财富得以维持。环境被蜕变成了索取资源的“水龙头”和倾倒废料（经常是有毒废料）的“下水道”。所以，过去 500 年的历史实际是一个不可持续发展的历史。”④

① 约翰·贝拉米·福斯特：《生态危机与资本主义》，上海：上海译文出版社，2006 年版，第 68 页。
② 同上。
③ 约翰·贝拉米·福斯特：《生态危机与资本主义》，上海：上海译文出版社，2006 年版，第 127 页。
④ 约翰·贝拉米·福斯特：《生态危机与资本主义》，上海：上海译文出版社，2006 年版，第 74 页。

福斯特确信，资本主义制度的反生态本性对生态环境的破坏难辞其咎，当前，全球性生态危机在很大程度上是资本主义制度的“原罪”，是其经济体制无法克服的痼疾。

福斯特告诫人们，面对着生态环境恶化的现实，不要过多地诉诸个人生态道德的蒙醒和生态良心的发现，而忘记了对“更高的不道德”——资本主义生产方式——的批判。福斯特把资本主义的生产方式形象地比喻为“踏轮磨房的生产方式”，这种体制的显著特征犹如一种圆形的松鼠笼子，它要处于高速的运行中，一旦停止这种体制就终结了。资本主义的生产方式才是环境破坏的罪魁祸首。“这种生产方式正朝着与地球基本生态循环不相协调的方向发展。1970—1990 年，工业生产连续保持年平均 3%的增长率，这意味着整个世界的工业产值每 25 年翻一番，每个世纪大约增长 16 倍，每两个世纪增长 250 倍，每 3 个世纪增长 4 000 倍，以此类推。而且，目前这种生产方式倾向于增加原材料和能源的投入，因为从提取原材料到把最终产品传送到消费者手里，其流程越快就越有机会创造利润。为了创造利润，这种生产方式严重依赖能源密集型和资本密集型技术，从而节省了劳动力的投入。但是，增加能源投入以及用更多的能源和机械替代人力意味着快速消耗更多的优质能源和其他自然资源，并且向环境倾倒更多的废料。所以，在现行体制下保持世界工业产出的成倍增长而又不发生整体的生态灾难是不可能的。事实上我们已经超越了某些严峻的生态极限。”①

所以，福斯特得出结论：从环境的角度来看，我们除了抵制这种生产方式之外别无选择。

4.1.2 对传统经济学应对环境危机的经济措施的批判

“环境危机”主要表现为：全球变暖、臭氧层破坏、热带雨林消失、珊瑚礁死亡、过度捕捞、物种灭绝、遗传多样性减少、环境与食物毒性增加、沙漠化、水资源日趋短缺、洁净水不足以及放射性污染等等。面对日益严峻的环境危机，资本主义主流经济学家提出了应对措施，针对其论点，福斯特给予了批驳。

福斯特对资本主义经济进行的生态批判基于三项主张：① 一种制度如果追求

① 约翰·贝拉米·福斯特：《生态危机与资本主义》，上海：上海译文出版社，2006 年版，第 38 页。

无休止的几何增长和无限度的攫取财富，无论它如何理性地利用自然资源，从长远的角度来看都是不可持续的；② 一种制度如果将人们与其特定居所的归属感和生态基础分割开来，那么它与生态稳定和“土地伦理”将是格格不入的；③ 一种制度如果分割地球，产生出“贫与富的生态环境”，那它同样是不可接受的。

传统经济学自诩为有效利用稀有物品的科学，但这里所说的物品仅狭隘地界定为市场上的商品，而发展经济所造成的生态资源匮乏和不可逆转的生态环境恶化则不在传统经济学的考虑范围。

针对资产阶级经济学家的“经济增长有限论”，福斯特认为，“即使‘增长有限’理论家们的预测还有许多问题，但它至少强调了一个资本主义及其经济学家极易忽视的事实，那就是在有限的环境中实现无限扩张本身就是一个矛盾，因而在全球资本主义和全球环境之间形成了潜在的灾难性的冲突。”[①]资本主义制度下经济的有限增长，只能是人们的一种乌托邦式的期盼，因为这与资本主义的价值追求是矛盾的。“资本主义经济把追求利润增长作为首要目的，所以要不惜任何代价追求经济增长，包括剥削和牺牲世界上绝大多数人的利益。这种迅猛增长通常意味着迅速消耗能源和材料，同时向环境倾倒越来越多的废物，导致环境急剧恶化。”[②]

福斯特从不同角度深入分析了资本主义经济模式对生态环境的影响。① 资本主义的经济扩张毫无节制，而这是以能源的大量消耗和生态环境的持续恶化为代价的。② 资本家投资的短期行为也值得关注。资本家在评估投资前景时，总是计算在最短的时间内回收投资以及今后长久的利润回报。“至于那些对人类社会具有最直接影响的环境条件和因素，在发展经济过程中则需要更长远的总体规划，诸如水资源及其分配、清洁水源、不可再生资源的分配与保护、废物处理、人口影响以及与工业项目选址相关的特殊环境要求等。所有这些都提出了可持续性问题，也就是几代人之间生存环境的均衡问题，这与冷酷的资本需要短期回报的本质是格格不入的。资本需要在可以预见的时间内回收，并且确保要有足够的利润抵消风险，并证明好于其他投资机会。”[③]③ 投资商需要关注股票市场，它是资本扩张的源泉，也是企业重组兼并的助推器。但股份公司一定要维持股东权益的价值并能定期分派红利。所以，投资于需时较长的生态环境保护事业，投资商既没有那样的耐心，也没

① 约翰·贝拉米·福斯特：《生态危机与资本主义》，上海：上海译文出版社，2006 年版，第 2 页。

② 约翰·贝拉米·福斯特：《生态危机与资本主义》，上海：上海译文出版社，2006 年版，第 2～3 页。

③ 约翰·贝拉米·福斯特：《生态危机与资本主义》，上海：上海译文出版社，2006 年版，第 3 页。

有那样的意愿。“这样一来，资本主义投资商在投资决策中短期行为的痼疾便成为影响整体环境的致命因素。”①

福斯特以美国拒绝签署《京都议定书》的事例来说明资本主义经济与环境保护的矛盾。现在，全球范围内最为迫切的生态问题是全球变暖，如果不从现在起遏制全球变暖的趋势，21 世纪内将会导致全球性的生态灾难。国际社会 1997 年出台的《京都议定书》试图解决这个问题。《京都议定书》首次从“法律”上确定从 2008—2012 年，所有工业化国家温室气体排放总量必须在 1990 年的基础上减少 5.2%。按照协议，欧盟要在 1990 年的基础上减少 8%，美国减少 7%，日本减少 6%。

但是，令国际社会吃惊的是，布什政府宣布《京都议定书》存在“致命缺陷”，决定单方面退出此气候协定。布什政府虽然承认了气候问题的严峻性，但还是认为《京都议定书》存在两个缺陷：一是因解雇工人和消费物价上涨会给美国经济带来负面影响；二是它没有包括中国和印度这样的发展中国家，而两者也是导致全球变暖的主要责任者。《京都议定书》及其温室气体的指令性减排显然不符合美国资本及国家的意愿，美国经济为减排而付出的代价太高，难以承担。

《京都议定书》在解决二氧化碳排放问题上的失败，充分说明了资本主义制度的惯性，它不会轻易使自己的发展道路、发展模式发生逆转，不会改变工业文明和资本积累的发展结构，而这种发展模式从长远的角度看将对环境产生灾难性的影响。例如，美国汽车行业由于通过消耗大量矿物燃料和采用这种发展模式获取利润，使其不会考虑全球变暖的问题。

针对人们对资本主义经济模式的批判，主流经济学家提出了“非物质化”的观点为资本主义经济辩护。他们认为，随着知识经济、信息社会的发展，资本主义经济模式将有重大变化，它以知识为依托，以创新为动力，而不依赖于消耗大量的煤炭、石油等矿物燃料。所以，资本主义经济已经“非物质化了”，该模式与传统的大量消耗矿物燃料从而大量向环境排放废物的经济模式“告别”了，减少了经济增长对生态环境的影响。

福斯特严厉批驳了关于资本主义经济“非物质化”的辩护。他指出，如果人们相信资本主义主流经济学家的观点，那么人们就没有必要采取措施减少经济增长对生态环境造成的灾难性影响了，因为，资本主义经济增长方式的不断创新和市场奇

① 约翰·贝拉米·福斯特：《生态危机与资本主义》，上海：上海译文出版社，2006 年版，第 4 页。

迹就可以解决这个问题。但事实是，资本主义经济非物质化并没有实现，煤炭、石油等仍然是工业化国家最主要的矿物燃料，也是最大污染源。大气层、海洋仍然是工业化国家最主要的排污地，人均废物排放量也在持续增加。显然，资本主义经济已经“非物质化”的观点是站不住脚的。

福斯特对环境经济学理论前提进行了批判。在环境保护运动中，环境学家将批判的矛头直指经济学，认为经济学在评估自然界的价值方面是失败的。针对环境学家的指责，资本主义的经济学家提出了环境经济学的理论前提。他们主张，如果人们赋予自然界以经济价值并更加充分地将生态环境因素纳入到市场体系之中，将生态产品转化为可以销售的商品，这样，在市场机制的作用下生态环境就可以得到更好的保护。

环境经济学家给自然界估算成本采用了“三步走”的措施：

（1）他们将环境分解为某些特定的物品和服务，将它们从生态系统中剥离出来并赋予价格使其成为商品。例如，特定海域的鱼、特定河流的水、特定土地的粮食等。

（2）通过建立供求曲线设定这些物品和服务的市场价格。

（3）为实现理想的环境保护水平设置各种市场机制和政策以改变现有的市场价格或者建立新的市场价格。由此可见，环境经济学家的主要目的就是要通过市场机制来解决生态产品的定价问题，来解决污染物的排放和环境恶化问题。他们认为，如果环境恶化和污染加重，说明人们并没有从经济的角度来看待环境问题，没有根据经济供求关系来处理环境问题。

福斯特认为，环境经济学家的理论前提是确信生态环境可以经济量化并能融入到市场体系中。这是一个“乌托邦式神话”。在他看来，生态环境不能完全地纳入到商品经济的循环之中，因为生态环境的价值是多方面的、是整体性的。生态环境所具有的内在价值不能简化为市场价值，也不能简单地用于经济成本和效益分析。反之，如果人们强行给环境物品定价，如风景优美的海湾、沁人心脾的空气、阳光充沛的空间等，人们并不认为此举有助于环境保护，相反，倒像是某种勒索保护费的诈骗行为。福斯特引用了舒马赫《小的是美好的》一书的观点，舒马赫批判了将经济成本效益分析应用到生态环境的做法，试图量度不可量度的东西是荒谬的，自以为给生态产品定价就可以有效保护生态环境的做法是十分有害的。

福斯特列举了鸣禽类面临灭绝和森林生态系统遭到破坏的事例来批判环境经济学家的观点。他们认为，鸣禽类动物面临灭绝，是因为它们的市场价格太低了。

从这个角度看，解决问题的办法就是提高鸟类的市场价格。但是，这样的做法是行不通的，一方面，提高了鸟类的价格会刺激一些人捕捉鸟类的欲望，为了赚钱而疯狂地捕捉鸟类致使大自然中的鸟类减少；另一方面，资本主义现代农业大面积、大计量地使用农药和化肥，导致鸟类栖息地和生存环境的污染日益加剧，“覆巢之下，安有完卵”。这样，即使人们提高了鸟类的市场价格，对改善鸣禽类动物的生存状况、扭转其濒临灭绝的颓势也是无济于事的。

森林生态也面临着同样的问题。森林资源遭到破坏，不是因为林业被排斥在市场经济体系之外，也不是因为林木没有标价。其实，长期以来，森林产品早已按照市场经济的规则运行着。森林的市场化不仅没有保护该生态系统的安全，反而对其造成了严重的损害。因为从市场的角度看，森林仅意味着木材商品，而不是一个生态系统。为了从林业上获取更大利润，林业资本家会用工业化的生产模式来管理林业，用人工林、速生林取代原始森林，结果出现了品种单一、树龄统一、化肥助长的人工森林，并在短期内成为商品林。这样做的生态后果是严重的，林木单一化不利于森林生态系统的稳定，也不再支撑动植物的生物多样性，一旦遇上虫灾、火灾、旱灾等自然灾害，林木单一化的弊端就会暴露出来。生物学趋异定律告诉我们，在一定区域里生命形式越多，可获得的生态小环境越多，该地区支持生命多样性的能力就越强。但是，森林的商品化导致了森林生态的极端退化，结果使森林中动植物的种类和数量日趋减少。

4.1.3 对“自然资本化理论”的批驳

环境经济学家针对商品经济对生态环境的破坏性影响，提出了“自然资本”的概念。他们认为，生态资本主义与传统资本主义的最大不同，就是认为整个自然界及其各个组成部分在本质上都是“自然资本”，是资本主义生产成本的外在表现。导致生态环境恶化的罪魁不是资本主义制度，而是市场经济中会计统计方法的缺陷。所以，只要建立新的会计统计方法，在企业的损益表上反映出“自然资本”的消耗情况，企业就将充分考虑“自然资本”的价值并以此来拯救生态环境。

对于环境经济学家的“自然资本”理论，福斯特给予了明确的批判。他指出：“不论描述自然资本的修辞如何动听，资本主义体系的运行却没有本质上的改变，也不能期望它改变。把自然和地球描绘成资本，其主要目的是掩盖为了商品交换而对自然极尽掠夺的现实。此外，将自然资本融入资本主义的商品生产体系——即使已经真的这样做了——其主要结果也只能是使自然进一步从属于商品交换的需要。”[①]福斯特提到了美国私营的太平洋木业公司的事例来论证他的观点。该公司正在采伐北加利福尼亚州红木林，因为那些有数百年历史的树木是乱杂木，不能当做成材。所以，为了市场的需要，该公司要清除这些杂木，腾出空地培育统一规格、处于全面管理之下的速生林。这些森林的悲剧，不是因为它们被排斥在资产损益表之外，而恰恰是因为它们已被包含其中。

“资本主义的主要特征是，它是一个自我扩张的价值体系，经济剩余价值的积累由于根植于掠夺性的开发和竞争法则赋予的力量，必然要在越来越大的规模上进行。”[②]正如马克思所言，资本主义生产的首要目的是货币的增殖，而不是满足人类的需要，商品的生产仅仅是实现这一目的的手段。永无止境的资本扩张是资本主义经济的特征，所以，静止的、零增长的资本主义经济本身就是一个矛盾。在这样的经济体制中，“经济学家，甚至是环境经济学家，很少研究由于经济持续增长导致的经济规模不断扩大会给环境带来什么影响。大多数经济学家将经济视为孤立存在，而不是一个更大生物圈里的子系统。”[③]所以，在维持生态系统平衡和维护资本主义无限的经济增长之间，存在着一种天然的冲突。

在批判环境经济学的“自然资本”理论时，福斯特指出了该理论的生态局限性。环境经济学企图用市场机制来解决生态环境问题，这是它失败的根本原因。因为“自然不是商品，任何试图把自然看作商品和让自然从属于自我调节的市场规律的做法都是非理性的，都会由于自然赖以继续存在的必要条件即再生产能力的丧失而导致生物圈的严重破坏。”[④]

在福斯特看来，随着商品经济规模的日益扩大，我们面临的生态环境问题将越来越严重。因为无论是通过生产成本的外化还是把自然资源和环境因素纳入生产成本的考核，其最终目的都是为了资本的积累和扩张。而“真正的可持续性关注整个生态系统的再生产，而给自然的某一部分——如独立于河流之外的淡水鱼类——赋予货币价值，这实际是错误地假定任何事物都可以分解成个体部分，个体部分也可

① 约翰·贝拉米·福斯特：《生态危机与资本主义》，上海：上海译文出版社，2006 年版，第 28 页。
② 约翰·贝拉米·福斯特：《生态危机与资本主义》，上海：上海译文出版社，2006 年版，第 29 页。
③ 约翰·贝拉米·福斯特：《生态危机与资本主义》，上海：上海译文出版社，2006 年版，第 30 页。
④ 约翰·贝拉米·福斯特：《生态危机与资本主义》，上海：上海译文出版社，2006 年版，第 33 页。

以简单地拼凑起来。”①

但是，生态系统是不可分割的，它是一个有机的整体。

4.1.4 对“资本主义技术决定论”的生态批判

在为“生态资本主义”的辩护时，福斯特发现，发达资本主义国家的政客和许多环保主义者都存在一个较为普遍的共识：他们认为，现代科学技术的发展使“生态资本主义”成为可能，采用新能源，提高能源的使用效率，研发“绿色技术”“生态技术”是引导资本主义走出生态环境危机的坦途。面对这个观点，福斯特提出了质疑：“新技术或新技术的应用在经济扩张的同时能防止环境的恶化吗？”

为了批判技术能解决资本主义环境危机的观点，福斯特从资本主义能源利用发展的历史出发，基于对“杰文斯悖论”的分析，他同意杰文斯的观点：提高能源资源的利用效率，如煤炭、石油、天然气等，只能增加而不是减少对这种自然资源的需求，这是因为能源使用效率的提高会导致生产规模的扩大，进而导致对这些能源消费的增加。认为燃料的经济利用等同于减少对该燃料的消费，这纯粹是一种思想混乱，真实的情况恰恰相反。

在解决生态环境问题时，技术不是万能的。资本主义对利润贪得无厌的追求，使技术在治理环境污染方面变了味，走了样。2015 年 9 月，德国大众汽车公司涉嫌在尾气排放测试中作弊的丑闻就回答了福斯特的质疑。美国国家环境保护局揭露，大众汽车公司为了在汽车尾气检测中蒙混过关，在其销售的部分汽车上安装了可以在尾气检测时降低废气排放量的“减效装置”。这样，在汽车检测时靠着技术的手段降低了排放量，但在驾驶时，人们仍然可以享受到汽车的高效能。美国国家环境保护局指出，大众汽车公司的减效装置掩盖了汽车在实际上路时会排放超标达 40 倍于法定标准的废气这一事实。这是大众汽车公司成立 78 年以来的最大丑闻。

为什么会这样？我们又想起了“科学技术是一把双刃剑”的说法。在大众汽车公司的丑闻中，技术手段变成了污染环境的“帮凶”，他们利用软件控制技术，在尾气排放测试中作弊。这里涉及的技术含量是很高的，但可悲的是，善良的人们却看到了高科技在环境污染方面的助纣为虐。其实，早在 20 世纪 90 年代，日本的本

① 约翰·贝拉米·福斯特：《生态危机与资本主义》，上海：上海译文出版社，2006 年版，第 51 页。

田汽车公司和美国的福特汽车公司都因为在汽车上安装了类似大众的作弊软件而受到高额罚款。

在资本主义条件下，正如马克思曾经分析过的那样，在对利润的追逐时，资本会“铤而走险”“敢践踏一切人间法律”，“甚至去冒绞首的危险”。所以，在环境成本日益增大和竞争中环境指标凸显的今天，资本家对技术的选择，当然是以获得高额利润为考量目标的，而不是真正从生态环境保护的角度思考问题的。所以，在资本主义体制下，生态环境保护一旦遇到了利润，科学技术的倾向是明显的。指望在资本主义制度中，用科学技术发明和应用来真正解决生态环境危机，这种想法是多么幼稚。

4.2 “第二重矛盾”理论与资本主义的自我毁灭

4.2.1 奥康纳关于资本主义的“第二重矛盾”理论

詹姆斯·奥康纳是美国当代著名的生态学马克思主义理论家，《自然的理由——生态学马克思主义研究》是他的代表作。在该书中，奥康纳运用马克思主义的基本原理分析了资本主义生态危机产生的原因，特别是提出了资本主义“第二重矛盾”理论，为人们分析、认识资本主义生态危机的实质提供了批判的武器。在分析资本主义的生态危机时，奥康纳把经济因素和环境因素结合起来，将马克思主义关于资本主义的经济危机理论与生态学马克思主义关于资本主义的生态危机理论联系起来，提出了当代资本主义双重危机理论。

在资本主义发展的历史进程中，19 世纪的资本主义加剧了人与人之间的不平等，剥削加重，人的异化加剧，而 20 世纪特别是 20 世纪后半叶的资本主义，有一个更为严重的现实凸显出来，即人与自然的异化加剧，资本对自然的破坏问题成为当代资本主义面临的重大问题。那么，人们要建构一种什么样的新理论，才能帮助我们清晰地思考全球性的生态环境问题呢？奥康纳从马克思的资本理论和波兰尼的社会理论出发，结合现实的社会运动，重新理解了马克思的“生产条件”概念，并以此为核心从生态学的视角提出了“资本主义的第二重矛盾”理论，最终揭示出在第一重矛盾与第二重矛盾的双重作用下，资本主义的可持续发展是不可能的。

历史唯物主义的生产力理论只有两个基本范畴，即“生产力”和“生产关系”，在环境问题突出的当下，奥康纳认为有必要在其中引入第三个范畴——“生产条件”，这可以帮助我们更清晰地理解生产力理论，认识“生产条件”在生产力理论中的作用。

奥康纳在界定“生产条件”概念之前，参考了卡尔·波兰尼和马克思的“生产条件”思想。波兰尼把“生产条件”定义为：它并不是作为一种商品生产出来的，但却被当做一种商品来对待，从而成为了虚拟的商品，如劳动和土地等。奥康纳认为马克思是在一种更为宽泛的意义上来使用“生产的物质条件”这一范畴的，马克思所确认的是3种而不是两种“生产条件”，它们分别是：

（1）“生产的个人条件”，即工人的劳动力状况。

（2）“外在的物质条件”或“自然条件”，主要指生活资料的自然财富（如肥沃的土地、渔业资源丰富的水域等）和劳动工具的自然财富（如瀑布，或用于航行的河流、树木、金属、煤炭等），也可以指进入不变资本和可变资本之中的自然因素。

（3）“社会生产的公共的、一般性的条件”，即交通与运输的设施等。

以此为基础，奥康纳给出了自己的“生产条件”概念的定义：“生产条件指的是这样一些东西，它们并不是按市场规律（价格规律）生产出来的商品，相反，它们只是被当做商品来看待，换句话说，它们只是具有‘虚拟价格’的‘虚拟的商品’”。[①]依据这个定义，他认为自然、城市空间与基础设施、社区以及劳动力无疑是符合这个定义的，这三类生产条件在资本主义市场下具有共同的特性，即在商品市场中，它们都被看成了虚拟的商品，而实质上，它们都不具备交换价值，不直接由市场力量或价值规律所支配。奥康纳指出，这些生产条件都是具体的、历史的、变化的，外在自然界有其自身的规律或发展原则；劳动力既是交换和劳动的客体又是其主体；空间场所及基础设施除了直接地被政治和市场所建构之外，还独立地完成对资本的地理维度上的配置。

奥康纳认为：“尽管马克思恩格斯是研究由资本主义的发展所导致的社会动荡问题的重要理论家，但他们两人确实没有把生态破坏问题视为其资本主义的积累与社会经济转型理论的中心位置。他们低估了作为一种生产方式的资本主义的历史发展所带来的资源枯竭以及自然界的退化的厉害程度。他们两人也没能准确地预见资

① 詹姆斯·奥康纳：《自然的理由》，南京：南京大学出版社，2003年版，第388页。

本在‘自然的稀缺性’面前重构自身的能力，以及资本所具有的保护资源和防止或消除污染方面的能力（这些措施往往是无效的）。”[①]在奥康纳看来，尽管马克思曾谈到过“生产条件”，但他并没有对资本周围及整个资本主义生产条件的生产和再生产过程内部，以及这两者之间的系统性的经济和社会联系进行过梳理。换句话说，马克思没能把多方面的因素统一起来，并且阐明“自然性的妨碍因素”有可能是由资本化所导致的，即“第二重”的资本化的自然。因此，奥康纳认为，我们需要进一步来认识和批判当代资本主义。他指出，传统马克思主义关于资本主义的基本矛盾（生产力和生产关系之间的矛盾）可以概括为第一重矛盾，虽然它对 19 世纪甚至 20 世纪的大部分时间来说，都有重大的直接的现实意义，但自 20 世纪后半期以来，人和自然之间的矛盾已经凸显并成为最严重的问题，也就是说，在今天的资本主义社会中实际存在两种类型的矛盾，除了第一重矛盾之外，还应该有以生产条件为核心范畴的“资本主义第二重矛盾”，即资本主义生产的无限性与资本主义生产条件的有限性之间的矛盾，它涉及的是资本主义生产力、生产关系和生产条件之间的矛盾。

那么，资本主义第一重矛盾与第二重矛盾之间存在着什么关系呢？它们又有哪些不同之处呢？奥康纳认为，资本主义第一重矛盾可以简单地概述如下：剥削率（剩余价值率）既是一个社会学范畴，又是一个经济学范畴，它所反映的是资本对劳动所拥有的，以及资本主义所固有的实现危机，即资本的生产过剩的危机。第一重矛盾内在于资本主义制度中，资本主义生产不仅是商品的生产，而且也是剩余价值的生产，表现为对劳动的剥削，它与生产条件并没有什么直接的关系。资本主义第二重矛盾产生的根本原因是资本主义从经济的维度对劳动力、城市的基础设施和空间，以及外部自然界或环境的自我摧残性的利用和使用。具体而言，资本主义第一重矛盾与第二重矛盾的不同之处表现如下：

（1）在理论对实践的指导上，前者是对传统的无产阶级革命实践的指导；后者所要指导的是以生态环境保护为主要内容的“新社会运动”的实践。

（2）在经济危机以及向社会主义转变问题的出发点上，前者关注的是资本主义生产力与生产关系之间的矛盾；后者更加注重的则是资本主义的生产力、生产关系与生产条件之间的矛盾。

---

① 詹姆斯・奥康纳：《自然的理由》，南京：南京大学出版社，2003 年版，第 198 页。

（3）在社会革命的依赖对象上，前者主要依赖产业工人阶级；后者倚重的则是“新社会运动”中的社会力量，主要有青年学生、环保人士、女权主义者、少数民族、外来移民、环境难民、土著居民等等。

（4）在社会转型的最直接目标及必要条件上，前者是资本主义生产关系发生危机，具体体现在政治制度、经济制度及生产和交换过程的转变上，生产力和生产关系的冲突成为社会转型的必要条件；后者则是由生产条件的破坏造成的，直接体现在生产依赖的自然条件的生产与再生产不能满足资本主义扩大再生产的需要。

（5）在经济危机的表现形式上，前者是“实现维度上的危机”，或者说是以资本的生产过剩的形式表现出来的，即在剩余价值的生产方面是没有问题的，只是在价值和剩余价值的实现方面存在严重问题；后者的经济危机则是“流动性危机”，或者说是以资本的生产不足的形式来表现自身的，即价值及剩余价值的实现是没有问题的，有问题的恰恰是在剩余价值的生产方面，生产的自然条件的破坏阻碍了资本的扩张。

（6）在经济危机对资本内部要素的整合上，前者主要调整生产力和生产关系的矛盾，使二者的内部要素相匹配；后者主要处理生产的自然条件与生产力、生产关系的矛盾，使生产的自然条件与生产力的发展相匹配。

（7）在关注的焦点上，前者在探讨“资本的生产过剩”这种经济危机时，其焦点在于商品的交换价值；后者则认为使用价值其实是很重要的，它在或大或小的程度上都应该与交换价值处于同等重要的地位。

（8）在对利润变化的影响上，当个体资本为了维持或恢复利润而降低成本时，前者是从需求的角度对资本构成进行冲击的，其意想不到的后果是市场对商品的需求也会下降，从而真正获得的利润也会下降；后者则是从生产的自然成本的角度来对资本构成冲击的，当它们把成本外化到生产条件上面时其意想不到的后果是抬高了其他资本的成本（最起码是抬高了资本总体的成本），由此，生产性利润就会降低。

综上所述，奥康纳指出，尽管传统马克思主义通过第一重矛盾认识到资本主义是一个充满危机的制度，但是从更深层次上，即从第二重矛盾来看，由于资本主义的生产力和生产关系对自身生产条件的破坏，从而使资本主义制度具有了自我毁灭的力量。

我们应当如何看待奥康纳的资本主义“第二重矛盾”理论呢？笔者认为，该理论还是具有很强的现实针对性的，为人们认识资本主义社会的新矛盾、新危机提供了一个生态批判的理论维度。曾几何时，人们被资本主义战后科技飞速发展、物质空前繁荣的景象所陶醉，大规模生产、炫耀式消费带来的虚假景象，遮蔽了人们的思维，“今日人人都快乐”成为了人们的共识，似乎资本主义社会俨然没有了任何危机、资本主义社会可以高枕无忧地发展，人们对资本主义未来的期盼仿佛也是“没有最好，只有更好”。

然而，像奥康纳这样的生态学马克思主义者，面对资本主义社会的虚假繁荣，始终保持着理论的批判性，思维的敏锐性。他们在人们对资本主义社会普遍的喝彩声中，洞察到资本主义社会面临的新危机——生态危机，从“生产的自然条件”这个更为根本的基础上，看到了资本主义生产方式的不可持续性，看到了资本主义社会走向“死胡同”的生态原因。他们秉承着马克思恩格斯对资本主义生态批判的理论特质，针对资本主义社会面临的新困境和新危机，指出了另一条导致资本主义灭亡的生态路径，从资本扩张逻辑与生态环境条件的制约性矛盾的角度，论证了既是生态的，又是资本主义的生态资本主义是不存在的。

4.2.2 资本主义环境污染——“水龙头”和“污水池”的隐喻

对生态资本主义的批判是生态学马克思主义的重要理论场域。奥康纳在阐发生态学马克思主义理论时，没有在书斋中“坐而论道”，而是十分重视资本主义国家生态环境危机的种种表现，从生态环境恶化的大量现象出发，揭批了资本主义的生态罪孽。

奥康纳认为，资本家在利用自然界的过程中把自然界既看成“水龙头”，又当做“污水池”。“水龙头”是自然资源面临枯竭的一个隐喻，即人们的生产资料和生产对象最初都是以各种不同的方式从大自然中获取的，而人类过分地开采和使用自然资源，已经使自然界这个“水龙头”里的“水”不多了，自然资源面临枯竭的红灯已经亮起来了。而“污水池”是环境污染的一个隐喻，即人类生产和生活中产生的所有废弃物，最终都将以各种不同的形式回归到自然界这个“污水池”中，现在这个“污水池”中的“污水”大有泛滥之势。

从资本主义工业发展史入手，奥康纳指出，资本主义工业化的历史启程就伴随着严重的生态灾难。众所周知，英国是资本主义工业的摇篮，而蒸汽机的轰鸣开启了资本主义工业化的大幕。英国工程师詹姆斯·瓦特对蒸汽机的改造，使得蒸汽机可以直接用硫烟煤作燃料，而它比无烟煤要便宜得多。这样的技术改造使蒸汽机的大范围、大规模使用成为可能，此举为资本主义工业化的早期发展提供了巨大动力。所以，那个时代被人们称为"蒸汽时代"。

但是，在奥康纳看来，瓦特的蒸汽机在经济领域是一种胜利，可对生态领域来说无疑是一种灾难。瓦特对蒸汽机的改造，解决了发动机内部的损害问题，但却带来了更为厉害的环境污染问题。蒸汽机的广泛使用导致了"工业黑化"问题的加剧，蒸汽机产生的黑烟污染了我们的城市和乡村，街道上、庭院里、人们的衣服上、房间里到处都是煤烟污染的痕迹，我们的水、空气和土地被污染了，甚至连一些鸟类的羽毛都因此而黑化了。蒸汽机使用过程中煤的不完全燃烧所释放出来的二氧化硫转化为了硫酸，硫酸导致的酸雨腐蚀了建筑物、机器设备、铁路、桥梁、汽车等交通工具和街头塑像，酸雨还使土壤的肥力降低，破坏了农业生产的自然条件。煤烟密布在城市的上空，遮蔽了阳光的照射，从而导致了佝偻病或者异常性骨质生长病的流行，这些儿童疾病大都是由于缺乏维生素 D 而引起的。蒸汽机在世界范围的大量使用，使人们对煤炭的需求量飞速增加。撇开资源枯竭不说，单是对煤的过度开采就导致了严重的生态环境问题——水污染。采煤所产生的污水含有酸性物质、微颗粒、含铁化合物以及对动植物都具有极强毒性的重金属浓缩物，这些污水对煤矿附近的河流、土地和动植物都构成了严重的生态威胁。

蒸汽机导致了资本主义工业的快速崛起，与之相伴而来的是资本主义国家城市甚至超大规模城市的出现和城乡对立时代的到来。人口在城市的大量集聚，加剧了城市对农村的生态剥削，引起了一系列的生态环境问题。为了给城市居民提供大量的粮食，迫使农业资本家过度开荒、滥用土地，过度使用农药和化肥，使原本肥沃的土地日渐贫瘠，严重的甚至丧失了作为农田的能力。奥康纳提到了像纽约这样的大城市面临的生态环境恶化的事实。他说：在纽约市"空气中的一些有毒物质通过露水、雨水和雾对整个哈德逊河领域产生了极坏的影响，它们使树叶凋零、未成熟的水果早落、树木死亡。谷物、蔬菜和森林也同样遭殃。在一定程度上可以说，城市居民的生活是以牺牲自然界为代价的，他们直接导致了自然环境的恶化。"①

奥康纳还以美国芝加哥市和洛杉矶市为例，具体描述了资本主义工业化大都市

① 詹姆斯·奥康纳：《自然的理由》，南京：南京大学出版社，2003 年版，第 16 页。

的生态环境危机情况。在他看来，这些大都市的崛起，都是以对自然资源的过度依赖和对大自然的破坏为代价而发展起来的。洛杉矶就是资本主义工业污染的典范。随着工业化的加剧，整个城市笼罩在“难以忍受的烟雾”中，洛杉矶市“生态的危机也就出现了：水源的缺乏、污水处理设施的不足、交通堵塞、环境污染等。再加上一些社会危机——未能解决的种族与劳动关系的问题——所有这些危机开始阻碍这个城市的发展与繁荣。公共的空地被毁坏了，清洁的空气变成了被污染的空气，沙滩正在受到污水和废弃油料的侵袭；户外的空地变得越来越拥挤；高速公路成天交通堵塞，私人的隐居之处往往紧挨着不受欢迎的邻居，不受限制地接纳新来者催生的是大型的第三世界移民的血汗工厂，给杰弗逊那一代人（或者至少是利维顿那一代人）追求独立提供保障的柑橘园变成了贫瘠的工业化的边缘地带。”①

奥康纳指出，美国工业是推动国内经济增长的源泉，同时也是最有害于自然界的产业部类。1987—1988 年，美国的石油冶炼及煤产品、化学产品、原生金属以及纸张和纸浆产品生产所排放的有害物质占到了当时美国工业有害物质排放总量的 88%。其中，仅化学工业就占据了 58%的有害污染量。所以，奥康纳认为，“全球变暖、生物多样性及臭氧层的消失、酸雨、海洋污染、森林砍伐、能源及金属矿产量的衰竭、土壤流失以及其他一些主要的生态变化，都是近两个或者更多的世纪以来工业资本主义经济的快速增长所导致的，而这种快速增长在很大程度上又是第Ⅰ部类——工业的发展和扩张的结果。”②

他还说：“在美国，城市中最大的空气及噪音污染源是汽车；最大的水污染源（除农业以外）是大工业区的市政下水道，工业生产以及相关的活动，甚至所居住的人口在这些地区都非常的密集（大约 40%的水污染源自于美国工业用水的排放）。”③高度集中的电子工业（如硅谷等）把大量的废弃产品转变成了有毒污染物。

通过奥康纳对资本主义生态污染现象的揭批，让人们对发达资本主义国家生态环境恶化的事实和资本主义工业文明造成的生态弊端有了更加清醒的认识。这为奥康纳的资本主义生态批判理论和生态社会主义理论的构想奠定了现实基础。

---

① 詹姆斯·奥康纳：《自然的理由》，南京：南京大学出版社，2003 年版，第 191 页。
② 詹姆斯·奥康纳：《自然的理由》，南京：南京大学出版社，2003 年版，第 292 页。
③ 詹姆斯·奥康纳：《自然的理由》，南京：南京大学出版社，2003 年版，第 308 页。

4.2.3 奥康纳对资本主义工业化导致生态危机原因的解释

资本主义工业化为什么导致了严重的生态环境灾难？奥康纳给出了自己的解释。他的解释虽不全面，也谈不上非常深刻，但仍然是很有意义的，可以给人们诸多启示，特别是在中国走新型工业化道路，实现具有中国特色现代化的时候。

奥康纳明确指出，社会经济不平衡的、联合的发展是导致自然生态环境灾难的重要原因。所谓不平衡的发展主要是指“发达”地区与国家对“欠发达”地区与国家在社会经济发展程度上存在着的实际的不平衡。不平衡的发展表现在诸多方面，奥康纳主要分析了“第一世界”的富国与“第三世界”的穷国之间的不平衡关系，这种关系实际上就是原料供应地区与对产品的生产加以垄断的地区之间存在着的二元对立关系。他还指出了存在于全球资本主义体系内的城市与乡村之间的剥削与被剥削的关系。所谓联合的发展引发的生态环境问题，就是指在经济全球化的背景下，资本积累和资本输出必然导致“生态帝国主义”罪行，必然存在发达国家对欠发达国家、工业化国家对农业国家、中心城市对农村资源的生态剥削。

在奥康纳看来，最糟糕的生态灾难通常发生在第三世界国家和发达国家的落后地区，而生态受害者大多数都是乡村的穷人和城市贫民、失业者、就业不充分者、少数民族和外来移民等社会底层人士。例如，非洲撒哈拉沙漠周边国家，由于土壤肥力的衰竭而产生了大批的环境难民。中东地区的以色列对水资源的过度利用，使水资源快速衰竭，与之相伴的是土壤盐碱化加重，导致巴勒斯坦人背负着沉重的生态负担。环境污染对被压迫民众所产生的恶劣影响的实例可以说比比皆是。即使是美国，在铀的开采与提炼的过程中，受害最深的是印第安人。在美国南部的农场中，从墨西哥来的农场工人有十分之一的人正在因为农药的毒害而生病和死亡。1984 年 11 月，墨西哥城 8 万桶液化气爆炸导致了许多城市贫民的死亡。20 世纪 80 年代初，美国位于印度博帕尔市贫民区中心的卡比德联合工厂，发生了生产农药用的有毒物质——甲基异氰酸酯的泄漏事件，毒死了 3 000 多人，造成了震惊世界的生态灾难。奥康纳写道：“根据环境保护署的统计，美国有大约 6 000 家工厂在生产有毒的化学品。其中的大多数都集中在劳工社区，尤其是在那些被压迫的少数民族或者黑人劳工的社区。”[①]

难能可贵的是，奥康纳在分析当代资本主义社会经济不平衡的发展导致的生态环境危机时，注意到了马克思对资本主义城乡对立的批判，注意到了马克思关于城乡对立导致的“物质循环断裂”的理论。在奥康纳看来，最早对不平衡发展与自然界的毁坏进行理论阐述的就是马克思。马克思早就指出，资本主义工业化所导致的城乡之间的分离、疏远和对立有一种不断扩大的趋势，这种状态破坏了人类与自然界之间存在的基本的物质新陈代谢。具体地说，就是工业对自然资源的依赖和城市居民的日常生活都离不开大自然，离不开农业提供的生产和生活资料，这增加了对大自然、对农村的生态压力。而资本主义工业没有很好地反哺农业，城市居民消费后的粪便等排泄物也没有以合适的方式回归到土壤中。马克思就曾经提到，当时，伦敦市的粪便没有得到很好的处理，直接倒入泰晤士河，既污染了河水，也没有充分利用粪便把有机肥返还到土壤中。在马克思看来，城乡对立与保持土壤肥力所需要的自然条件是相抵触的。历史已经证明马克思的上述观点是正确的。现在，工业文明时代形成的城乡对立的二元社会结构所导致的生态环境问题已经引起了人们的高度关注。

奥康纳具体指出了社会经济发展不平衡对生态环境的种种影响：

（1）不平衡发展导致土壤肥力的破坏。有经验的农民都知道，长期种植单一农作物会使土壤肥力遭到毁坏。但是，在社会经济不平衡的发展模式中，这样的生态悲剧仍然在不断上演。为了蔗糖工业的需要，巴西东北部地区大面积、长期种植甘蔗，毁坏了当地的土壤并导致了当地的贫困。过去是法国殖民地的西非国家，为了出口的需要，农作物种类集中在可供出口的产品上，出口型农业使得土地的生态条件更加恶化。当地政府急于赚取外汇，很少关注对土壤的管理和对生态的修复问题。

（2）不平衡发展加速了对森林的砍伐。在当代，热带雨林面积的缩小和雨林中动植物的快速灭绝已经是路人皆知的事实。在资本主义工业化的进程中，经济规模盲目扩张导致世界上的森林惨遭砍伐。原始森林被砍伐的原因主要有两个，其中一个最主要的原因是人们为了获得更高的土地利用价值，把森林所占的土地腾出来，使之变成农田和牧场。而生产出来的农产品和畜牧产品是以向工业国、工业化地区或者城市地区的出口贸易为价值导向的。英国在对缅甸殖民统治时期就砍光了低地

① 詹姆斯·奥康纳：《自然的理由》，南京：南京大学出版社，2003年版，第308页。

的树林，以便腾出更多的土地来生产高附加值的出口型农产品。现在，亚马逊河热带雨林也惨遭大面积砍伐，空地上种植了大麻、罂粟等植物，这些植物提炼出的毒品，其价值远远高于木材的价值。另一个次要的原因是贫穷国家为了换取外汇，增加木材出口数量，加快了森林砍伐的速度，使森林资源惨遭破坏。这样的生态悲剧在非洲、南亚和南美洲的原始森林、热带雨林中天天上演。森林被大规模砍伐，必然导致诸如旱灾、水灾、沙尘暴、沙漠化、石漠化、泥石流、河流淤塞等生态灾难，而这是资本主义发展面临的最致命的生态环境问题。恩格斯在《自然辩证法》中，就批评过人们破坏意大利阿尔卑斯山的森林植被和西班牙殖民者砍伐古巴森林的现象，向人们发出了最早的生态警告。

（3）不平衡的发展促使人们对矿物燃料的快速开发。资本主义工业发展消耗了大量的矿物燃料。在帝国主义扩张和殖民统治时期，各个大型能源集团在世界各地大肆开采矿物燃料，但对废物发电、风能、太阳能等新型能源不感兴趣。石油和煤矿垄断集团以及维护他们利益的国家能源政策共同构成了抵制新型能源的力量。例如，在美国，95%的市政废物被填埋掉了，每年大约有 1.5 亿吨，或者说每人每天大约有 4 磅的固体废物被填埋了。而这些废物所内含的能量大约相当于 0.56 亿吨的煤或 2.5 亿桶的石油所产生的能量。这一方面是对能源的巨大浪费，另一方面又是对矿物燃料的大规模开采，这种在资本主义工业化进程中产生的矛盾必然导致严重的生态灾难。

在奥康纳看来，经济社会不平衡的发展的生态后果是非常严重的，农业和农村成为了工业和城市的生态牺牲品，土壤肥力衰竭，大面积森林被砍伐，严重的沙尘暴、干旱、水灾、泥石流等生态灾难频繁出现，矿产资源快速衰竭，石油开采与运输所导致的环境污染恶性事件时有发生。2010 年，发生在墨西哥湾的海底石油泄漏事件就是一例。在煤炭和各种矿产资源的开采中，矿渣、废物、废水、烟雾和噪声都带来了严重的环境污染，导致了农业的减产和土地质量的恶化。譬如，加拿大的弗尔考布雷奇公司在多米尼加共和国的伯瑙地区有不少的镍矿，当地农民抱怨说，公司开采镍矿所产生的烟雾对当地的土壤和农作物的产量造成了很坏的影响。

经济社会发展的不平衡导致的生态灾难对第三世界的穷国来讲更是雪上加霜。这主要表现在农业生产方面：穷国的农业生产和种植计划唯富国需要的马首是瞻，这种出口型农业的快速增长，导致了“争地”现象的发生，结果是把传统的、适宜当地土壤和气候条件的生存型农业推向了那些更加贫瘠的土地。为了出口型农业扩大再生产对土地的需要，大量的森林被砍伐，林地被开辟为耕地，肥沃的土地从穷人手里流向富人手中，许多失去好地的农民被迫移民到那些生态环境很差的地区。长期为了农产品出口而种植单一的农作物也使得土壤的肥力大为衰竭，土壤质量大大下降。同时，为了出口型农产品的稳产高产，这些穷国就会使用更多的农药和化肥，把更多的劳动力投放到这些土地上，其结果必然导致农业环境污染和农业工人严重的职业健康问题，化肥和农药毒害农民和牲畜、家禽的事件就不可避免。由于卖到城市里的粮食价格偏低，农民为了达到一定的收入不得不一再扩大生产规模，致使土壤肥力持续衰竭，农村的生态环境更加恶化。在对外贸易方面，穷国除了自然资源之外几乎没有什么是可以出口的，所以，为了换回可怜的外汇，穷国不得不出口越来越多的原料——这无异于饮鸩止渴。

"总之，在不平衡发展的前提下，世界资本主义对成千上万的人来说已经成为一场灾难。"①

奥康纳还讨论了联合的发展所导致的生态环境污染和自然资源的衰竭。在经济全球化的背景下，资本积累必然导致环境危机。因为"耗尽/衰竭与污染都不是独立的问题。通过全球化的资本积累，这个世界上的自然资源被耗尽了，转化成了垃圾，并且往往还是危险性的垃圾。那种意想不到的副产品——污染——也正在使资源不断被耗尽/衰竭。严格地说，利润率与积累率越高，耗尽/衰竭的程度也就越大，从而也会间接地导致污染率的增大……因此，在其他条件不变的前提下，利润率和积累率越高，直接污染率也会更大，自然资源间接性的耗费与衰竭的程度同样也会更高。"②

奥康纳还批判了生态帝国主义的行径。在他看来，随着工业资本、金融资本以及相关资本和技术向第三世界国家转移，那里的生态环境恶化就是不可避免的。从资本输入国主要是欠发达的穷国来讲，政府为了吸引外资，往往不设或者低设环境门槛，一些环境保护的规定也形同虚设，在出现生态环境问题遭到当地人民反抗时，政府往往出于息事宁人的考虑，不愿得罪外资企业，反过来还要压制人民的反抗，规劝人民对此隐忍。而资本输出的资本主义国家非常鼓励和支持本国的污染企业转移到第三世界国家，因为那里的劳动力价格便宜，没有严格的环境要求，企业几乎没有环境成本。所以，生态帝国主义就粉墨登场了。北部富国的污染被"出口"到

① 詹姆斯·奥康纳：《自然的理由》，南京：南京大学出版社，2003 年版，第 314 页。

② 詹姆斯·奥康纳：《自然的理由》，南京：南京大学出版社，2003 年版，第 318 页。

了南部穷国，在富国被禁止的具有危险性的化学物品、电子垃圾，在穷国那里找到了出路。

资本积累的加快和原有的工业发展模式给生态环境造成了巨大损害：大气变暖无疑会对人类社会未来发展构成巨大威胁，它已经成为了全人类的一块“心病”，“杞人忧天”是传说，而今人忧天已是事实；酸雨对森林、湖泊及建筑物造成破坏；地下水的盐碱化、有毒废物的排放伤害了大自然，并降低了自然界的使用价值；农药的大量使用导致了“寂静的春天”，破坏了土质，损害了人类赖以生存的根基——土地；城市交通拥挤、空气污浊、地租昂贵，世界各大城市的“都市病”可以说已经病入膏肓。

从上面的分析看，“我们的祖先留给我们的是一笔模糊的遗产。一方面，我们中的有些人生活在工业高度发达、商品极度丰裕的国家，而另一方面，我们却不得不面对被贬损了的自然界、拥挤的城市以及处处感到孤独、异化和被剥削的人群。我们的先辈跟魔鬼订下了契约，我们现在正在吞下这些契约的恶果，这种状况如果得不到改变的话，那么，我们的后代将遭遇更糟糕的命运。”①

4.2.4 可持续发展的资本主义是否可能?

“持续（Sustain）”这个词共有四层含义，第一层解释为“支持”“维护某种进程”或“保持一种状态”；第二层解释为“提供食物和饮水，或生活必需品”；第三层解释为“忍受而不放弃或不屈服”；第四层解释为“生态可持续性”，但至今生态学家们对这一表述尚未形成一致的意见。目前在关于社会发展的讨论中，对于如何界定和运用“可持续性的发展”或“可持续性发展的资本主义”这个问题，在全世界范围内都有着争论。奥康纳认为，人们讨论可持续性发展的资本主义应该是指资本主义的“生态可持续性”，然而在回答“可持续性发展的资本主义是否可能？”这个问题时，他给出的简短答案就是：“不”，如答案稍长一点的话那就是：“大概不”。②

为什么他会给出如此答案呢？在奥康纳看来，当今资本主义社会存在着双重矛盾，它们决定了在生态上具有可持续性的资本主义是不可能的。据其分析，第一重

① 詹姆斯·奥康纳：《自然的理由》，南京：南京大学出版社，2003 年版，第 17 页。

② 詹姆斯·奥康纳：《自然的理由》，南京：南京大学出版社，2003 年版，第 377 页。

矛盾揭示了生产力和生产关系之间的矛盾，二者之间的相互运动必然会带来以需求危机为特征的经济危机，即生产无限扩大与消费需求相对不足的危机，危机产生的主要原因是资本追求利润的本性和资本主义生存的需要。具体而言，在利润的驱动下，资本必然会不断进行扩张，经济增长则是其实现利润的手段，资本主义的可持续性就依赖于利润率的提高。但是资本主义生产力和生产关系的矛盾却对资本获得利润的能力构成了威胁，因为资本是通过进一步加大对工人的剥削和提高劳动生产率等方式来获得更多的利润。但是由此产生的后果却是生产过程中工人的消费能力呈现不断下降的趋势，而商品却呈现不断增长的趋势，这样市场需求的减少必然会导致生产过剩的经济危机，从而使资本主义无法持续运行下去。接下来，他又指出，第二重矛盾则揭示了资本主义生产力、生产关系与生产条件之间的矛盾，它内在于资本主义的本性之中。众所周知，资本主义的本性是为了获取剩余价值和利润的，它通过不断扩大生产而无限制地追求经济增长和自我扩张，丝毫不考虑这种扩张所带来的政治、经济或生态的后果。但是，自然界既无法进行自我扩张，也无法跟上资本运作的节奏和周期，其必然结局就是自然生态环境的破坏和资本各要素成本的增加。这是因为，资本扩张具有无限性特点，如果经济不断增长，那么对原料的需求就会不断增加，原料在商品的价值中所占的比重就会加大，资本就会追加对开采自然资源的投资，这就意味着生产成本增加，利润率下降。反之，如果资本通过更有效地使用原材料进行生产，导致原材料价格下降，从而使成本下降和平均利润率上升。但由于原材料价格相对便宜又会带来对资源需求的加快和资本积累的增加，并导致资源的快速耗费。可以说，充满矛盾的资本主义生产既会导致经济危机，也会导致生态危机。“从总体上说，经济危机是与过度竞争、效率迷恋以及成本削减（譬如，剥削率的增强）联系在一起的，由此，也是与对工人的经济上和生理上的压榨的增强、成本外化力度的加大以及由此而来的环境恶化程度的加剧联系在一起的。”[①]

奥康纳通过以上分析指出，资本主义生产过程的必然结局是对自然资源越来越高的耗费和对自然界越来越严重的污染，这样所导致的生态危机反过来又会由于增加资本的成本和环境限制进一步加重经济危机。总之，当今资本主义危机“不仅是资本的生产过剩的危机，而且也是资本的不充分发展的危机。危机不仅来源于传统

① 詹姆斯·奥康纳：《自然的理由》，南京：南京大学出版社，2003 年版，第 293 页。

马克思主义所说的需求的层面，而且也来自于生态学马克思主义所说的成本的层面。”①成本危机主要表现为资本外在性障碍的存在。以前，资本家的生产在自然资源、空间、空气、洁净的水、污染物和废物的排放、工人环境安全和健康等方面的成本是很低的，甚至是免费的。但是，现在情况发生了很大变化，以保护生活条件、森林、土壤质量、环境的舒适、卫生条件以及城市空间等等为目的的环保运动以及其他社会运动，都迫使资本家增加这方面的成本，从而对利润构成了威胁。所以，奥康纳说：“资本在损害或破坏其自身的生产条件的时候，便会走向自我毁灭。”②

鉴于以上分析，奥康纳认为，从资本主义第一重矛盾与第二重矛盾交织的状况来看，“生态资本主义”抑或是“可持续的资本主义”是一个致命的悖论。资本主义社会存在着自身无法解决的生态矛盾，它将自然看成是资源的“水龙头”和废物的“污水池”，资本主义的内在矛盾使“生态资本主义”成为一种不可能实现的梦想。除此之外，奥康纳还认为，下面的一些因素也同样证明了可持续性发展的资本主义是不可能存在的：在全球范围内，或者起码在西方七国工业集团之间缺乏宏观经济调控的能力；三种生产条件，即劳动力、环境和市政基础设施，它们也不能够在恰当的时间和地点，以适当的数量和质量，按合适的价格出现；在所有发达资本主义国家中，不存在那种致力于生态、市政和社会的总体规划的国家机构或社团型的环境规划机制；等等。他指出，“除非等到资本改变了自身面貌以后，到那时，银行家、短期资本经营者、风险资本家以及 CEO（执行总裁）们在镜子中看到的将不再是他们现在的这副尊容，否则，这种生态上具有可持续性的资本主义绝无可能。”③

奥康纳进一步认为；资本主义的趋势是自我毁灭并步入各种经济危机和生态环境危机，因此“可持续发展的资本主义是不可能的”。美国总统大选中“绿派”们对环境保护的承诺、绿色口号的提出、生态环境问题的讨论等只是为了拉选票。政客们努力把自己装扮成绿色爱好者，或者至少使自己在公众面前获得一种绿色形象，这些也只是在大选期间的“一抹绿色”。他们入住白宫后颁布的政治经济政策则是为资本主义制度服务的，也完全是为了资本主义的经济利润而考量的。所以，奥康纳指出：“绿色话语与资本主义话语其实有着天壤之别，这两者完全是风马牛

① 詹姆斯·奥康纳：《自然的理由》，南京：南京大学出版社，2003 年版，第 207 页。

② 詹姆斯·奥康纳：《自然的理由》，南京：南京大学出版社，2003 年版，第 294 页。

③ 詹姆斯·奥康纳：《自然的理由》，南京：南京大学出版社，2003 年版，第 383 页。

不相及的。”[①]绿色主义的改革派考虑的问题是“以何种方式来再造资本主义才能使其与自然的可持续性相适应”，而企业资本家思考的问题是“以何种方式来再造自然才能使其适应利润的可持续性和资本积累的要求”。这样的“再造自然”理论意味着在更深的程度上把自然界仅仅当做“水龙头”和“污水池”。再造自然就是要对自然进行重新加工或者是彻底改造。确实，“再造自然”的做法是很不自然的。例如，按照工业标准化的生产要求来扩大单一树种的速生林的种植面积、改变粮食的基因来防止农作物的减产而扩大粮食产量等等做法。而这些人类的作为有其潜在的危险：单一树种的林场会破坏生物的多样性，而转基因的粮食作物则包含着不可知的生物学危险。这样，也许在未来的某个时刻，人们会惊奇地发现，我们所熟悉的自然界已经面目全非了，与我们大多数人感受过的自然界相去甚远。为什么会是这样呢？“其中的原因就在于，资本主义再造自然的构想（仍处于萌芽期）也是一种按资本的形象来再造（所谓的）科学和技术的构想。”[②]

不可否认，资本主义的经济增长方式还是有效的，但这种方式一直是片面的和有局限性的。原因在于这种经济增长方式假定的前提条件就是“生产的自然条件”的供给是无限的，它取之不尽、用之不竭。资本家认为，资本主义的经济增长仅仅会受到消费需求的限制，而不存在自然资源的“瓶颈限制”。然而，资本主义经济增长的实际过程并不是这样的。一旦这种经济增长方式遇到劳动力短缺、自然资源枯竭和环境污染而导致的生产成本显著增加的话，资本主义就遭遇到“第二重矛盾”了，即一种源于生产条件限制而导致生产成本增加引起的经济危机。

生产条件限制导致的生产成本增加的危机，其根源主要有两个方面：① 个别资本为了捍卫或保持其利润而导致的生态环境的破坏。资本家为了减少前期投入，残酷地榨取“人的自然”——劳动力，不愿为了工人的健康而增加费用，引起工人生产和生活环境的极端恶化。同时，资本家也残酷地榨取“天然自然”，破坏土壤肥力而不采取任何保护措施，疯狂地开采各种矿产，使得自然资源日渐枯竭。他们不愿为市政基础设施建设投资，任其衰败，而交通堵塞、生产空间的狭窄也导致了生产成本的上涨。② 普遍高涨的环境保护意识和以环境保护为主要内容的新社会运动的崛起，也在社会大背景下迫使资本家在环境保护、污水与空气净化、垃圾处理、土壤改良、医疗保健水平提高、市政基础设施加大建设的步伐等方面做出努力，

① 詹姆斯·奥康纳：《自然的理由》，南京：南京大学出版社，2003 年版，第 380 页。

② 詹姆斯·奥康纳：《自然的理由》，南京：南京大学出版社，2003 年版，第 382 页。

而这一切都会增加资本的生产成本并降低资本的适应能力。这种在传统主流经济学家看来是“额外成本”的生产条件，也会对资本主义的营利能力构成致命的威胁。

从理论上讲，“可持续性发展的资本主义”要求所有这些生产条件在恰当的时间和地点，以适当的数量和质量，按合适的价格出现。但是，在资本主义实际的扩张历程中，这种理论上的合理性是很难达到的。相反，“劳动力、自然资源和市政基础设施及空间在供给上的严重瓶颈会危及个别资本单位的生存能力，甚至还会危及整个部门或全国的资本主义秩序。因此，总的来说，这些瓶颈因会抬高成本削弱资本的适应能力而威胁资本主义的可持续性。”①生产条件的稀缺性必然导致生产条件的资本化、商品化，尤其是环境和自然资源的资本化和商品化，在客观上具有提高资本成本并降低其适应能力的倾向。“简单说来，第二个矛盾表明，当个别资本试图通过削减或外化成本来维护或重建其利润时，就产生了一个它们所没有料及的后果，即降低了生产条件的‘生产率’，因而也就提高了平均成本。”②

由于生产的自然条件的限制和生态辩证法的作用，使资本家起初追求降低成本的努力最终都事与愿违。例如，在农业生产中，农业资本家起初大量使用杀虫剂是为了降低成本，但是，农业害虫的化学抗药性在人们大剂量、高频次地使用杀虫剂的过程中也越来越强。这样，许多具有超强抗药性的害虫不仅没有得到消灭，反而导致了大量益虫和其他动植物的死亡，残留的化学农药经过食物链的环节而直接威胁着人类的健康，同时，也使土壤的自然肥力遭到严重破坏。在北欧一些国家，资本家为了降低生产成本，加大了单一品种速生林的培育速度。但是，几年以后人们发现，树种的单一化导致了生物多样性的丧失，单品种森林的病虫害更容易发生，这种森林的出材率也大大降低了。在美国，电力资本家原本指望核能会降低能源成本，竭力主张上马核电项目。但是，由于保护核安全的投入、核设施的检修与维护、核电站本身对能源与水的消耗、核垃圾的处理及社会已经形成的对核能的反对态度都在不同程度增加了核能的成本。城市的公共交通设施可以视为生产的“公共”条件，新的高速公路原来设计用来提高交通能力、疏导交通、降低交通拥堵和上下班来往通勤的成本，但是由于它们引发了更大的交通量并导致了更多的交通拥挤，大大增加了汽车尾气的排放量而形成更加严重的环境问题，这些也导致了交通成本的提高。为什么会是这样呢？因为“资本的自我扩张逻辑是反生态的、反城市规划的

① 詹姆斯·奥康纳：《自然的理由》，南京：南京大学出版社，2003 年版，第 389 页。

② 詹姆斯·奥康纳：《自然的理由》，南京：南京大学出版社，2003 年版，第 391 页。

与反社会的。……换言之，在所有发达资本主义国家中，那种致力于生态、市政和社会的总体规划的国家机构或社团型的环境规划机制是不存在的。”①

在奥康纳看来，不仅发达资本主义国家的资本逻辑与可持续发展理念是相互矛盾的，而且，许多实行资本主义制度的发展中国家也面临着严重的生态灾难。例如，印度、巴西和墨西哥等国家，在追求资本主义工业化的过程中都付出了生态环境恶化的惨重代价，这些国家成了经济、政治、宗教、社会和生态环境灾难的多发区。

① 詹姆斯·奥康纳：《自然的理由》，南京：南京大学出版社，2003 年版，第 394～395 页。

第5章

生态帝国主义批判

在讨论“生态资本主义”问题时，许多人都会举出发达资本主义国家生态环境普遍好转的事实来论证生态资本主义的可能性，来说明环境保护与资本主义制度是不相矛盾的。对于这样的看法，我们要辩证地分析，不要停留在现象的表面，而应当直视本质。导致上述现象的一个重要原因——生态帝国主义，就是人们在剖析“生态资本主义”时必须研究的问题。

要批判生态帝国主义就必须先了解帝国主义。按照《不列颠百科全书》的解释，“帝国主义”的定义是：“一国在本国领域之外违反当地人民的意愿而对其实行控制的政策，这种政策使统治国得以为其本身的利益而开发从属国的资源，从属国不仅为统治国的工业提供初级产品，而且成为其制成品的当然市场”。从该定义中，人们就可以看到从传统帝国主义演进到生态帝国主义是帝国主义本质决定的。传统帝国主义就是靠大肆掠夺从属国的自然资源起家的，从属国为帝国主义工业发展提供的初级产品几乎全是本国的自然原料。现在这种掠夺依然残酷，而且愈演愈烈，同时还伴随着新的产品输出——“污染输出”。

5.1 生态帝国主义产生的原因及表现

生态帝国主义是帝国主义在生态环境问题凸显为全球性问题时的新变种，是指发达资本主义国家为了保护本国资源和环境而对发展中国家进行资源掠夺和污染转移的一种新帝国主义策略。生态帝国主义是帝国主义在处理生态环境问题时的新形态、新变种，其危害性比商品和资本输出的老牌帝国主义更致命、更持久，其手段也更隐蔽。批判生态帝国主义是人们批判生态资本主义，理解当代资本主义生态环境问题实质的重要内容。广大发展中国家只有深入了解生态帝国主义的本质，对其行径保持高度警惕，才能制定出符合本国国情的环境保护政策。

5.1.1 生态帝国主义兴起的深层原因

第二次世界大战之后，科学技术的勃兴助推了资本主义国家经济的高速发展，也加速了全球化的进程。与此同时，生态环境危机与其相伴成为了全球性问题。在看待和处理全球性生态环境危机时，人们时常会听到生态帝国主义的谬论，看到生态帝国主义的魔影。生态帝国主义是资本主义掠夺本性在生态环境领域的拓展，是发达国家针对发展中国家在环境问题上具有掠夺和剥削性质的行为与态度的总称，是野蛮、腐朽的帝国主义思维方式在生态环境领域的展示，是没有帝国领地的帝国主义。生态帝国主义的兴起表明资本主义生产方式与环境保护的矛盾是不可调和的，也说明了发达国家对其他国家进行资源掠夺和转嫁环境危机具有必然性。

生态帝国主义的产生并非偶然，它的兴起有着深层的原因：

（1）资本主义经济无限增长的态势遇到了前所未有的资源瓶颈，极力在发展中国家寻找新的自然资源以维持自身发展的客观要求，催生了生态帝国主义。列宁曾经指出："资本主义愈发达，原料愈感缺乏，竞争和追逐全世界原料产地的斗争愈尖锐，抢夺殖民地的斗争也就愈激烈。"[①]资本主义经济是喜欢剥削土地和资源的，这是它们保持利润增长的自然前提。但是，本国的资源毕竟有限，生态帝国主义不得不到别的国家和地区去寻找自然资源。这样，生态剥削和生态掠夺就成为当今世界人们经常看到的生态帝国主义的生态罪孽。发达资本主义国家利用经济全球化的契机，把本应自己承担的资源短缺和环境污染的代价转移到发展中国家。所以说，当今发达资本主义国家的资本积累得以持续和生态环境明显改善的局面，主要是通过对发展中国家和世界范围的穷人欠下一笔巨额的生态债来维持的。

（2）资本主义经济增长导致的生态危机，迫使资本家必须考虑环境成本问题。

---

① 《列宁全集》第 3 版第 2 卷，北京：人民出版社，2012 年版，第 645～646 页。

在资本的原始积累时期，资本家生产需要的许多自然资源和工业废物的处理几乎是免费的，环境成本几乎没有。但是，现在情况发生了很大变化，资本积累与环境保护的矛盾激化了，生态环境危机成为了制约资本积累的重要因素，过度工业化导致的环境公害也成了人们诟病资本主义制度的重要原因。由于资本主义制度无法解决这些生态环境问题，它就实施生态帝国主义策略，对广大发展中国家实施生态掠夺和污染转移来缓和国内的生态矛盾，通过把耗费资源和产生污染的企业转移到穷国的手段，让自己的收益内在化和生产成本外在化，让发展中国家为资本主义经济繁荣所带来的昂贵环境成本买单。所以说，生态帝国主义倾向是内蕴于资本主义制度之中的，它的存在说明了帝国主义霸权行径的新变种。

（3）资本主义国家环保运动的深入发展，提升了人们的“环保敏感度”，使得资源损耗型和污染严重型企业很难在本国立足。所以，这些企业只能采取生态帝国主义的策略在发展中国家谋得发展。在发达资本主义国家，以环境保护为主要内容的“新社会运动”在很大程度上唤醒了人们的环保意识，面对有毒废物的堆放、填埋和焚烧等情况，人们发起了“不要在我家后院”的抗议运动。绿党的建立促成了西方政治的“绿化”，各种有关环境保护的政策法规出台，这些都使得生态帝国主义的举措在国内难以施展。例如，“环境影响评估”成为了西方发达国家日常生活的常态。德国柏林自由大学环境和政策学者费德理乌斯对《环球时报》（2012 年 10 月 30 日）记者谈起第二次世界大战后德国“经济奇迹期”后的那段“环境敏感期”时感慨地说：当德国巴斯夫等重化工企业跻身世界级企业巨头时，莱茵河在德国境内的美茵兹到科隆 200 千米长的河段，鱼类完全消失，河面上弥漫着苯酚的味道，被冠以“欧洲下水道”的恶名。也正因为如此，德国民众曾持续发起抗议环境污染活动，呼吁大众参与各类项目的环境影响评估。在国际上，环境影响评估是 20 世纪 60 年代在美国诞生的。1969 年，美国议会通过了《国家环境政策法案》，引入环境影响评估政策。随后，西方发达国家也大都实施了环境影响评估政策。从客观上讲，西方国家规范严格的环保政策在一定程度上也迫使生态帝国主义把污染的祸水泼向发展中国家。

（4）在资本主义工业发展模式的诱导下，借助经济全球化浪潮的推动，广大发展中国家也急需引进外资，加速本国的工业发展，这些国家的环境门槛低，环保法规不健全，人们的“环境敏感度”不高，这为发达资本主义国家转移污染、处理毒垃圾提供了契机，客观上成为了孵化生态帝国主义的“温床”。这一点尤其应当引起发展中国家的警惕。

5.1.2 生态帝国主义的表现形式

生态帝国主义的表现形式，按照实施的方式大致可以分成两种类型：一种是污染转移型，另一种是资源掠夺型。

污染转移型的生态帝国主义主要表现为：

（1）转移污染产业和企业。发达资本主义国家从自己的环保需要、产业结构调整和谋取高额利润等方面考量，利用发展中国家环保政策上的漏洞，居心叵测地利用其环境容量，将污染严重的夕阳产业转移到穷国。在发达资本主义国家日渐天蓝水净的同时，广大的发展中国家却是“江河日下”，环境灾难日益严重。统计资料表明，“日本已将 60%以上的高污染产业转移到东南亚和拉美国家，美国也将 39%以上的高污染、高消耗的产业转移到其他国家。”[①]穷国引进外资的统计也表明，污染密集型产业是外商投资的重点。现在的情况是，穷国成了富国污染产品的集中地和污染行业的聚集地。

（2）倾倒毒垃圾和销售有害设备。据联合国环境规划署统计，全球每年产生有毒有害垃圾约 5 亿吨，其中 90%来自发达资本主义国家，这些垃圾几乎都被转移到发展中国家，那里成了吸纳发达国家废物的“垃圾场”“污水池”。一些外商把淘汰的污染严重、耗电耗材的陈旧设备和机械通过投资的方式转移到发展中国家。生态帝国主义的举措不仅给发展中国家的生态环境造成不可估量的损失，也给当地人的健康带来巨大的伤害。例如，2006 年年末，英国天空电视台在我国广东省“洋垃圾村”联滘村的采访报道就引发了震惊。近年来，英国政府一直不愿在处理生活垃圾问题上提出更好的解决办法，而是沿用过去不断向包括我国在内的东亚国家出口“洋垃圾”的策略，这是英国解决垃圾问题的一贯做法。但是，现在英国出口的“洋垃圾”遭到了我国的拒绝。如果没有能力处理如此之多的垃圾的话，英国人将不得不看到垃圾成山、怵目惊心的景象。

（3）转移有害废物。20 世纪 80 年代以来，随着发达资本主义国家先后颁布严格的保护本国环境的法律，有毒废物的处理成本也越来越高，一些发达国家的企业

① 刘曙光：《全球化与反全球化》，长沙：湖南人民出版社，2003 年版，第 140～141 页。

在政府的默许和纵容下不断将这些“毒垃圾”出口到发展中国家，而后者也往往为了蝇头小利大开方便之门。以近年来激增的电子废物为例，据联合国环境规划署的统计，全世界每年产生 2 000 万～5 000 万吨的废旧电视、电话及电脑等电子垃圾，这些电子废物被以二手货的名义大批转运到发展中国家，仅尼日利亚阿格斯港平均每月就会接收 10 万台“二手电脑”。有研究显示，欧盟国家产生的电子垃圾正以每年 3%～5%的速度增加，这些电子垃圾所含有的镉、汞及其他有害物质将对环境产生严重危害。

资源掠夺型生态帝国主义的表现主要为：

（1）大肆掠夺发展中国家的自然资源。目前，发达国家消耗了世界资源的 3/4，资本主义工业化国家人均能耗是发展中国家的 10 倍。以美国为例，其人口占世界总人口的 5%，却消耗着全世界 25%的商品和能源。其人均消耗量是发展中国家人均消耗量的 30～40 倍，1 个美国人的能源消耗量相当于 147 个孟加拉国人或 422 个埃塞俄比亚人的消耗量。[①]为了解决本国资源有限性与资本追求利润无限性的矛盾，发达国家开始了对发展中国家自然资源的大肆“鲸吞”。对一些污染密集型原料的加工，如纸浆和纸、石油开采、矾土开采等，势必造成严重的环境污染。在出口这些产品时，发展中国家为了使其在激烈的市场竞争中保持一定的价格竞争力，往往压低这类出口商品的价格，该商品价格没有反映环境遭到破坏和资源损耗的费用。这样，发展中国家在出口污染密集型商品的生态费用就要由本国负担，即以危害人们健康、污染土地和破坏生态系统等为代价承担了这些费用。这样势必加剧发展中国家的环境压力和资源损耗的程度。而物美价廉的商品，在受到发达工业化国家市场青睐的情况下，大大刺激了发展中国家的商品出口，这样反过来又进一步加剧了发展中国家环境的污染和资源的消耗。

（2）通过不平等的贸易上的“结构性暴力”，加上低关税和有利的贸易刺激，间接实现掠夺发展中国家资源的目的。例如，热带国家软弱的国内森林政策以及工业化国家伐木成本的高昂和对伐木的抑制措施，促进了热带木材向一些工业化国家的出口，这也导致了热带国家的森林砍伐。某些工业化国家以免税或很低的关税进口未经加工的原木，这促使发达国家的工业更多地使用热带森林国家的原木而不是自己的木材。资本主义国家通过对本国森林采伐量的限制，进一步加快了在世界范

① 陶锡良：《略论当代国际关系中的环境殖民主义》，载《国际关系学院学报》，1996 年第 3 期，第 10～11 页。

围内森林的砍伐速度。

（3）发达资本主义国家奢靡性、浪费性的消费行为，也破坏了发展中国家的生态环境。例如，美国为了降低生产汉堡包所需要的牛肉的成本，在中南美洲的热带森林地区开辟牧场，大量饲养肉牛；西欧的高级棺木其原木主要来自西非热带雨林；日本人使用的一次性卫生筷的原木有相当部分砍伐于东南亚的热带雨林。特别是日本对热带雨林的破坏负有较大责任，日本作为世界上最大的木材进口国，20 世纪 70 年代以前主要采用的是在菲律宾砍伐的木材，80 年代后是从马来西亚进口的木材。现在，马来西亚的森林资源行将枯竭。日本就这样不停地毁掉一个又一个国家或地区的森林资源，这样的做法无异于资源掠夺。因此，有的学者就认为，富国的筷子、汉堡包和棺材毁掉了世界上的热带雨林。

5.2 “让他们吃下污染”——生态帝国主义对第三世界犯下的罪孽

5.2.1 生态帝国主义者丑陋的嘴脸

1991 年 12 月 12 日，世界银行首席经济学家劳伦斯·萨默斯提出了被传统经济学家广为接受的一些关于环境的观点，这些观点反映了资本积累的逻辑和生态帝国主义反人类和反生态的本性，是生态帝国主义者丑恶嘴脸的大暴露，是他们对广大发展中国家发动的生态侵略和犯下的生态罪孽。萨默斯的观点被冠以“让他们吃下污染”的表述，于 1992 年 2 月 8 日在英国著名杂志《经济学家》上刊登出来。

萨默斯的“生态帝国主义三谬论”的主要观点是：

（1）由于第三世界和发达国家的民众在工资收益上的差别很大，以往是从疾病或死亡后“获得的利益”角度来衡量第三世界的个体生命的，那么，这些生命与发达资本主义国家的个体生命相比是毫无价值的。发达国家的平均工资数百倍地高于第三世界国家，那么同样的逻辑，第三世界国家的个体生命的价值也就数百倍地低于发达国家。这样，即使生态环境恶化导致了第三世界国家民众患病或死亡，从经济学的角度来看也是合算的，因为穷人的生命不值钱。所以，向低收入国家倾倒大量有毒废料背后的经济考虑是没有疏漏的。

（2）治理污染的成本可能是非线性的，因为治理最初的污染增量可能只需要很低的费用，非洲人烟稀少的国家应该是污染最少的，那里的空气污染水平与洛杉矶和墨西哥城等严重污染的城市相比，其受到污染的水平还很低。所以，把污染物排放到还处于“欠污染”的第三世界，从经济成本的角度考虑是合理的。

（3）对清洁环境的需要是以一定的收入为基础的，也是人均寿命长的富裕国家民众追求的奢侈品，只有这些国家才适合讲究审美和追求健康。所以，如果污染企业将污染物转移到第三世界，资本家不必为处理它们而增加生产成本，那么世界范围内的生产成本就会降低。基于上述理由，萨默斯主张，世界银行应当鼓励发达国家将污染企业和有毒废料转移到第三世界。

萨默斯的谬论是令人厌恶的，表现出赤裸裸的生态帝国主义的恶习。人们不要以为萨默斯以十分轻蔑的态度来看待第三世界和生态环境问题是他丧失理智的痴语，其实，这是生态资本主义国家保持本国良好生态环境的“终南捷径”，是资本积累的经济扩张主义的逻辑必然，也是他作为资产阶级经济学家本质的大暴露。“作为世界银行的首席经济学家，萨默斯的作用是为世界资本的积累创造合适条件，特别是在涉及资本主义世界的核心时更应如此。无论是世界大多数人的幸福，还是地球的生态命运，甚至资本主义制度本身的命运，都不容许阻碍这一执著目的的实现。”①萨默斯的生态帝国主义观点很有代表性，也是资产阶级经济学家的“大实话”。随着国民生态环境意识的提高和环境评估越来越严格，资本主义国家经济遇到了前所未有的环境限制。为了给资本扩张扫清障碍，为了把经济增长的环境成本外在化或他国化，向发展中国家和地区倾倒有毒废料、工业垃圾就成为了资本主义企业的一贯做法。福斯特指出：“发达国家每年都在向第三世界运送数百万吨的废料。1987年，产自费城的富含二氧杂芑的工业废料倾倒在几内亚和海地。1988 年，4 000 吨来自意大利的含聚氧联二苯的化学废料在尼日利亚被发现，毒液从锈蚀不堪的圆桶中溢出，污染了当地的土地和地下水。”②

5.2.2 生态帝国主义对第三世界人与自然的戕害

2006 年 12 月 1 日，《光明日报》以“谁应对科特迪瓦‘毒垃圾’事件负责”为题，揭露了生态帝国主义的另一桩生态罪孽。事件的起因是：2006 年 8 月，一

① 约翰·贝拉米·福斯特：《生态危机与资本主义》，上海：上海译文出版社，2006 年版，第 55 页。

② 约翰·贝拉米·福斯特：《生态危机与资本主义》，上海：上海译文出版社，2006 年版，第 56～57 页。

艘荷兰托克公司雇租的货轮，通过代理公司在阿比让居民区附近十余处卸载了共约 500 吨的有毒工业垃圾，引发了严重的环境污染。科特迪瓦卫生与公共健康部公布的数据显示，垃圾排出的有毒气体共造成包括 4 名儿童在内的 7 人死亡，另有 24 人因严重中毒被送往医院急救，许多人因呼吸障碍或其他不良反应前往医院就诊。"毒垃圾事件"引发了民众的强烈不满，大批示威者打伤了运输国务部长，焚烧了阿比让港务局局长的住宅，最后扳倒了过渡政府。

按照托克公司的说法，用于倾倒"毒垃圾"的货船是一艘油轮，由于油轮只有用苛性钠洗涤后才可以重新装油，因此使用过的苛性钠洗液通常被封存在废料桶中，所谓的"毒垃圾"就是清洗油轮油舱后残留的汽油、水和腐蚀性洗涤液的混合物。在被问及为什么要在阿比让倾倒这些"毒垃圾"时，托克公司的发言人称，阿比让港口是"处理有毒化学垃圾的合适地点"。

"毒垃圾"事件曝光后，引起了国际社会的高度重视。联合国灾害评估和协调小组的调查与托克公司提供的情况不同，研究人员初步检测结果显示，垃圾中毒性最大的物质是有"神经毒剂"之称的有刺激性气味的无色气体——硫化氢。

生态帝国主义的行径也给我国造成了严重的生态灾难。20 世纪 80 年代末 90 年代初，未经消毒的"洋垃圾"服装涌进我国，这些消费过的旧服装含有各种人体代谢物和大量病菌，导致疾病的传播，给人们的健康造成了极大伤害。后来，电子"洋垃圾"侵入我国。这些电子固体废物范围很广，主要包括废旧电脑、通讯设备、电视机、电冰箱、空调、淘汰的精密电子仪器仪表等。人们在为了获得其中的电子元件和稀有金属而拆解这些"洋垃圾"时，造成了严重的环境垃圾，污染了空气、土壤、地表水和地下水。2007 年 1 月 9 日，英国天空电视台的网站上出现了一条《英国垃圾终点站在中国》的新闻：世界上最大的巨轮爱玛·马士基号载着 17 万吨垃圾驶向我国，而其目的地是广东省佛山市南海区的联滘村。报道通过图片介绍了联滘村长期将废物回收作为支撑地方经济的产业，造成了当地令人惊悚的环境污染：烟囱冒着黑烟、空气中弥漫着刺鼻的味道、河道流淌着恶臭的黑水、电子垃圾堆积成山。记者称，联滘村是她见过的污染最严重的地区。

这些转移到第三世界国家的"毒垃圾"不仅在当地造成了严重的环境污染，而且也给当地人的生命健康带来了极大伤害。这表明，生态帝国主义者的生态罪孽是深重的，资本家转移污染在获利的同时，也破坏了第三世界国家的生态安全，摧毁了人们生存的自然基础。同时，生态帝国主义根本不会顾及第三世界国家的生态福利和环境权益，不会同情和关心当地人的健康，忽视对他人价值的承认与尊重。

资本主义国家在转移污染的同时，还在利用所谓“世界工业重新布局”的契机，把高污染、高危害的企业向发展中国家转移，这也导致了深重的生态罪孽。发生在印度博帕尔的生态灾难就是典型的案例。依据维基百科的资料，1984 年 12 月 3 日凌晨，印度中央邦博帕尔市的美国联合碳化物公司属下的联合碳化物（印度）有限公司设于贫民区附近的一家农药厂发生氰化物泄漏事故，引发了严重的后果。官方统计显示，瞬间死亡人数为 2 259 人，当地政府确认与气体泄漏有关的死亡人数为 3 787 人，还有大约 8 000 人在接下来的两个星期内丧命，另外还有大约 8 000 人因为气体泄漏而死亡。根据一份 2006 年的官方文件显示，这次泄漏共造成了 558 125 人受伤，包括 38 478 人暂时局部残疾以及大约 3 900 人严重和永久残疾。

印度博帕尔毒气泄漏事故被公认为是历史上最严重的生态灾难。

专家们在分析导致博帕尔毒气泄漏事故的原因时指出，资本主义国家的生态帝国主义行径对此难辞其咎。美国国内的化工厂和农药厂大都迁往第三世界国家，还在本国生产的此类企业既有严格的环境标准，又都远离居民区。即使出现问题也不会造成如此严重的生态灾难。

这些事实都说明，生态帝国主义不仅摧残着自然界，也摧残着人类社会，对第三世界人民的生命有着惊人的漠视。在资本主义的扩张史上，资本的原始扩张主要靠压榨本国的人民，而资本的现代扩张主要靠压榨他国的人民。在资本主义社会，资本趋利的价值取向决定了生态环境危机的形成与无解，这是因为资本家都是为了直接的利润才从事生产和交换，他们首先考虑的不是环境保护，而是怎样赚钱，怎样多赚钱快赚钱。在相信生态资本主义的人看来，生态学与资本主义制度不相矛盾，环保与利润冲突的难题是有解的。所谓有解，无外乎是奉行生态帝国主义策略，把生态环境危机的“脏水”泼向广大的发展中国家。

5.3 生态帝国主义的实质

5.3.1 帝国主义的新形态——生态帝国主义

资本主义从自由竞争阶段进入垄断阶段后，帝国主义就进入了人们的研究视野。当年列宁对帝国主义基本经济特征和历史地位的分析在我们了解帝国主义的实质时仍然有效。当然。帝国主义也在不断改变着自己干涉他国的手段和方式。第二次世界大战以前，帝国主义国家主要是通过商品输出、资本输出和军事侵略的手段来实现对他国经济、政治的控制，大肆掠夺他国的自然资源。而现在，发达资本主义国家依靠其先进的科技、经济以及军事实力，利用不公平的国际经济政治秩序，在不对他国实施军事占领的情况下，掠夺他国的资源，转移污染，草菅人命。发达资本主义国家往往以生态标准和环境保护为借口，在国际贸易中推行“绿色壁垒”政策，奉行“生态歧视主义”，竭力阻挠、干涉和限制他国的社会进步和经济发展。这样，人类社会就看到了帝国主义的新形态——生态帝国主义，广大第三世界国家的人民遭受到了一种新的侵略方式——生态侵略和生态剥削。

生态帝国主义对他国资源的掠夺与 16 世纪、17 世纪的贩卖黑奴在本质上是一致的。正像当年发达资本主义国家靠着剥削他国的财富来养肥自己并使自己成为了他国羡慕追赶的目标一样，今天他们较为理想的生态环境也不是资本主义制度的“恩赐”，而是通过向发展中国家转移会产生污染的企业和倾倒有毒废物而实现的。英国生态学马克思主义者佩珀在其《生态社会主义：从深生态学到社会正义》一书中，以皮特·格伦纳韦在《厨房、贼、妻子和她的情人》中富丽堂皇的饭店和令人恶心的厨房的隐喻来说明生态帝国主义现象：将“富丽堂皇的饭店”比喻为西方资本主义国家符合审美和健康要求的干净的生态环境；将“令人恶心的厨房”比喻为发展中国家受到严重污染的生态环境。这两个隐喻通过这样两幅对比强烈的生态画面是想说明，一幅赏心悦目的饭店的精美外表是通过一系列令人恶心的肮脏的厨房来实现的，这类似于西方发达资本主义国家良好的生态环境是以“生态帝国主义”的手段大量向第三世界国家和地区转移污染企业和倾倒毒害垃圾来实现的。

生态帝国主义输出污染企业和有毒垃圾与当年资本主义国家向落后国家输出商品和资本在本质上是一样的。资本主义国家通过商品和资本输出达到了对他国政治、经济的控制，损害了他国经济的“造血”功能；而生态侵略和生态剥削也引起了他国的社会骚乱、政治动荡和经济畸形发展，严重损害了生态环境的“修复”和“净化”功能。在资本主义经济条件下，最大限度地榨取剩余价值是资本主义发展的根本动力。但是，在发达资本主义国家的普通大众环保意识觉醒的今天，资本主义生产中环境成本不断增加的事实成为资本家必须面对的新课题。此前，自然环境没有构成资本家生产的成本因素，它们是免费的外在成本，现在自然成本、外在成本不但不免费了，而且资本家还要为此支付高额的费用。很明显，生态环境保护上的支出将增加更多的生产成本，保护环境需要投入的成本资金，使资本主义竞争增加了生态环境方面的内容。但这是资本家不乐意的事，对于资本主义企业来说最有利的是：利润装进自己兜，污染排入他人田。也就是说，让整个社会为资本家企业的盈利“埋单”。而资本主义企业环境成本外在化最理想的地区，就是落后的发展中国家。那里自然资源、人力资源丰富，环保门槛低，人们对健康和环保的要求也相对低。所以，让生产的环境成本在他国外在化，而资本家个个赚得盘满钵满，这就是导致生态帝国主义的经济动因。

5.3.2 “$PM_{2.5}$事件”背后的生态帝国主义魔影

生态帝国主义是生态问题上的霸权主义，它把生态环境问题当成了手中的大棒，动辄就以主子呵斥奴仆的口吻对他国的内政横加指责，俨然是生态环境上的“救世主”，其实是别有用心的掠夺者。例如，美国驻华使领馆开展对我国 $PM_{2.5}$ 监测并且发布数据的做法就反映了生态帝国主义的心态。$PM_{2.5}$ 是指大气中直径小于或等于 2.5 微米的颗粒物，也称为可入肺颗粒物。$PM_{2.5}$ 产生的主要来源是日常发电、工业生产、汽车尾气排放等过程中燃料经过燃烧而排放的残留物。$PM_{2.5}$ 粒径小，含有大量的有毒、有害物质，而且在大气中的停留时间长、输送距离远，因而对人体健康和大气环境质量的影响更大。2012 年 5 月 12 日开始，美国驻北京、上海等地的使领馆在官网和推特上每小时公布一次 $PM_{2.5}$ 数据和空气质量评估。由于其评估结果与我国环保部门公布的数据结果大相径庭，因而成为了引发中美官方争论的事件。

实际上，美国驻华使领馆开展对我国 $PM_{2.5}$ 的监测并且发布数据的做法不论在技术上、标准上还是在法理上都是不符合国际通行要求的，是不严谨和有失规范的。从技术上讲，用一个点位的监测数据对一个地区的空气质量进行评估是不科学的，是以偏概全的错误方法。点位和局部的空气质量不等于当地的空气质量，这样的监测数据并不代表整个城市的空气质量。从标准上看，世界各发达国家，包括美国在内，关于 $PM_{2.5}$ 的标准也是逐步提高的，而我国目前发布的空气质量标准虽然与美国有些差距，但它是根据我国的社会经济发展水平和技术条件确定的，比较符合我国的社会实际。从法理上讲，我国空气质量的监测及发布，涉及社会公共利益，属于国家的内部事务，个别国家驻华使领馆自行开展空气质量监测，并在互联网上随意发布当地的空气质量信息，并对此评头论足，大放厥词，这既不符合《维也纳外交关系公约》与《维也纳领事关系公约》的精神，也违反了环境保护的有关国际规定。

我们怎样看待美国导致的“$PM_{2.5}$ 事件”？难道美国政府真的是要帮助我国改善空气质量吗？难道他们真要在环境保护方面为我国树立一个榜样吗？

答案是否定的。

透过“$PM_{2.5}$ 事件”的表层，我们可以看到生态帝国主义的魔影。

（1）我们应当冷静地看到，$PM_{2.5}$ 的监测是近年来人类生态意识高涨、在环境保护领域进步的象征，此举只是在空气质量监测方面的技术手段而已，它不应当被赋予更多的政治博弈的色彩，更不应当成为国家之间对抗的借口和手段。

（2）美国拿自己国家的标准来评判我国的环境质量，并且在网络上公布监测结果以期引起中国网民的关注，这实际上是以所谓的技术手段来“倒逼”我国提升空气质量标准，其出发点并不是真心关注我国的空气质量，而是考虑到此举可以带来的经济利益。以我国空气质量不达标为借口，美国就可以借机向我国出售节能、环保、新能源的等设备和技术而从中渔利。

（3）美国借助“$PM_{2.5}$ 事件”来恶心中国政府，让中国政府难堪，其目的在于让我国网民质疑政府的公信力，煽动民众对政府的不满情绪，破坏我国和谐社会的建设。

美国政府利用环境问题而表现出的生态帝国主义嘴脸，当然遭到了中国政府理直气壮的揭露和抗议。

生态帝国主义是帝国主义在现实中的翻版，它在本质上是一种新的“欧美中心论”“欧美至上论”。面对环境破坏和资源过度消耗的全球化问题，资本主义生产与生活方式的无限扩张应负主要责任，这些是全球环境问题的肇端，是矛盾的主导方面。他们理应利用自己在科技和经济方面的实力为全球的环境保护作出更多的承诺与行动。但由于帝国主义的本性根深蒂固，他们不仅极力推卸责任，制造谬论，好像环境破坏“全是发展中国家惹的祸”，甚至逼迫发展中国家承担所有超过其承受能力的保护环境的义务。在环境问题上生态帝国主义者还以宗主国自居，把发展中国家视为自己的附庸国，成为被他们控制和剥削的对象。一旦国际社会希望发达国家承担更多的环保责任时，生态帝国主义的嘴脸就暴露无遗。例如，1992 年，美国政府拒绝在地球峰会上签署《生物多样性条约》，当美国总统乔治·布什（老布什）被问及缘何拒绝签约时，他说：“我是美国的总统，不是世界的总统，我要做的都是最能保护美国国家利益的事情。”这段话成为了美国政府维护自身利益而拒绝国际合作的名言。

美国生态学家哈丁针对国际环境事务抛出的“救生艇伦理”也反映了生态帝国主义的冷漠。在观察和处理全球性生态环境问题时，哈丁把富国与穷国的关系比作救生艇式的关系。富国处于救生艇上，而穷国则落在水中等待救援。由于救生艇的承载力有限，最多只能救上来几个落水者，否则就会因超载而倾覆。所以，在哈丁看来，“彻底的冷漠就是彻底的正义”，为了救生艇上人的安全，富国的人们应当安之若素，不要搭救落水的穷人，这样才能保证救生艇的安全。哈丁的环境“救生艇伦理”表现了“欧美至上论”的思维惯性，它表达了这样的理论含义：穷国要守“穷国之道”，不要攀富，更不要给发达国家找麻烦。同时，穷国要为全球生态危机承担主要责任，要努力降低人口出生率，要有勇气吞下环境恶化的“苦果”。

现在，在生态环境问题上生态帝国主义的行径越来越频繁，越来越猖獗，根源在于发达国家歧视发展中国家的心态没有变，控制、掠夺和剥削发展中国家的本性也没有变。发达国家通过掠夺资源和转移污染这两条方向相反但利益相同的手段，实现了自身利益最大化，而发展中国家则遭受了环境损失的最大化。因此，在环境问题上，发达资本主义国家才是名副其实的“问题制造者”“灾难发源地”，而广大发展中国家才是真正的“问题出现地”“灾难承担者”。正如原世界自然保护联盟主席、圭亚那前外交部长施里达斯·拉夫尔爵士的断言：“富国给地球带来的污染远远超过其他所有国家，他们对清除工业化过程中产生的污染负有不可推卸的责任。”①

5.4 对待生态帝国主义应有的策略

5.4.1 警惕帝国主义的生态侵略和生态剥削

在经济全球化的背景下，加入了世界贸易组织的中国现在也成了生态帝国主义策略的受害国。有资料显示，1995 年，外商在我国投资于污染密集型产业的企业

① 拉夫尔·S：《我们的家园——地球——为生存而结为伙伴关系》，北京：中国环境科学出版社，1993 年版，第 30 页。

有 16 998 家，占“三资”企业总数的 30%以上。其中，投资于严重污染密集型产业的企业占“三资”企业总数的 13%左右。[①]不仅如此，我国许多地方每年仍然还在进口来自于发达国家的有害垃圾和废物，成为了他人的“垃圾场”。

作为社会主义大国，正在走向伟大复兴的中国应当如何应对生态帝国主义，是一个应当引起我们高度关注和深刻思考的重大课题。在与生态帝国主义斗争的过程中，我们要有自觉的国格意识，要“守土有责”，不能被别人“忽悠”了，更不能陷入生态帝国主义者为我们布下的“环境陷阱”之中，我们要像当年抵御帝国主义的军事侵略和经济剥削一样来抵御生态帝国主义的生态侵略和生态剥削，要像捍卫国家的政治主权那样来捍卫国家的生态主权。

不可否认，当代全球性生态环境问题日益严重，威胁到了全人类的共同利益，并且事实一再证明，没有全球合作，生态环境问题就无法得到彻底解决。但是，当今的现实是，许多发达国家并没有真正表现出全球合作解决生态环境问题的诚意，相反，他们将批评的矛头指向了包括中国在内的发展中国家，似乎发展中国家成为了以全球合作的方式解决生态环境问题的阻力和阻碍。例如，发达国家一再指责发展中国家在控制温室气体排放上“不合作”，在排放量控制条件上“讨价还价”，却忘记了自己才是温室气体排放时间最长、人均排放总量最多的排放国。发达国家明明知道发展中国家的生态环境问题产生的原因之一是贫困化以及落后的生产和生活方式，正所谓“落后就是最大的污染”，而发达资本主义国家主导的不公正的国际政治经济秩序又加剧了发展中国家的贫困程度，他们在援助发展中国家的资金、技术等方面附带了各种苛刻的政治和经济条件，迫使发展中国家以牺牲自己的环境资源来谋求可怜的发展，这无异于“饮鸩止渴”。

5.4.2 环境保护与国家主权

在西方世界的传统认识中，国家主权只是西方国家所有，非西方国家不配享有，这一双重主权标准反映了“西方中心论”在主权观上的深刻印记。在人类经历的两次世界大战期间的反主权论调，事实上恰好是为西方帝国主义重新瓜分殖民地和势力范围服务的。

---

① 夏友富：《外商投资中国污染密集型产业现状、后果及其对策研究》，载《管理世界》，1999 年第 3 期。

现在，面对生态环境危机这个全球化问题，有些西方学者又提出了放弃国家主权、淡化国家主权的主张。在他们看来，如果各个国家太强化自己的主权意识，把国家的利益置于人类利益之上的话，人类社会不可能就全球化的生态环境问题展开合作。我们认为，在现实的国际环境背景下，这样的主张是荒谬的，也有替资本主义辩护之嫌疑。我们说，全球生态环境问题产生的本质并不在于国家主权，也不在于如何权衡国家主权，在追求利润最大化的资本主义生产方式和生态帝国主义霸权存在的条件下，即使不存在国家主权，或者淡化国家主权，全球化的生态环境问题一样也会产生。

因此，寻求解决生态环境问题的国际合作，必须是在相互尊重国家主权的基础上的合作。尽管全球性生态环境问题直接或者间接威胁到了“地球村”中所有居民的生存与发展，但生态环境危机还不足以成为干涉他国主权的生态依据。由联合国主持制定的国际环境法原则也一再强调国与国之间要“相互尊重主权”。国家对环境资源的所有权和环境事务的处置权是国家主权的固有内容，任何国家、组织和个人不得侵犯。一段时间以来，某些西方发达资本主义国家怀着削弱或否定国家主权的险恶居心，在生态环境问题上大谈“人类的利益高于国别利益”“全球环境比国别环境更重要”等观点，乘机兜售、贩卖他们的生态帝国主义货色，这已引起了广大发展中国家的强烈不满和警惕。因此，在全球共同合作解决生态环境问题的时候，不能简单地因生态环境问题而否定国家主权，主权完整的原则必须坚持。

从当前现实来看，国际产业结构的调整无疑给生态帝国主义行径提供了可乘之机，而处于产业结构末端的发展中国家，在不合理的国际政治经济秩序中，又不得不吞咽下生态帝国主义酿制的“鸩酒”。中国作为最大的发展中国家，发展起点低、产业结构落后、发展经济急需引进外资和技术，这在客观上为生态帝国主义培育了外部条件。我国产业结构的现实也说明，我国是发达国家的污染密集型产业和资源高消耗产业的重点转移国之一，也是饱受生态帝国主义罪孽的国家之一。对此我们要有清醒的认识：① 在环境问题上不要幼稚，不要幻想，要用马克思主义阶级分析的方法来看待环境斗争。从根本上看，环境斗争也是阶级斗争的一种表达方式，生态帝国主义的实施者、受益者和承担者、受害者之间的冲突，在很大程度上也是利益根本对立的资产阶级和无产阶级之间斗争的一种反映。向第三世界国家转移污染，是帝国主义一贯蔑视穷人生命、自视清高这一思维惯性在生态环境问题上的反映。所以，正如福斯特所说的：“生态斗争不能与反对资本主义的斗争相分离，而当人们从剥夺地球资源的角度看问题时，反对资本主义的斗争将呈现出新的含义。”[①] ② 我们既要积极参与环境领域的国际交流与合作，又要警惕生态帝国主义的生态侵略和资源剥削；既要为人类环境问题的改善承担我们应该承担的责任，又要防止生态帝国主义者以环境问题为借口来限制、束缚我们的发展。③ 我们要充分认识到生态帝国主义危害的严重性。较之商品侵略和军事侵略，生态侵略和环境危害的潜伏期更长，负面影响更缓慢、更绵长，在短期内人们似乎感觉不到生态危害的存在，而这恰恰是它更令人恐惧的特点，它从根基上断送了人们生存的自然基础。当生态危机爆发时，人们才感到“无力回天”了。④ 我们要加快产业结构调整的步伐，加强资源环境管理，创新发展理念，加速科技进步，为解决生态问题提供政策支持和技术保障。我们要清醒地认识到“饮鸩”不能“止渴”，但能“要命”，靠牺牲资源和环境来谋求眼前的利益无异于给自己培养了“掘墓人”，是自毁命根的行为。

---

① 约翰·贝拉米·福斯特：《生态危机与资本主义》，上海：上海译文出版社，2006 年版，第 76 页。

第 6 章

资本主义消费异化与生态危机

在诸多质疑生态资本主义的论证中，从资本主义消费异化来说明生态资本主义不可能性的研究路径呈现在人们面前。如果说 19 世纪英国把人类带入了工业社会，那么 20 世纪美国把人类领入到消费社会。资本主义经济的快速发展，催生了“消费异化”这个怪胎，在“不消费，就倒退”的喧嚣声中，消费异化导致的环境危机日益加剧。资本主义经济高度依赖于“过度消费”“非理性消费”和“炫耀消费”，从而导致了“消费异化”，这在很大程度上决定了“生态资本主义”只能是一些人梦幻般的“生态憧憬”。

6.1 消费异化的缘起及危害

资本主义工业革命以来，人类在物质文明建设方面取得了很大进步，但在消费方式上崇尚享乐主义消费观，掀起了资本主义奢靡消费的高潮。消费需求的不断增长必然导致生产规模的不断扩大，为了满足人类不断增长的物质需求，人们把地球上的物质和能源源源不断地开采出来，在生产和消费过程中又把大量的废物任意排放到环境中。由此引发了资源短缺、环境恶化等一系列生态问题。这说明，资本主义消费异化与生态环境危机之间存在着必然联系，在人类环境日益恶化的当下，资本主义的异化消费模式难辞其咎。

6.1.1 资本主义经济与消费异化

第二次世界大战以后，发达资本主义国家在科学技术的助推下，创造了大量的物质财富，社会经济空前繁荣，人人衣食无忧，“今朝人人都快乐”成了资本主义“健全社会”的写照。然而，资本追逐利润最大化的本性没有变，在资本唱主角的市场经济条件下，资本家为了多赚钱、快赚钱，把消费当成他们获利的工具，把扩大消费、刺激消费看成是摆脱经济危机的有效手段。他们最担心消费不足而影响商品生产，正如马克思在《资本论》中所说的：“一切真正的危机的最根本的原因，总不外乎群众的贫困和他们的有限消费，资本主义生产却不顾这种情况而力图发展生产力，好像只有社会的绝对的消费能力才是生产力发展的界限。”[①]为了克服“有限消费”，资本家动用了鼓励透支、明星示范、分期付款、广告轰炸等许多手段千方百计地刺激消费，形成了“大量生产—大量消费—大量废弃”的生产模式，只有让人们不断地对消费品喜新厌旧，没有限制地消费商品，才有利于资本的快速周转和快速增殖。这样资本主义以消费刺激经济增长的消费至上主义就应运而生了。消费成为衡量人的尊卑、贵贱、荣辱的社会尺度，消费和享受、显摆和奢靡成为了人们追求的生活方式。所以，资本主义的历史罪孽之一就是培育了贪得无厌的社会性格。正如美国著名学者丹尼尔·贝尔所说的：“资产阶级社会与众不同的特征是，它所满足的不是需要，而是欲求。欲求超过了生活本能，进入心理层次，它因而是无限的要求。”[②]正是这种消费欲求，使得人们把消费当做了一种生活方式，把商品的购买和消费变成了一种社会仪式，消费成为了满足人们精神需要的“鸦片”，人们在消费掉、烧掉、穿掉、换掉和扔掉大量商品的变态消费中获得了短暂而可怜的满足。

正是在这样的社会氛围中，人们正常的消费发生了异化。消费本来的意义在于为人们提供一种更满足、更舒服的生活。通过合理的消费，人们会感到人类创造力的魅力，能品尝到生活的甘露，人的主体地位和尊严可以得到极大的满足。这样的消费就是有意义的，是充满人情味的真实消费。但是，在资本主义条件下，消费充当了资本家刺激商品生产以获得更多利润的手段，这样的消费只能是一种异化的消

① 《马克思恩格斯全集》第 46 卷，北京：人民出版社，2003 年版，第 548 页。

② 丹尼尔·贝尔：《资本主义文化矛盾》，上海：三联书店，1989 年版，第 68 页。

费：① 消费目的的异化。消费不是为了满足人们日常生活的需要，而是为了满足不断被资本家制造出来、被刺激起来的虚假需求和欲壑难填的消费欲望。人们贪婪的欲求导致了挥霍无度的浪费，加速了资源的消耗和环境的污染。② 消费对象的异化。人们消费的不再是商品的使用价值，而是它们的符号价值和炫耀价值。消费异化导致大量商品被抛弃，原因仅仅是它们不时尚了，过时了，它们已经满足不了消费者的虚荣心了。在消费普遍异化的社会，消费什么和怎样消费成为了人们身份和地位的象征。为了炫耀自己的身份和地位，有些人肆无忌惮地消费，根本不考虑自然资源的承受能力。所以，有资料显示，美国人口占世界总人口不足 5%，却消费着世界 33%的不可再生资源。一个美国人消耗的自然资源是一个非洲人的 100 倍。这样的消费就是造孽，就是在祸害大自然，使得大自然变得“不大自然”甚至“大不自然”。异化消费塑造的“大量生产—大量消费—大量废弃”的生活方式，加速了资源、能源的过度消耗和环境污染，导致了严重的生态危机。

资本家为什么要倡导消费至上主义？为什么要把他们的“销售意志”转变为消费者的“消费意志”？ 人们的正常消费在资本主义条件下为什么会蜕变为异化的消费？这一切都是资本主义经济本质的必然表现。资本主义的生产和消费从来都不是以人类的生存健康为出发点的，其经济增长的目的是为了获得更大的利润和积累更多的财富。“不积累，就灭亡”“不消费，就倒退”成为资本主义经济面临的不二选择。因此，资本家动用了浑身解数，利用一切广告手段来刺激消费者。在资本家看来，只有消费者的消费欲望不断膨胀，才能刺激商品生产的扩大，资本家发财的目的才能达到。这样，生产—消费—更多的生产—更快更多的消费就形成了一个无止境的循环。在这样的循环中，经济增长背离了需求的目的，资本家的贪欲和消费异化的后果就是大量“无意义的生产”和“无意义的消费”。这样的恶果不仅耗费了大量的自然资源，也严重污染了我们的生存环境。同时，消费异化也玷污了社会的风气，使得奢靡之风、炫耀之气充盈世间，一时间，时风奢靡、人心不古。

资本主义倡导的消费至上主义还浸润到人们的心理层面，形成了视浪费为“时尚”的奢华社会风尚。在消费异化的资本主义社会，普遍流行的是“一次性消费”“用过即扔”“不买对的，只买贵的”等消费陋习，并视节俭、惜物、简约为落后陈旧的观念。正如弗洛姆描绘的那样：“今天的口号是：消费，别留着。……今天的座右铭是：‘东西越新越好！’。”[1]在这样的消费氛围中，消费的社会意义出现了，消费成为一种社会资本，成为展示自己地位和财富的外在手段。在这里，消费只是一种象征，一个符码，是划分社会等级、表征阶层差异的外在尺度。人们用商品的物价来标示自己的身价，用服务的高档来显示自己的高贵，用常人难以企及的消费来映衬自己的“卓尔不群”。

更令人担忧的是，资本主义推崇的消费至上主义在发展中国家大有弥漫之势，许多人也信奉“今朝有酒今朝醉”的人生信条，花明天的钱圆今天的梦，花别人的钱圆自己的梦，视过度消费、畸形消费为时尚。试问，在“只有一个地球”的现实面前，无节制的消费能使资本主义可持续发展吗？既是生态的，又是资本主义的这种所谓的“生态资本主义”怎么可能会存在呢？

马克思曾经提醒人们：“古代国家灭亡的标志不是生产过剩，而是达到骇人听闻和荒诞无稽的程度的消费过度和疯狂的消费。”[2]现在，我们应当对消费异化保持高度的警惕，深刻反思消费异化所导致的社会异化和生态危害。

6.1.2 资本主义消费观的反生态性

西方资本主义国家在率先步入消费社会的同时，在思想文化和意识形态的层面上也逐步形成了一种普遍存在的奢靡过度的消费观。资本主义消费观的主要特征表现在对消费的观点和看法上，它养育出这样一些消费理念：超前型消费、无度型消费、奢侈型消费、浪费型消费、炫耀型消费、破坏型消费等等。像伦敦、巴黎、东京、纽约、洛杉矶和芝加哥等这类资本主义大都市盛行的消费文化集中体现了资本主义的消费观，它们给人类道德文明建设和生态环境保护带来的重大过错，就在于它们给人类社会塑造了非常病态的消费原则：

（1）消费攀比原则。这样的消费已发生了异化，它不再表现消费的本真意义，而是为了炫耀消费者的经济实力和社会地位。这样的消费闹剧在夸富斗富中循环上演，当事人获得的不是消费带来的真正快乐，而是身心俱疲、破财损物的“闹心”与烦恼。“阿 Q 式的胜利”难掩心中的沮丧。

（2）消费虚荣原则。这样消费不是为了消费者的需要，而是为了让他人羡慕自

① 弗洛姆：《占有还是生存》，上海：三联出版社，1989 年版，第 78 页。

② 《马克思恩格斯全集》第 46 卷（上），北京：人民出版社，1979 年版，第 225～226 页。

己，在消费高档商品和服务的过程中，体现自己的价值和尊严，令自己的虚荣心在异化消费中得到极大的满足。在消费普通人消费不起的“高端、大气、上档次”的社会稀有商品的同时，消费者似乎也感到自己就是大众中的“稀有品”，因而踌躇满志，颐指气使。

（3）消费浪费原则。这样的消费者具有“病态人格”，他们可能在仕途上不顺利，婚姻上不和谐，个人才智平庸，自然条件一般，没有什么值得骄傲的特长。所以，为了证明自己的存在，或者让世人知道“我很行”“我有能耐”，消费就成了他们确证自己价值的路径和方式。他们把消费商品的数量、价格和档次看成为证明自我价值的尺度，似乎消费越多，自己能耐就越大，越受人们的尊重。在这种病态消费理念的驱使下，人们把消费变成了浪费：越浪费，越能体现出消费者的“派头”和“风度”。这些人的消费口号就是：消费它，别留着；东西越多越好；商品越新越好；不买对的，只买贵的！

资本主义病态的消费原则在扭曲人们消费观的同时，也耗费了大量的自然资源，制造了大量的消费垃圾，对地球的生态环境已经造成了可怕的后果。

早在20世纪初，美国大文学家马克·吐温就认为：“文明就是没完没了地大批制造不需要的用品”。我国著名学者赵鑫珊说过：“今天的人类已越来越成为一种用无止境的物欲满足来驱动经济不断增长的实现繁荣的消费动物。”①

在资本主义消费世界，有句很流行的广告词是：“我买了，所以我存在”（I shop，therefore I am），这就是典型的“重占有”的生活方式，这种消费病态心理使消费发生异化，也使消费者发生了异化。正像法国学者波德里亚的符号消费理论所揭示的那样，异化的消费者们贪婪地吞噬着一个又一个的商品符号，华美、过分的包装是符号消费的重要表征，人们自己竟成为了被一串串商品符号系统（豪宅、俊车、珠宝、首饰、美服、华食、名贵手表、高档皮具、美酒、香烟等名牌商品）操纵的消费动物。

美国著名的环境伦理学家罗尔斯顿曾说过：“我们的经济体系从其设计上就是要不断提高人们的消费欲望，在这样一个体系中我们有理由认为，即使把这最后一点点荒野地全部开发出来，也一点都不会让我们觉得自己的这种欲望得到满

---

① 赵鑫珊：《人类文明的功过》，北京：作家出版社，1999年版，第318页。

足了。”[①]

美国消费问题专家艾伦·杜宁指出：“我们读的教科书，我们看到的图像，以及我们参观的公共场所全部被精心制作的用以激起我们欲望的商业信息所控制。尤其是广告、商业电视和购物中心全都强有力地促进着消费主义。”[②]

那么，资本主义经济体系为什么要鼓励消费主义？为什么要塑造病态的消费方式呢？这是资本逻辑作祟的结果。资本的本性就是变本加厉地逐利，只要有利可图，资本就会介入，不管是什么行业，都不会忌惮生态环境的压力，只有“大量生产—大量消费—大量废弃”，让人们不断地对消费品喜新厌旧，毫无节制地消费资源和能源，才有利于资本的快速循环和增殖。资本主义经济发展的客观需要，要求人们把消费当做一种生活方式，把购买和使用商品变成一种仪式，诱导人们在消费中获得精神上的愉悦和满足。因此，人们必须以不断增长的速度把商品消费掉、烧掉、穿掉、换掉和扔掉。

资本主义消费文化反生态性的突出表现，就是对商品的“一次性消费”的推崇。资本家为了追求利润的最大化，以大量的廉价一次性商品占领市场，以市场拉动消费，以消费刺激生产，促成了完整的生产循环。但是，在这个所谓的资本周转的完美逻辑中，自然资源的有限性问题被忽视了，生态环境问题出现了。一次性商品在给人们带来方便和快捷的同时，也让我们付出了无法挽回的环境代价。

一次性商品是以其低廉价格占领市场的，导致一次性商品价格低廉的一个重要原因是资本主义市场的价格机制使其逃避了环境成本。资本主义市场是一个以价格说话的经济系统，要价最低的商品最具竞争力。然而，现今的市场机制只承认商品的价格和质量，而不考虑生产的过程和商品的环境成本。资本主义的价格机制也不能反映商品的真正成本，特别是环境成本。所以，一次性商品是靠外溢环境成本而保持低价的。例如一次性筷子、一次性发泡餐具、一次性宾馆用品、一次性包装物、一次性照相机等电子产品的生产都损耗了大量的自然资源，产生了大量的生活垃圾，给人们的健康和生态环境都带来了严重的伤害。比如，20 世纪 80 年代末，美国人每年都要扔掉 183 亿把剃刀、27 亿节电池。而每一节废电池都含有镉和水银的有毒物质，对土壤和水源都非常有害。

所以，我们说资本主义的消费观是反生态的，只要资本主义还在倡导、鼓励这

① H·罗尔斯顿：《哲学走向荒野》，长春：吉林人民出版社，2000 年版，第 367 页。

② 艾伦·杜宁：《多少算够》，长春：吉林人民出版社，1997 年版，第 85 页。

种敌视自然、蔑视生态规律的消费观，“生态资本主义”就是不可能的。更为可怕的是，资本主义国家倚仗着在政治、经济、军事和文化上的实力，在世界各地炫耀、夸赞自己的消费观，贩卖自己的消费理念，使得奢靡消费之风在世界范围内劲吹，这就是资本主义反生态的消费观给我们这个星球带来的最大创伤。

6.1.3 资本主义消费异化的环境代价

资本主义消费异化是当代资本主义消费文化的主要特征，它是建立在自然资源供应的无限性和生态环境自净能力的无限性这两个错误信条上的。资本主义把扩大消费看成是刺激经济增长的主要动因，忽视了制约消费的自然前提，认为没有必要对人们的消费欲望进行控制和调整，“消费就是一切”是人们信奉的原则。这样的消费观既违背了大自然的客观规律，也损害了人的主体性和创造性，使人成为了“消费的奴隶”。

资本主义的异化消费观扭曲了人与自然的关系，导致了人与自然之间矛盾的空前激化，造成的生态环境代价是惊人的。资本主义异化消费对生态环境的破坏表现在两个方面：① 人们的消费资源直接或间接都来源于自然界，这势必会对大自然造成伤害。② 过度消费所带来的大量垃圾，最终都要回归大自然，这给自然的净化能力带来极大的破坏。

（1）资本主义消费异化对动物资源的破坏。日本是世界上最大的捕鲸国和食鲸国，日本的捕鲸活动是日本渔民在日本政府的鼓励下以“科学考察”为借口进行的，是世界各国少见的大规模商业捕鲸活动，甚至是残酷的商业捕杀行为。据悉，日本的市场、餐馆每年售出 2 000 多吨鲸肉。国际爱护动物基金会的报告说，日本市场销售多种濒危鲸种，包括座头鲸、长须鲸和灰鲸等。只是为了满足口腹之欲，日本不顾国际社会和绿色和平组织的抗议，大肆捕杀鲸鱼，给海洋生态平衡造成了极大破坏。

我国青藏高原上的藏羚羊有着“高原精灵”的美誉，属于国家一级保护动物，被列入《濒危野生动植物种国际贸易公约》。然而，国际市场对藏羚羊羊绒的需求，使藏羚羊陷入了灭顶之灾。藏羚羊羊绒轻软纤细，弹性好，保暖性极强，被誉为“羊绒之王”。也因其昂贵的身价被称为“软黄金”。用藏羚羊羊绒做成的“沙图什”（Shahtoosh）是一种美丽华贵的披肩的名称。一条长 1～2 米，宽 1～1.5 米的沙图什的重量仅有百克左右，轻柔地把它攥在一起可以穿过戒指，所以又叫“指环披肩”。这种披肩已成为欧美等地贵妇、小姐显示身份、追求时尚的一种标志。我国国内没有对“沙图什”披肩的需求，我国海关也从未出口过一两藏羚羊羊绒，但国际上每年藏羚羊羊绒的贸易额却高达上千万美元。1996 年，在伦敦一条藏羚羊羊绒披肩的售价可达 3 500 英镑。正是西方贵族们对高贵的“沙图什”的需求和此产生高额利润的驱使，使藏羚羊的家园变成了一个屠宰场。

“没有买卖就没有杀害”，姚明“拒食鱼翅”的公益广告很震撼人心。在异化消费心理的驱使下，人们以食用稀缺鱼翅的方式来炫耀自己的社会地位和经济实力，这导致在世界许多地区出现了血腥的鱼翅交易。大量捕杀海洋生态系统金字塔顶端的鲨鱼，会导致大量中小型鱼类失去天敌而数量暴增，从而严重扰乱整个海洋生态平衡。

（2）资本主义消费异化对自然资源的破坏。资本主义的炫耀式消费，根本不考虑自然资源的有限性问题，疯狂的“消费机器”的不停转动给自然资源带来了毁灭性的伤害，这样的消费势必导致对自然界的掠夺式开发，加速自然资源的枯竭。这里，以汽车的异化为例来说明这个问题。追求“汽车社会”，崇拜“汽车文化”是资本主义消费社会的一个显著特征。自从 1886 年德国人卡尔·本兹制造出世界上第一辆汽车以后，在不到 100 年的时间里，汽车已经成为了许多人生活中的主宰，以美国为代表的发达资本主义国家可以说早已进入了“汽车社会”。汽车的普及极大地促进了人类社会的经济发展，极大地改变了人们的生产和生活方式。一时间，汽车成为了人们地位的象征，它代表着财富、舒适、权力、威信和速度。这样，汽车的异化现象就出现了，原本给人们带来方便的汽车，现在却给人们带来了许多问题，人们用“车奴”来说明这种现象。这时，与其说人们买的是汽车，倒不如说买的是面子，是名牌车给车主带来的面子上的荣光。在此意义上，汽车消费就演变成了一种“地位消费”，对汽车的崇拜也变成了对身份的崇拜。

更为严重的问题是，汽车制造是资源密集型产业，汽车生产比其他任何产业都要消耗更多的自然资源。有数据显示，汽车使用着世界钢产量的 20%，铝产量的 10%，锌产量的 35%，铅产量的 50%，所有天然橡胶产量的 60%。同时，世界全部石油的 1/3 以上是汽车消耗的。可以说，汽车对燃料的消耗成了无情吞噬地球石油资源的无底洞。美国、加拿大、日本、西欧等地生产的汽油还不到全球供应量的 1/4，但他们每年合计消费的汽油却远远超过世界汽油产量的一半。

资本主义国家在餐饮上的奢靡消费也消耗了大量的自然资源。美国学者杜宁在《多少算够》一书中列举了许多事实来说明这个问题。他说："北欧人吃着从希腊运来的莴苣；日本人成吨地食用着澳大利亚的鸵鸟肉和空运来的美国樱桃；美国人食用的葡萄的 1/4 来自于 7 000 千米以外。在智利，人们饮用的橘子汁的一半来自巴西；欧洲人从遥远的澳大利亚和新西兰获取水果，甚至装饰消费者阶层桌子的花卉也来自遥远的地方。欧洲人冬天的供应物品是从肯尼亚的农场空运来的，而美国冬天的供应物品则是从哥伦比亚空运来的。"[①]在这样一个暴殄天物的消费社会，食品和饮料的加工、包装、运输和储藏全都是以加重地球负担的方式完成的。过分的加工和包装保护了食品免于腐败和污染，但此举也加重了供养人们的生态系统的负担，因为冷冻食品通常比新鲜食品需要多耗费 10 倍多的能量。为消费者阶层过分包装食物消费了大量的金属、玻璃、纸张、木材和塑料等资源。在美国，其生产的 1/4 的铝用来制造罐头食品，而生产铝需要消耗大量的电能，并且几乎铝材包装罐的一半是以填埋的方式处理的。事实上，美国以罐头盒形式扔掉的铝几乎比世界主要资本主义国家为各种目的消耗的铝的总和还要多。

（3）资本主义消费异化对生态环境的破坏。资本主义消费在消耗大量自然资源的同时，也带来了日益严重的生态环境问题。资本主义消费异化的破坏力在于它给世界树立了一个"坏榜样"，使资本主义消费文化在世界范围得到扩展、传播和认同。许多发展中国家也在欣赏、崇拜并追随这样的消费理念，而这给地球造成了毁灭性的破坏。例如，对汽车的崇拜也开始在我国盛行，但这是行不通的。我国如果按照美国方式每个家庭拥有 1～2 辆汽车，每辆汽车的汽油消费量也与美国相当，那么，我国一天需要 8 000 多万桶原油，比目前世界每日 7 400 万桶原油的产量还要多。显然，西方汽车发展的模式不适用于我国。道理很简单，因为世界上没有可供其使用的足够多的石油资源。

更为严重的是，汽车是造成大气污染的移动污染源。汽车的排放物主要是碳氢化合物、一氧化碳和氮氧化物。日本大气中二氧化碳的最大发生源是家用轿车。20 世纪 40 年代美国洛杉矶发生"光化学烟雾事件"以来，世界上许多国家的大城市都发生过由于汽车尾气排放而造成的严重的大气污染事件。汽车尾气严重影响人类的健康，即使是微量的一氧化碳被人体吸入，也可能给人体造成可怕的缺氧性伤害。

---

① 艾伦・杜宁：《多少算够》，长春：吉林人民出版社，1997 年版，第 85 页。

轻者眩晕、头痛，重者脑细胞受到永久性损伤。汽车排放的铅可伤害人的神经系统，还会积累于骨骼中；如落在土壤或河流中，会被各种动植物吸入而进入人类的食物链。人体内积蓄一定量的铅，会导致铅中毒，出现贫血、肝炎、肺炎、肺气肿、心绞痛、神经衰弱等多种症状。

消费异化的一个重要表现就是过度包装和塑料袋广泛使用而导致的“白色污染”。在面子消费、炫耀消费中，人们看中的是商品的包装，为了迎合消费者的这种心理，资本家对商品采取了过度包装和豪华包装，浪费了大量木材、纸板、金属、塑料等原材料。体积增大的商品在运输过程中又耗费了大量汽油，排泄了大量的汽车尾气，处理废弃包装物也导致了严重的生态环境问题。这里仅以塑料袋为例来说明消费异化对环境的破坏。塑料袋在面世后的 100 多年时间里，经历了从“白色革命”到“白色污染”的蜕变，从人类的宠儿变成了人人喊打的“过街老鼠”。1902 年 10 月 24 日，奥地利科学家马克斯·舒施尼在以塑料为原料的基础上发明了塑料袋，这在当时被称为“白色革命”。塑料袋的面世迎合了人们疯狂消费的需要，它既轻便又结实，人们外出购物时顿感一身轻松，塑料袋渐渐成为了人们生活中不可替代的必需品。然而，好景不长，塑料袋的命运在人们注重环境保护的今天发生了逆转，塑料袋成为了“人类最糟糕的发明”。因为，无处不在的塑料袋形成了今天令人头疼的“白色污染”。塑料是从石油或煤炭中提取的化学石油产品，一旦生产出来就很难自然降解。填埋进土壤的塑料袋很难被分解，而且受到热辐射等的影响会产生有害物质——氯化氢，污染土壤和地下水，从而影响农作物吸收养分和水分，导致农作物减产。很多国家都采取焚烧或再加工制造的办法处理废弃塑料袋，但废弃塑料袋在焚烧或再加工时会产生致癌物质：一时间塑料袋成为了“白色怪物”而“人人喊打”。

（4）资本主义消费异化对人性的破坏。资本主义消费异化不仅具有反生态的特征，而且具有反人道、反人性的特征，因为它浪费了人类赖以生存的自然资源，破坏了人类得以栖居的生态环境。异化的消费者毫不珍惜自然资源，甚至浪费成性，暴殄天物。社会中弥漫的奢靡之风腐蚀着人们的心性，啄食着人们的良心。这样的人感染了嫉妒攀比的“心理病毒”，恨不得天下之物皆归他有。在消费时，这些人关注的只是个人的爽快惬意，是财富的炫耀、地位的显耀、威权的树立和唯我独尊的陶醉。其实，透过这种表面的喧嚣，这些异化了的消费者除了在购物、消费、扔掉、浪费中挣扎之外，仍然感到内心的空虚和时时袭上心头的忧伤。这些人整天浸泡在林林总总的商品中，但物质世界的富有与精神生活的贫乏所形成的强烈反差时刻炙烤着人的心灵、肢解着人的自然本性，这导致了人格的分裂、道德的堕落。从这个意义上讲，异化消费在毁灭自然的同时，也在毁灭着人类自身。

6.2 人的满足最终在于生产活动而不在于消费活动

资本主义的生产方式导致了消费异化的不可避免性，而这种异化的消费给自然资源和生态环境造成了重大伤害。资本主义信奉的“不消费，就衰退”的经济理性决定了“生态资本主义”的不可能性，也反映了消费至上主义对人性的摧残、对人类劳动创造能力的蔑视。所以，消费问题，特别是消费异化问题就进入西方马克思主义和生态学马克思主义的理论视野中，其中法兰克福学派的马尔库塞和弗洛姆对资本主义消费异化的批判，对生态学马克思主义理论家阿格尔和威廉·莱斯的“资本主义消费异化”理论影响很大。

他们一致的看法是：资本主义社会不是一个“健全的社会”，而是一个普遍异化的病态社会，消费领域发生的异化表明，消费已经超越了传统的经济学范畴，成为一个社会学、政治学意义上的范畴，它的功能得到了泛化，从单纯的经济行为演化成为了政治行为。消费异化表明把资本主义社会粉饰为一个“健全的社会”，消解了社会大众对资本主义社会的反抗情绪，遮蔽了社会差别的鸿沟。因此，在这些理论家看来，消费异化的存在决定了资本主义的不可持续性，无论是“绿色资本主义”，还是“生态资本主义”都是一个欺世的“梦幻”。消费异化的尖锐性必将导致人与人的矛盾和人与自然的矛盾的激化，消费异化将成为未来社会革命的突破口和导火线，大规模的群众运动将直接或间接地起源于由消费领域产生的生态危机。

6.2.1 劳动创造与人的满足

在生态学马克思主义理论家中，威廉·莱斯的《满足的极限》是一部批判资本主义消费异化的重要著作。针对资本主义社会流行的“消费就是满足，消费就是一切”的社会心理，莱斯提出了“人的满足最终在于生产活动而不在于消费活动”的著名论断。他认为，与资本主义社会消费至上的理念不同，未来社会变革所形成的新理念是：人们获得满足的可能性将主要在于人们的生产活动，而不是像今天的社会那样主要在于消费活动。劳动生产活动体现出人的伟大，展示人的主体性和创造性，能够在最高和最本真的意义上满足人的需要；而物质消费只能满足人们的一时之需，这样的满足是渺小的、卑微的。在莱斯看来，资本主义社会这种重占有、轻生存，以消费的数量和规模来衡量和确定个人幸福的非理性行为，恰恰是当代资本主义社会异化的最重要的特征。在这样一个消费品越来越多、人们的消费欲望越来越强盛的社会中，社会的评价机制仅仅根据人们的消费来衡量人们的满足程度，消费的越多、越快就意味着满足程度越高，消费者就越有“面子”，越有“派头”，这是资本主义社会机体病入膏肓的表现。

莱斯认为，在资本主义社会人们疯狂消费不仅不能满足人们的正常需求，反而会因物而累、被物所惑，在对消费品的追逐和崇拜中，人们渐渐沦为“物奴”“商品奴”。在资本主义社会异化普遍存在的状况下，人们在机械化、程序化和碎片化的社会中生存，很难在工作、劳动中发挥自己的主观能动性和创造性，处处感到无奈和被边缘化，丝毫没有尊严、没有成就感。这样，资本主义消费领域的花花世界就引起了人们的注意，似乎唯有在消费领域中人们或多或少才有了“自由”的感觉，在癫狂的刷卡购物中、在疯狂的挥霍中、在对大量消费品的占有中，消费者俨然有了当“主人”的感受，仿佛在购物中有了“尊严”和“荣光”。但是，异化的消费无异于“饮鸩止渴”，高消费不能给人们带来真正的快乐。因为，资本主义消费社会把人们的一切愿望和追求都引向消费领域，但随着社会允诺的满足范围的缩小，人们的焦虑和失落感将会加剧。

在莱斯看来，社会进步的一个重要标志是：除了消费活动领域之外的其他活动，特别是劳动和交往活动，同样可以确立人的满足感和幸福感。人们的需求是全方位的，满足这些需求的手段和方法也可以是多种多样的。

劳动是人类的本质活动，这是马克思主义关于人的本质的一个重要论断。劳动不仅创造了人本身，而且通过一定的创造物使人的本质力量得到确认。人们在劳动中获得的满足与快乐是真实的、持久的。劳动本来就是人的存在方式，是人的对象性的活动。劳动不仅创造了人而且锻炼了人，人类的体力和脑力的提升都是在劳动中获得的。在劳动活动中，人们可以从自己的劳动产品中感受到主体的创造力和审美力。人们在把玩、欣赏、品评自己的劳动产品时内心的充实和愉悦既是不可言喻的，也是不言而喻的，面对着自己亲手劳动创造出的“杰作”，劳动者深深地感到了劳动的价值和创造的尊严。

人的现实本质是一切社会关系的总和。这是马克思主义关于人的本质的又一个重要观点。这说明社会关系和社会交往对人的存在与发展是十分重要的，社会交往也是满足人们需求的重要途径。与消费社会不同，交往社会是基于人与人之间的自主和自尊的交往，也是基于人同自然环境的交往。在社会交往中，满足人们的手段是丰富多彩的。人们通过交友、聊天、旅游、体育锻炼、学习、写作、读书、上网、文艺表演、尊老爱幼、保健、园艺、种菜、小发明、小革新等活动同样可以获得极大的满足，在劳动和交往实践中的每一次能量的释放都可以满足人们的某种需要。所以，只要满足的手段主要取决于人们本身能做的事情，而很少依赖商品和消费，那么这些丰富的手段也能满足人们的需要。

6.2.2 消费悖论——“破碎了的期望的辩证法”

在生态学马克思主义理论家中，阿格尔第一次明确了“异化消费”的概念，他指出：“异化消费是指人们为了补偿自己那种单调乏味的、非创造性的且常常是报酬不足的劳动而致力于获得商品的一种现象。”[①]消费的本来意义在于为人们提供一种更满足、更舒适的生活，通过合理的消费，人们会感到人类创造力的魅力，能品尝到生活的甘露，人的主体性地位和尊严可以得到极大的满足。这样的消费就是有意义、充满着人情味的真实的消费。但在资本主义社会中，“消费”这个生活层面上满足正常需求的行为被歪曲了，“变味”的消费已经遮蔽了消费本来的意义。在高度机械化、自动化的资本主义工厂中，工人在固定的生产线上，在僵硬冰凉的操作程序面前是那样的无奈、麻木，他们日复一日、年复一年地重复着单调乏味的动作，这样的劳作是机械的、呆板的，这种缺乏创造性和兴趣感的劳动使工人们的主体性、能动性受到严重的压抑。这样，工人们就只能从消费中获得可怜的快感。从表面上看，似乎在消费中工人们是“自由的”“能动的”，他们可以消费这个，也可以消费那个；可以在这里消费，也可以在那里消费；可以今天消费，也可以明天消费。但实际上，情况并不是这样。因为在资本主义社会中，消费是被铺天盖地的资本家的广告所掌控、所引诱的，人们的消费逃不出资本家布置的“消费陷阱”。所

① 阿格尔：《西方马克思主义概论》，北京：中国人民大学出版社，1991 年版，第 494 页。

以，在阿格尔看来，这种“无止境的消费只是对这种劳动的一种暂时逃避。”[①]

资本主义异化消费表现为一种“跃迁”的特征，它已经从经济领域进展到社会政治领域，人们赋予了消费过多的社会政治意义，它成了异化劳动中失去自由的人们可以享受“自由”的“根据地”，成了人们逃避现实痛苦和精神郁闷的“伊甸园”。与此同时，资本主义消费所具有的政治功能和控制功能也引起了统治者的注意，统治者正是通过对消费行为的引导，使之成为控制社会的新的政治工具。

资本主义消费异化的总根源在于劳动异化和资本主义社会异化的普遍化。虽然由于科学技术的发展、社会文明程度的提高，人们的生活水平也有了较大的提高，工作方式和环境有了较大改善，但是，异化劳动的“破碎化”、被动化和非主体化等特征依然存在，人们仍然像逃避“瘟疫”一样逃避劳动，因为这种异化的劳动对劳动者来说，依然是痛苦的、外在的、被动的、机械的、单调而无聊的。人们在劳动中没有自由、没有欢愉，有一种类似于“器物化”的感觉。于是，人们追求自由的本性便促使人们到消费领域去寻觅主体的感觉和呼吸“自由”的空气。人们“在劳动中缺乏自我表达的自由和意图，就会使人逐渐变得越来越柔弱并依附于消费行为。”[②]消费异化使人们陷入了“温柔的消费陷阱”，人性颠倒、自主性断裂，人变成了仅具有贪婪占有欲望的“消费人”，人与消费品的原有关系被彻底颠倒了。

正如马尔库塞指出的：“人们在他们的商品中识别出自身；他们在他们的汽车、高保真度音响设备、错层式房屋、厨房设备中找到自己的灵魂。”[③]人们在“物质富裕”的社会中，体验到的却是“精神痛苦”，为了排遣这种痛苦，人们便疯狂地消费。弗洛姆认为，在异化的消费中，人们消费某些物品不过是为了占有它们，因为对这些商品的占有和消费本身就具有“炫耀作用”，可以表现消费者的社会地位和身份。例如，人们在吃面包时，实际上是在“吃”一种幻觉；喝饮料时，“喝”的是商标，是美国人的生活方式。这样，“我们的味觉，我们的身体，这些与消费本身相关的部位却与消费的行为相分离。”[④]这种消费者只能是被动的、异化了的消费者。弗洛姆进一步分析到：“对待消费的异化态度不仅表现在我们对商品的寻求及

---

① 阿格尔：《西方马克思主义概论》，北京：中国人民大学出版社，1991 年版，第 496 页。

② 阿格尔：《西方马克思主义概论》，北京：中国人民大学出版社，1991 年版，第 493 页。

③ 马尔库塞：《单向度的人》，重庆：重庆出版社，1988 年版，第 9 页。

④ 弗洛姆：《健全的社会》，贵阳：贵州人民出版社，1994 年版，第 105 页。

消费中，而且远远超乎于此，决定着我们的闲暇安排。”[①]人们“消费”球赛、电影、报纸、杂志、书籍、讲座、自然景色、社会集会，就像消费商品一样采取的都是异化了的抽象方式。在这样的消费中，消费的本来意义已经荡然无存，取而代之的是在一种病态心情的驱使下，对消费品的放肆的占有和索取。于是，在日常生活中，一幅幅怪诞的“市井图”就出现了：“如果我有钱，即使我对艺术没有鉴赏力，我也可以得到一幅精美的绘画；即使我不懂音乐，我也可以买最好的留声机；我可以买下一座图书馆，尽管只是为了炫耀；我可以买学问，尽管除了作为附加的社会资产之外这学问别无他用。我甚至可以毁掉买来的绘画或书籍，因为除了金钱损失之外，我一无所失。只要有了钱我就有了权，得到我所喜欢的任何东西并随意处置它们。”[②]弗洛姆刻画得真可谓入木三分，把消费异化的各种表现揭示得栩栩如生。

在生态学马克思主义理论家看来，这种异化的消费只不过是对真正自由的歪曲反映，异化的消费是对人们所从事的日益令人讨厌的不能自我实现的劳动的一种补偿。从表面上看，资本主义国家的人们只要有钱，就可以自由地消费，但实际上，“在这些商品和服务之间进行自由选择并不意味着自由。”[③]因为，在异化消费中，与在异化了的劳动中一样，人们同样是不自由的、被动的。铺天盖地的广告，表达着资本家的意图，操纵并控制着大众的消费模式。阿格尔把这样的需求称为“虚假的需求”。在他看来，商品具有灌输和操纵的作用，所以，这种消费只能是“强迫性消费”或“受操纵的消费”。人们的消费趣味被资本家操纵着。在这样的消费和闲暇生活中，哪有什么自由和享乐可言？

阿格尔在分析了资本主义社会异化消费的表现之后，又尖锐地指出了异化消费所具有的社会政治功能。

（1）阿格尔明确提出了“异化消费的政治作用”这个问题，在他看来，异化消费增强了大众对资本主义制度的依赖感，有利于统治阶级对社会的控制。在当代资本主义社会，统治阶级对社会的控制是全方位的。通过消费的手段达到控制社会的目的，是发达资本主义社会常见的现象。人们常说“欲壑难填”，在消费的领域尤其如此。所以，统治者调动一切手段来刺激大众的消费欲望：新产品的广告铺天盖地，商品说明会、展览会、品尝会接二连三，种种促销的高招层出不穷。人们不断

① 弗洛姆：《健全的社会》，贵阳：贵州人民出版社，1994 年版，第 107 页。

② 弗洛姆：《健全的社会》，贵阳：贵州人民出版社，1994 年版，第 103 页。

③ 马尔库塞：《单向度的人》，重庆：重庆出版社，1988 年版，第 8 页。

地陶醉于购物的狂喜和物欲的沉湎中，潜移默化地增进了对资本主义社会制度的依赖感。正如马尔库塞指出的："统治者所能提供的消费品越多，下层人民对各种占统治地位的官僚们的依附，也就越牢固。"[①]

（2）消费异化遮蔽了资本主义社会基本矛盾的种种表现，转移并消解了大众对社会现实的不满情绪。在消费异化的社会中，"如今人人都快乐"成了人们的普遍共识，人们的"虚假需求"在异化消费中得到了极大的满足。这样就形成了一种这样的"共同认知"：能提供充沛消费品的社会，就是一个健全的社会。这种"社会认知"分散了人们对社会政治问题的注意力，转移并消解了人们对社会制度的不满情绪。阿格尔明确地指出：资本主义国家要保护自己的公共合法性，其办法就是向个人消费者提供几乎是源源不断的商品。在资本主义社会发展过程中，"对消费实行操纵和调节业已延长了的资本主义制度的寿命。"[②]

（3）消费异化腐蚀了工人阶级的革命锐气，使工人们在异化的消费中变成了商品的奴隶，成为"单面人"式的"拜物主义者"和"消费主义者"，从而忘记了自己的历史使命——这是消费异化造成的最为严重的恶果。

马尔库塞认为："资本主义初期的无产者，的确是负重的牛马，以自己的体力劳动获取生存的必需品和奢侈品，同时又生活在肮脏和贫困中。因此，他们曾经是他们社会的活生生的否定力量。相反，在技术社会的先进地区，被组织起来的工人身上的这种否定性却非常不明显了。"[③]工人阶级拥有的批判精神和否定意识为什么会丧失？他们为什么会被资本主义社会"同化"和"融合"，这在很大程度上是异化消费的结果。在马尔库塞看来，正是由于商品的丰饶，使得"消费面前人人平等"成为可能。这样，工人和他的老板就可以享受同样的电视节目并游览同样的娱乐场所；打字员也能打扮得像她的雇主的女儿一样花枝招展；黑人挣的钱也同样可以买到与他老板一样的汽车、一样的住宅。工人的消费欲望在得到极大满足的时候，他们怎么会感到有进行革命的必要呢？生活在异化消费社会中的工人阶级已经不同于他们的父辈了，他们曾经的革命激情已经被消费的狂热所取代，他们已经不再是资本主义的"掘墓人"，而是普普通通的"消费者"了。

在这方面，阿格尔的论述具有代表性。他从理论的层面上分析了在当代资本主

① 马尔库塞：《单向度的人》，重庆：重庆出版社，1988年版，第38页。

② 阿格尔：《西方马克思主义概论》，北京：中国人民大学出版社，1991年版，第493页。

③ 马尔库塞：《单向度的人》，重庆：重庆出版社，1988年版，第24页。

义社会，挥霍性的过度生产和过度消费导致未来社会革命的可能性。他明确提出了“破碎了的期望的辩证法”（the Dialectic of Shattered Expectation）理论。阿格尔看到，在消费品充沛的资本主义社会，人们对消费品的占有似乎是顺理成章的，人们普遍存在着一种社会共识，那就是：消费品的供给是源源不断的，人们用不着为消费品的“匮乏”而担忧。但是，人们在通过高消费来寻求满足的同时，就对业已脆弱的生态系统造成了巨大的压力。自然资源的有限性将导致生产的萎缩和消费品的匮乏，人们已经习惯了的消费方式不得不改变，膨胀起来的消费欲望将得不到满足。正如阿格尔所说的：“人们对永远丰裕这一许诺的期望将被刚出现的生态危机无情地粉碎，因为要应付这种危机，工业生产就必然会下降。”①这样，消费者对资本主义的期望破灭了，他们会直接地反抗现存的社会制度。这种发生在消费领域的危机，使人们从“虚假需求”的幻想中惊醒，迫使人们重新反思什么是人的真实需求？什么样的消费才是真正的消费？人与自然的真实关系应该是怎样的？这种反思的结果，必将促使人们转变消费观念，努力克服消费异化。消费领域的变革，势必导致社会其他领域的变革，因为“期望破灭了的辩证法会使人们重新形成自己的价值观和愿望。”②所以，阿格尔明确指出：“正是在我们称为破碎了的期望的辩证法的动态过程中，我们看到了进行社会主义变革的有力的动力。”③资本主义的异化消费导致了严重的生态危机，而生态危机是加害于全体民众的，生态环境的受害者势必会产生变革现实的政治冲动，人们就会开始怀疑资本主义制度，开始对资本主义“消费天堂”的神话产生深深的质疑。这样，从消费异化角度批判资本主义，论证“生态资本主义”不可能性的理论路径就会呈现在人们面前了。

6.2.3 从异化消费走向文明消费

资本主义异化消费产生的诸多问题表明了这种消费模式的不可持续性，人们呼唤着文明消费的新举措，憧憬着消费方式的生态化。消费不单纯是经济行为，它也是道德行为，以什么样的消费方式为依据？为什么消费？怎样消费？这些都关涉到消费者的道德素质，反映着消费者的个人素养。正如马克思所说的：“消费生产出

---

① 阿格尔：《西方马克思主义概论》，北京：中国人民大学出版社，1991 年版，第 496 页。

② 阿格尔：《西方马克思主义概论》，北京：中国人民大学出版社，1991 年版，第 497 页。

③ 同①。

生产者的素质，因为它在生产者身上引起追求一定目的的需要。”[①]消费目的反映着消费者的教养程度和文明素质，文明的消费者在消费时会顾及消费行为的社会责任和生态责任。在生态文明时代，异化的消费方式应当遭到唾弃，人们在行使消费权益时，应该更多地考虑到生态消费、绿色消费、低碳消费和可持续消费，这是生态文明时代的“生态人”——区别于资本主义时代的“经济人”——在消费上所展示出的生态自觉。

消费行为反映了消费者的文明程度。马克思指出：“因为要多方面享受，他就必须有享受的能力，因此他必须是具有高度文明的人。”[②]消费异化的人是“重占有”的人，是沉溺于物质享受和商品崇拜中的人，这些人的需要过多是物质层面上的，这与动物的需要没有本质的区别。他们信奉“消费越多越幸福”的原则，仅仅耽于物欲的人不需要高度的文明，这是仅靠本能就能够完成的事，所以，异化的消费者是消费上的“野蛮人”。相反，追求多方面享受的人，一定是具备了享受能力的人。马克思就说过：“从主体方面来看，只有音乐才能激起人的音乐感，对于没有音乐感的耳朵说来，最美的音乐也毫无意义。……只是由于人的本质的客观地展开的丰富性，主体的、人的感性的丰富性，如有音乐感的耳朵、能感受形式美的眼睛。总之，那些能成为人的享受的感觉，即确证自己是人的本质力量的感觉，才一部分发展起来，一部分产生出来。”[③]所以，人的需要与动物的需要存在着本质差别，精神需要、文化消费、艺术赏析是人的消费的重要内容，而能够真正陶醉在精神消费中的人，一定是具备了享受能力并具有相当高的文化水平的人，这样的人必须是具有高度文明的人。

文明的人应当具有文明的消费理念，生态文明建设更需要培养人的崭新的生态化的消费模式。这一点在中国共产党的执政理念中都有所体现，党的十七大报告明确提出：建设生态文明要基本形成节约能源资源和保护生态环境的消费模式。党的十八大报告也要求：加强生态文明宣传教育，增强全民的节约意识、环保意识、生态意识，形成合理消费的社会风尚，营造爱护生态环境的良好风气。

合理消费反映了消费者的文明程度和学识素养，合理消费应当做到：

（1）在消费的意义上，杜绝异化消费、炫耀消费，不以消费品的新、奇、特、

---

① 《马克思恩格斯全集》第 46 卷（上），北京：人民出版社，1979 年版，第 30 页。

② 《马克思恩格斯全集》第 46 卷（上），北京：人民出版社，1979 年版，第 392 页。

③ 《马克思恩格斯全集》第 42 卷，北京：人民出版社，1979 年版，第 126 页。

贵等特征来展示消费者个人的地位、价值、尊严、能耐。让消费回归其本然的内涵和原本的意义。

（2）在消费的数量上，要倡导合理消费、适度消费。要斩断“更多”与“更好”之间的联系，把“更好”与“更少”联系起来。合理消费就是要树立“更多并不意味着更好”的消费共识，倡导“足够就行”“知足常乐”的消费取向，改变“不消费就衰退”的错误观念。人们应当牢记印度圣雄甘地的警告：地球能满足人类的需要，但满足不了人类的贪婪。

（3）在消费的模式上，力行文明消费，抵制非理性消费；提倡正当消费，批判奢靡消费；回归本真消费，唾弃“面子消费”。一切败坏社会风气、污染生态环境的消费，都是恶性消费。我们应当树立“物质简单些，精神丰富些”的消费理念和科学合理的消费模式，扩大消费的范围，增强精神消费的能力，把人的身心健康和文明素养的提升看成是合理消费的终极追求和意义所在。

（4）在消费的内容上，要大力倡导绿色消费、生态消费。我们对消费要有敬畏感，消费时要充分考虑自然界的承受能力。人的消费源于自然界，所以要充分考虑自然资源的阈值，即消费的产品和数量要在自然资源允许的范围内，不但要顾及当代人的消费需要，也要充分考虑后代人的消费需要。人的消费来自于自然界，所以要顾及生态环境阈值，即人的消费肯定会产生垃圾和废物，要充分考虑它们对生态环境的污染，要正确评估自然界的环境自净能力，减轻消费给生态环境造成的压力。

现实的资本主义将商品的使用价值从属于交换价值，把消费视为推动经济腾飞的“火箭”，资本家为了赚取高额利润，通过各种手段和方式刺激人们的消费欲望，把消费变成了不可控制的“巨型魔兽”。这种异化的消费不仅玷污了社会风气，而且也耗尽了地球资源，产生了大量的消费垃圾，处理它们同样也耗费资源并面临着严峻的环境风险。所以，资本主义的消费模式决定了“生态资本主义”的不可能性。

第7章

技术能拯救资本主义生态危机吗?

在资本家为“生态资本主义”的所有辩护中，有一个观点是他们津津乐道的，那就是：科学技术的进步可以解决生态环境问题，可以解决人类面临的能源危机。在他们看来。科学技术的发展可以突破地球自然资源有限性的瓶颈，为资本扩张铺开无限延展的“康庄大道”。同时，资本家也看到，现代科学技术有“绿化”的趋势，生态技术的发展可以解决生态环境危机，使资本主义可持续发展。其实，就资本主义生产方式而言，科学技术首先是为资本增殖服务的，是资本博弈的手段，资产阶级政府和资本家集团对技术的选择是出于对统治的考虑和对经济的衡量，科学技术充当了资本主义统治的新工具，绿色技术成为了资本家赚钱的新招牌。而科学家总是向人们许诺说，他们将会发明某种新的技术来解决当下的环境污染问题。然而，当下许多环境污染问题恰恰是以前的技术发明造成的，“技术的报复”无处不在。例如，发明塑料后导致的“白色污染”；大剂量的DDT农药造成的“超级害虫”；效果显著的抗生素疗法增大了致病力更强的细菌的传播等。类似地，科学家承诺的新技术也必然会产生新的问题，因为技术引起了一系列隐伏的、更加难以捉摸的问题，取代了原来就存在着的一些棘手的问题。而原来的这些问题也从未被完全消除。事实上，人们如不时刻警惕，这些尖锐的问题就会卷土重来。所以，人们寄希望于新的技术发明来解决曾经的新技术带来的环境问题，可能将永远也走不出这个“成也技术，败也技术”悖论的怪圈。资本家寄希望于用新的技术发明来克服生态危机的想法可能只是“技术乌托邦”的幻象，在不改变资本主义制度的前提下，仅仅靠技术进步来拯救资本主义的生态危机也是徒劳的。

7.1 破除“技术万能论”的神话

资本主义制度及其生产方式对日益严重的生态危机难辞其咎。为了应对人们的指责和批评，资本主义政府和资本家集团往往会打出科学技术这块“挡箭牌”，通过各种媒体向人们灌输“技术万能论”，他们笃信人类面临的生态环境危机都会随着科学技术的广泛应用而“灰飞烟灭”，人们为此大可不必担忧。其实，这是一种谬论。虽然以美国前副总统戈尔为代表的技术派依然深信先进的绿色技术可以解决环境问题，但是越来越多的人开始认识到，在资本主义条件下仅靠科学技术是很难避免生态危机的。

7.1.1 不产生公害的技术是不存在的

秉持着“技术万能论”观点的人有这样一个信念：由科学技术引发的生态环境问题只是局部的、暂时的，完全可以通过科学技术的发展而得到解决。人类对科学技术的痴迷似乎已经取代了往昔对大自然的痴迷，人们陶醉在实验室的“胜利”之中，而忽视了自然界生态系统的完整性。但是，世界著名的科学社会学家贝尔纳指出：“每一项技术进展，从锄头到核反应堆，都对环境有某种程度的破坏，这是技术本身固有的属性。”[①]所以，君可见，核技术带来了“核冬天”的威胁；核废料的处理一直困扰着人们；蒸汽机技术带来了“工业黑化”现象；酸雨成为了“来自天空的杀手”；网络技术伴随着各种计算机病毒攻击的危险；汽车技术增加了雾霾天数，汽车的尾气、耗能、噪音和拥堵让人们烦不胜烦；“石化农业”依赖化肥和杀虫剂对地球生态和人类健康造成极大伤害；人类遗传基因密码破译工程一旦成功，犹如打开“潘多拉的盒子”，各种闻所未闻的恶魔和病毒将会蜂拥而至。所以，“技术的报复”现象的存在，在很大程度上使人类“要说爱你，真是件不容易的事”。

对科学技术的崇拜是启蒙精神的核心价值观，期盼着采用先进科学技术来解决生态环境问题的科学家们，仍然在践行着“技术治污”的理念。戈尔在《濒临失衡

① J. D. 贝尔纳：《科学的社会功能》，北京：商务印书馆，1982 年版，第 33 页。

的地球——生态与人类精神》一书中就提到了这样的例证。例如，在讨论温室效应时，一些科学家建议，在地球上放置数十亿块锡片，这样可以把太阳射来的阳光反射回去，以平衡现在大气层中截留的大量热量。有人还认真地提出了一个庞大的计划，要向海洋中投放含铁肥料，以刺激浮游生物的光合作用，吸收人类活动造成的过量温室气体。这两项建议体现了同样的治污思路，即为了抵消以往借助科技操纵自然造成的生态恶果而再度借助科技来操纵自然。人们不愿意对传统的操纵方式进行认真反思并加以调整，而是倾向于把同一模式下的科学技术当做解决生态环境危机的唯一方法。

“实验室是未来财富的庙堂。”——这句豪言壮语当然没有错，但工业文明时期产生的过错或罪状也源于实验室：天使和魔鬼都来自同一处。

DDT 是一种有效的杀虫剂，最初受到农民和制造商的热烈欢迎，结果却和其他农药一道造成了一场生态灾难。氟利昂是一种化学制剂，用作冰箱的制冷剂其效果极佳，但是当以氟利昂制冷的冰箱和空调被大量使用后，人们这才发现，被释放到大气中的氟利昂正在吞食着保护地球生命不受紫外线伤害的臭氧层。

所以，日本技术史和技术论专家中山秀太郎就反对技术万能论，他认为：“就本质而言，技术本身就包含着破坏自然的因素，可以说，不产生公害的技术是不存在的。因此，不论怎样改变经济结构，不论技术如何进步，都不能制止公害的发生。”①“以为科学技术什么都能解决，这是对科学技术的迷信。即使在小范围内这样考虑每一个技术也有其危险性。人类从事技术工作，总会在一定程度上破坏环境，这是无法避免的。由此可见，技术万能主义对人类安全是一种极其危险的思想。”②

他还提醒人们：“技术是用来改造自然并使之向有利于人类方面转化，显然只要使自然界发生某种变化，就会引起自然的破坏。因此不会有什么绝对安全的技术或者无公害的技术。只有当对自然破坏程度很小时，由于对人类或其他生物产生的影响微乎其微，或者由于产生的影响限制于局部范围，才使人视而不见而已。”③

其实，“自己的刀削不了自己的把”。“生态资本主义”的拥护者企图让科学技术带来的环境危机随着科学技术的进步而消解，看来只能是一厢情愿。导致资本主

① 星野芳朗：《未来文明的原点》，哈尔滨：哈尔滨工业大学出版社，1985 年版，第 24 页。

② 星野芳朗：《未来文明的原点》，哈尔滨：哈尔滨工业大学出版社，1985 年版，第 11 页。

③ 星野芳朗：《未来文明的原点》，哈尔滨：哈尔滨工业大学出版社，1985 年版，第 13 页。

义社会环境污染的原因是多方面的，其中资本理性的猖獗和社会制度的根源是带有根本性的，而并非“全是技术惹的祸”。如果在处理环境污染时，人们仅仅关注于对一些绿色技术的考量，可能就陷入了“技术万能论”的泥淖。

所以，美国著名的建设性后现代主义哲学家小约翰·柯布，在评述美国前副总统戈尔在推进美国生态运动发展时说：“我们当然很感谢阿尔贝特·戈尔，因为他的努力有助于使美国民众意识到全球变暖问题的严重性。不过，他给人留下的印象是，人们需要作出的回应只是技术上的。这似乎就是他的信念。我完全支持新技术可能带来的任何收获。它们会给我们节约许多时间。但是对于我们所面临的许多问题——沙漠化、森林覆盖率降低、冰川消融、水资源污染和不断匮乏、不可控制的基因突变、空气污染、新型疾病、动植物物种灭绝、资源枯竭等等，这种特定的回应仍是不够的。它们只不过延缓了全球灾难爆发的运动进程。我们需要的，不仅仅是技术（技术有时带来的问题比其解决的问题还要多些），我们还需要改变或改善我们看待世界的方式和最深层的敏感性。”[①]

小约翰·柯布还谈到，现在美国人正在觉醒，他们认识到要保护环境，有必要改变自己的生活方式。然而，人们仍在试图以不痛不痒的方式做些小小的改变，但是这些微小的改变也会因为影响到公司的利润而受到最有实力的公司的抵制。所以，人们在环保上比较现实的做法，就是期望技术进步。人们认为技术进步将会减少环境污染和资源消耗，有利于克服“温室效应”，减缓全球气候变暖的速度。不可否认，这些科学技术上的进步都有好处，但是存在着这样的风险，即科学技术上的有限成功会把人们的注意力从深层的变化中转移出来：人们高度关注于科学技术的生态化转向，而忽视了对导致生态危机的更深根源的挖掘，忽视了从社会整体进步的角度来克服生态危机。[②]

7.1.2 技术崇拜：一种潜在的危险

技术崇拜是人类启蒙理性的“杰作”，它在人类工业化和现代化的进程中扮演着十分重要的角色。技术在改造自然方面的“节节胜利”，使其拥有众多的“粉丝”，技术崇拜的“幽灵”一直在我们身边徘徊。然而，对技术的非批判性崇拜可能导致

① 小约翰·柯布：《生态与生态文明》，载《马克思主义与现实》2007年第6期，第21页。

② 小约翰·柯布：《论生态文明的形式》，载《马克思主义与现实》2009年第1期，第4页。

很大的风险，这不是危言耸听，而是技术属性内在矛盾的表现。因此，风险理论，尤其是技术风险问题引起了理论界的高度重视。德国社会学家乌尔里希·贝克教授的风险理论认为：“风险的来源不是基于无知的、鲁莽的行为，而是基于理性的规定、判断、分析、推论、区别、比较等认知能力；它不是对自然缺乏控制，而是期望对自然的控制能够日趋完美。在今天看来，科技不仅仅具有正面作用，同样相伴而生的是它的负面危害。今天的科技成为了一种潜在的危险，这种危险不仅仅在今天刚刚产生，而是相伴科技而产生的，以前这些危险不是没有而是表现的数量相对较少，故而没有引起人们的足够重视。‘风险’本身并不是‘危险’或‘灾难’，而是一种相对可能的损失、亏损和损害的起点，而在这个疆界消逝的科技全球化时代，风险也就必然会全球化”[①]

科学技术的负面效益所产生的生态风险已经是一个不争的事实。卡逊在《寂静的春天》一书中所揭示的“杀虫剂”演变为“杀生剂”的实例，就是对盲目的技术崇拜的批判。生态风险的存在促使人们质疑“科学能打理一切”的神话。

伽达默尔在《科学时代的理性》一书中对发生于 18 世纪的人类第一次启蒙进行了深刻的剖析。他认为，18 世纪的启蒙主要表现为实验科学的兴起、理性地位的确立和方法论的创新。按照康德对启蒙的理解，“启蒙”就是使“人从自己造成的不成熟状态中走出来的过程”。因此，只有经历启蒙，人类才能够超越自身的不成熟状态而臻于真正的成熟。经过启蒙时代的洗礼，人们视理性为合理，视科学为正确。

但是，20 世纪 50 年代以来，“启蒙的辩证法”出现了。什么叫启蒙的辩证法？西方马克思主义理论家霍克海默和阿多尔诺给予了深刻的阐述。在他们看来，“启蒙的辩证法”就是指启蒙的蜕变，就是那个旨在征服自然和把人类理性从神话镣铐下解放出来的启蒙运动，由于其自身内在的逻辑而转到了它的反面。他们所说的“启蒙”，并不是专指 18 世纪发生在西欧的启蒙运动，而是泛指那个把人类从恐惧、盲从和迷信中解放出来和确立其主权的最一般意义上的进步思想。启蒙精神追求一种使人能够统治自然的知识形式。在这个过程中，理性最初是作为迷信神话的解毒剂出场的，但到后来，它本身却演变为一种新式神话。启蒙的异化使之走向反面，曾经反对迷信的理性，成为新的迷信；曾经解放人类的科学，成为了统治人们的新工

① 薛晓源：《全球风险社会：现在与未来——乌尔里希·贝克教授访谈录》，载《马克思主义与现实》2005 年版第 1 期。

具；曾经被挑开的思想中的“白内障”，又因为人们对技术的崇拜、对科学的盲从而成为人们思想中新的“白内障”。

所以，霍克海默、阿多尔诺、贝克、伽达默尔等许多思想家都认为，我们必须对 18 世纪以来的启蒙运动进行“再启蒙”，进行“再反思与再批判”。其中一个重要内容就是倡导第二次启蒙，即生态启蒙。生态启蒙就是要认识到我们面临的世界是一个风险的世界，人们要对奉为圭臬的科学与技术的神话进行批判与反思，把握和厘定科学技术的使用范围和程度。

生态启蒙是人们面对生态环境危机的新觉醒，是人们在生态文明的感召下理性成熟的新状态。坚守生态启蒙，就是希望人们从技术万能论和极端人类中心主义的“美梦”中惊醒，破除人们习以为常的神话。

（1）从生态理性的视角来看，人们应当破除“自然资源无限性”的神话。自然资源是有限的，无论是已探明的资源，还是尚未探明的资源，对于人类的持续索取来讲都是有限的。资本主义的过度工业化导致了地球不可再生能源和资源的日渐短缺。“在过去一个多世纪，人类消耗了 1 420 亿吨石油、2 650 亿吨煤、380 亿吨铁、7.6 亿吨铝、4.8 亿吨铜。占世界人口 15%的发达工业化国家，消耗了世界 56%的石油和 60%以上的天然气、50%以上的主要矿产资源。随着全球人口的不断增长和经济的膨胀，对能源和资源的争夺将愈演愈烈，爆发‘能源战争’和‘资源战争’的危险越来越严重。”①

（2）要破除“科学技术万能论”的神话。人们常说，失败是成功之母，错误孕育出科学。在一定的意义上说，科学的确受益于“错误女神”的眷顾，因为只有从无数次试验和实验、无数次推翻和重复、无数次失败和错误中才能孕育并诞生出科学。可是在核技术、化学技术和基因技术发达的今天，在人类面临能够想象到的最糟糕的事故和灾难时，在面临足以让人类社会所赖以生存的整个地球都毁于一旦的巨大风险和威胁时，人类的科学技术却绝对不应当出现重大错误，绝对不能视人类生存或毁灭为儿戏而侥幸试验。人类自身和地球都承受不起科学技术异化带来的严重恶果。

（3）要破除“专家万能论”的神话。不错，我们生活在一个需要专家的时代，但我们更应清醒地看到，迷信与盲目崇拜专家是不理智的。在这些专家中，有人面

① 章国锋：《反思的现代化与风险社会》，载《马克思主义与现实》2006 年版第 1 期。

对求知若渴的大众，对人们提出的问题进行着很随意的“乱点鸳鸯谱”式的解读，这种解读虽然听起来很“解渴”，但是因为它的片面性、功利性而贻害无穷。很多专家局限于自己的专业和知识领域，往往把复杂的问题简单化，把简单的问题复杂化，把问题单一化。在“专家效应”的作用下，人们往往容易“晕场”，逐渐丧失健全的理性和判断力。人们开始迷信专家、依赖专家，一旦遇到问题，人们不是开动脑筋思考和解决问题，而是咨询专家，把专家的意见奉为行动的圭臬，仅仅根据专家的个人魅力和亲和力来判断问题的是非曲直，而不去思考这些问题的来龙去脉。这样，人们很难从总体上认识事物，很难提出带有根本性的解决方案。

另外，专家也是人，不是神。他们生活在社会中，也会受到各种经济利益的诱惑和威权政治的牵制。所以，专家们对生态事故的评价就很难做到科学公正。例如，2012 年 12 月 7 日，《环球时报》以“日本核专家‘吃人嘴短’”为题所作的报道，就揭示了日本核专家对科学精神的亵渎。日本福岛核电站事故调查报告披露，负责制定核辐射的日本科学家的差旅费竟然是日本核电公司出的。报道称，参与制定核辐射暴露限值的日本知名科学家多年来一直接受核电公司资助，出席国际辐射安全会议，而这些科学家对辐射所带来的健康风险一直给予乐观评估。国际辐射防护委员会认为，只有在零暴露的情况下，辐射对人体健康的威胁才为零。但该委员会的 8 名日本籍委员却坚称，低水平的辐射无害或风险极小。对此，日本核电站事故国会调查委员会成员向山久子对辐射专家接受核电公司资助的事情气愤异常。她担心辐射标准会因此制定得过于宽松。她说：“核电行业的主张变成了潜规则。这在道德上是不能被接受的。人们的健康会因此处于危险之中。”

正如美国著名的环境伦理学家罗尔斯顿指出的那样，资本主义机制中的人们却“拒不接受环境和不主动适应环境。……不仅我们的技术，而且我们整个以牟利为目的的资本主义的工业体系可能都是非自然的，因为它极尽欺骗之能事，对环境负了很多债，使自然的自动平衡机制一步步地被破坏掉了。”[①]

7.1.3 如何看待资本家在环境保护上的作为

为“生态资本主义”或“绿色资本主义”辩护的还大有人在。美国学者布莱

① 罗尔斯顿：《哲学走向荒野》，长春：吉林人民出版社，2000 年版，第 49 页。

尔·桑德拉在《马克思主义与反思》杂志 1994 年夏季号上发表了题为《发展还是衰亡：马克思主义关于资本主义与环境的理论》的文章，对资本主义发展与环境保护不可并存的观点提出了质疑，认为绿色资本主义不但可能，而且正在环保运动的冲击下成为现实。

桑德拉探讨了资本主义与环保同时并存的可能性。他认为，今天的资本主义出现了有益于环保的现象，如科学技术的发展促进了服务业的发展，而这并未导致资源的浪费；电脑业正减少着并最终放弃使用对破坏臭氧的含氯氟烃材料。可见，历史上资本主义与生态环境相互矛盾的、与环保不可并存的局面，不一定会延伸到未来中。正如一些生态学家们所讲的，资本主义并不具备破坏生态环境的先天倾向，它会演变为一种新的模式，即生态资本主义或绿色资本主义。

我们看到，在环境保护运动的压力下，资本主义为了缓解社会矛盾，维护其统治，也不得不做一些保护环境、防止污染的工作。资本家也会借助生态技术生产出有益于环境的产品，如在资本主义的环境污染史上，资本家就曾经大发过“环境污染财”。他们大肆兜售“郊外空气”，制造“空气罐头”“瓶装清洁水”；为人们提供环境优美的“别墅”“海景房”“湖滨房”；出售各种“生态蔬菜”“绿色大米”“绿色肉类”等等，这些略带环保色彩的行为在本质上仍然是以获利为既定目标的经济行为。

资本家很清楚，今天的消费者都关心的商品的清洁程度与绿色价值，已成为保有商品使用价值的一个必要组成部分。企业为环保而追加的生态成本也被人们视为商品成本的理所当然的构成，这样，有益于环境的“绿色商品”“环保商品”较一般商品就具有了更高的市场价值。所以，“生态”“绿色”和“环保”成为了当下商品的新卖点，这些生态卖点能支持企业持续盈利，这正是资本家在环境保护上有所作为的经济动因。

我们还应当看到，资本主义日益激烈的竞争使得“生态”“绿色”和“环保”这些因素成为了资本主义竞争的新工具、新手段和新领域。为了在竞争中获胜，许多大公司把自己标榜为“绿色企业”“环保企业”。例如，戴尔、惠普、强生、英特尔、IBM 企业巨头被评为“2009 年五大环保公司”，因为这些企业不仅使用了“可再生”能源，而且向社会通报了温室气体排放量，执行了环保政策，实施了“碳交易”“碳补偿”等措施。

事实上，资本主义企业在进行“生态”“绿色”和“环保”的改革中秉持着的一个共同原则，就是这些生态措施就是以盈利为目的的，是围绕着经济利益旋转的，它们刺激着经济沿着资本主义一贯的恶性循环的轨道继续向前发展。“生态”成为了资本家商品销售的新卖点，“环保”成为了资本家商品增殖的倍增器，似乎商品只要披上了“生态”这件绿色的外衣，人们就可以问心无愧地消费它们，想买什么，就买什么，心无烦忧地享用着那些所谓的“环保”企业生产出来的新产品，支持所谓新的“环保技术”(用农作物制造燃料，其实这并不环保)。除此之外，我们的生活几乎与以往无异——人们依然生活在资本主义利润至上的幻影中，资本膨胀的声音依然清晰可闻。

1994 年，欧洲塑料制造业联合体在德国维尔茨堡市一座焚化炉进行垃圾处理试验。该试验发现，往焚化炉中投入的塑料垃圾越多，炉中混合废品的燃烧便越充分。他们对 3 种混合废品进行了试验：① 不添加塑料垃圾；② 添加 7.5%的塑料垃圾；③ 添加 15%的塑料垃圾。结果表明，第 3 种情况可产生出更多热能转换成的电能，同时还可减少那些来自未燃烧的微粒和化合物在空气中传播所造成的空气污染。看来，将塑料垃圾焚烧处理，比用其他方法处理对生态环境造成的危害或破坏要小得多。

对于欧洲塑料制造业联合体主持的垃圾焚烧试验，环境保护专家表示怀疑，认为这是塑料行业的资本家们出于经济利益考量而上演的一出“闹剧”，其真实目的是以此为理由，放手生产更多的塑料产品，以便获取更大的利润。

所以，生态资本主义也是资本主义。资本家在环境保护上的作为在客观上对改善生态环境有一定的意义，但以此就得出桑德拉的结论：摆在我们面前的，不是因为资本主义与环境保护不可并存而导致的赤色社会主义，而是资本主义发展的环保阶段，即绿色资本主义。在我们看来他的这个结论是很难站得住脚的。

7.2 “杰文斯悖论”的启示

在通常情况下，一般的技术发明，例如，新机床的设计成功，或者新的刀具革新，很难说它对环境和生态造成了什么破坏。但是，高新技术由于其技术的复杂性和人们对其可能存在的环境危害认识不足，这些技术就并不总是完美的，也不是仅对环境有好的影响。例如，长效光谱类有机氯农药的发明、含砷或水银的浸种技术的使用、大规模的新材料的生产和广泛使用（如微集成电路工业中的砷酸镓的使用)、遗传工程技术和转基因生物技术的广泛应用等都可能对人体健康、保持遗传的多样性和维持生态平衡造成潜在影响，这些技术立即会使人联想到它们可能蕴含着的生态恶果。

因为人类科学技术发展史就在一定意义上证明了这个结论：人类以往在科学技术实践上的成功，在生态学意义上却是失败的。

7.2.1 能源技术的进步并不节省能源的消耗

在资本主义国家的环境保护运动中，福斯特发现，“在发达的资本主义经济体系中，解决环境问题的标准方法就是引导技术向较良性的方向发展：生产的能源效率更高，汽车的单位里程油耗更低，用太阳能替代矿物燃料以及资源的循环利用。”[①]也就是说，发达资本主义国家的政客和社会舆论都认为，技术改进是摆脱环境问题的主要途径。面对这个观点，福斯特提出了质疑：“新技术或新技术的应用在经济扩张的同时能防止环境的恶化吗？”

为了批判技术能解决资本主义环境危机的观点，福斯特提到了“杰文斯悖论”。威廉·斯坦利·杰文斯是英国著名的经济学家，因创立边际效用主观价值理论，成为近代新古典经济分析的创始人之一。杰文斯最初是以他研究煤炭能源的专著《煤炭问题》一书而成名。书中的有些观点虽然过时了，甚至有些是错误的，但他书中“论燃料经济”一章中提出的观点，却受到了人们的赞赏。杰文斯论证说，提高自然资源的利用效率，如煤炭，只能增加而不是减少对这种资源的需求，这是因为效率的改进会导致生产规模的扩大。在他看来，认为燃料的经济利用等同于减少对该燃料的消费，这纯粹是一种思想混乱，真实的情况恰恰相反。他列举了蒸汽机发展的历史来论证他的观点。蒸汽机的每一次成功改进都进一步加速了煤炭的消费。福斯特认为：“到目前为止，杰文斯悖论仍然适用，那就是，由于技术本身（在现行生产方式的条件下）无助于我们摆脱环境的两难境况，并且这种境况随着经济规模的扩大而日趋严重。”[②]例如，20 世纪 70 年代，美国汽车行业的技术改进，生产出了能源效率利用更高的汽车，但由于汽车数量的增加，并未减少对汽油的消耗。同样，冷冻技术的改进导致人们生产出更多更大的冷冻设备，也并未减少

① 约翰·贝拉米·福斯特：《生态危机与资本主义》，上海：上海译文出版社，2006 年版，第 86 页。

② 约翰·贝拉米·福斯特：《生态危机与资本主义》，上海：上海译文出版社，2006 年版，第 96 页。

对电力的消耗。

在解决生态环境问题时，技术不是万能的。福斯特列举美国的事例来说明这个问题。面对气候变暖的事实，美国政府在某些大石油公司的支持下，转向对“碳吸收技术”的研究。他们认为，该技术既允许增加二氧化碳的排放量，同时又能保护环境。于是，美国能源部投巨资研究这类技术。研究的目标主要有两个：一是从空气中抽取二氧化碳；二是再将其注回到煤矿、油田，并由此回归海洋。美国政府寄希望于收集和吸收碳元素的技术研究就是为了解决碳排放问题，以便使以碳耗为基础的经济发展模式能向以往那样完好无损地延续下去。但是，目前看来，还没有任何一项这方面的技术具有使用价值，也许永远也不会有这样的技术。即使有了这样的技术，二氧化碳气体的排放也是问题。吸收技术的解决方案只是将多余的二氧化碳排放到其他地方，比如海洋中而不是空中。但问题是，将海洋作为堆放人类经济废物最后地点的做法也是不科学的。在这方面，环境保护运动的先驱、美国著名的海洋生态学家蕾切尔·卡逊早在20世纪五六十年代就做过深入研究。

福斯特指出，在资本主义条件下，即使是成熟的环保技术（如太阳能技术等）也不一定会被广泛采用，因为“资本主义者及其追随者从各个方面阻止太阳能作为替代能源，虽然有些技术已完全发展到了实用的阶段。公司企业也试图从根本上控制太阳能，目的不是为了促进其发展，而是蓄意扼杀。在资本主义制度下，需要促进开发的是那些为资本带来巨大利润的能源，而不是那些对人类和地球最有益处的能源。”①所以，在这种体制下，将可持续发展仅依赖于我们是否能开发出更高效率的技术是毫无意义的。要真正解决生态环境危机，人们仅靠技术的发明和应用是不够的，关键是社会经济制度的革命性变革。正如福斯特所讲的：“这类问题提出的愈多，就愈加明确地说明资本主义在生态、经济、政治和道德方面是不可持续的，因而必须取而代之。”②

即使采用高新技术发展新能源，人类社会也同样会面临着环境风险。例如，为了应对气候变化、发展低碳经济、充分利用光伏发电，促使了光伏产业在我国的大规模发展。但是，光伏产业快速发展带来的污染问题也引起了人们的担忧。因为多晶硅是信息产业和光伏产业的基础材料，属于高耗能和高污染的产品，突出的污染问题在于大规模生产多晶硅所产生的副产品——四氯化硅不能被完全回收。因为四

---

① 约翰·贝拉米·福斯特：《生态危机与资本主义》，上海：上海译文出版社，2006年版，第94页。

② 约翰·贝拉米·福斯特：《生态危机与资本主义》，上海：上海译文出版社，2006年版，第61页。

氯化硅的回收再利用技术难、成本昂贵，一般光伏企业很难有良好的技术和资金条件来应对这样的环境污染问题。所以，人们应当清醒地认识到，即使是为了克服生态环境危机而采用的高新技术，也会带来新的生态环境问题。

发展核能技术、建设核电站曾经是许多资本主义工业化国家应对能源危机的不二选择，然而，核电站在给人类提供清洁能源的同时，如影随形而来的生态环境危机犹如“达摩克利斯之剑”一样一直高悬在世人的头上。在全球半个多世纪以来的核工业发展过程中，核电事故虽然并不多，但每一次事故都犹如世界末日降临一般，惊心动魄。众所周知，在世界上核电消费总量占全国用电总量6%以上的4个国家中，除法国外，美国、俄罗斯和日本都曾发生过严重的核泄漏事故。世人永远也忘不了美国的三里岛之痛、前苏联的切尔诺贝利之灾和日本福岛第一核电站之祸。

2011年，日本“3・11”福岛第一核电站的核泄漏导致的严重的生态危机，仍然像幽灵一样在日本徘徊，而且正威胁着周边国家和整个太平洋地区。此次核泄漏已经导致的生态危机主要表现在：蝴蝶基因突变、惊现钚238、核污染在“增浓”、鱼体含放射性铯超标258倍、10多个都道府县检测出放射性大气污染、核泄漏抢救工作人员接连死亡、大量含有核辐射物质的海啸垃圾漂到北美……所有这些事实都表明，日本“3・11”福岛核泄漏事故导致的生态危机不仅没有缓解，反而正在进一步发酵和扩大。

在当前全球低碳发展的趋势下，掌握先进的核能技术将成为一个国家核心竞争力的标志。但发展核能，必须以“安全第一”为根本方针，严禁对公众健康和生态环境产生严重影响的放射性物质外泄。但要确保做到这一点，对核废料的处置，就是其中重要的一环。常言道：“天堂与地狱是邻居”，面对着核废料的处置这样一个“烫手的山芋”，世人感到寝食难安，危机常伴。

核废料是核电站（核电厂）的垃圾。目前，世界上约有12万吨高级核废料，而且正以每年7 200吨的速度增长。核废料按物理状态，可分为固态、液态和气态3种；按比活度又可分为高水平（高放）、中水平（中放）和低水平（低放）3种。中低水平核废料主要来自核电站在发电过程中产生的具有中低度放射性的废液、废物，占到了所有核废料的99%；高放核废料因其具有高度放射性，俗称高放废料。高放废料含有多种对人体危害极大的高放射性元素。这种高放射性元素的半衰期长达数万年到十万年不等，如果不能妥善处置将会给当地环境带来毁灭性灾难。20世纪的冷战期间，前苏联出于经济成本等原因的考虑，将核武器工厂产生的高放废料直接排入附近的河流湖泊中，造成了严重的生态灾难。

按照国际原子能机构的严格规定，对核废料要做到分类收集，分别贮存和处理。核废料最好以稳定的固化体形式贮存，以减少放射性核素迁移扩散。国际原子能机构对于核废料的处置要求很严，并要求各国遵照执行。安全、永久地处置核废料要具备两个必需条件：① 要将核废料永久封闭在一个“容器”里，并保证数万年内不泄漏出放射性元素；② 要寻找一个安全、永久存放核废料的地点，该地点的物理环境必须特别稳定，长久地不受水和空气的侵蚀，并能经受得住地震、火山、爆炸的冲击。

在处理核废料时，还有一个十分棘手的问题，那就是处置费用昂贵。无论是在海洋里，还是在陆地上深埋核废料都是耗资巨大的工程。美国的尤卡山核废料处置库工程预算达 437 亿美元，北欧国家瑞典为了建设核废料处置库也花费了 200 多亿元人民币。2012 年 5 月，日本政府发布报告称，每年核废料处置费用超过 1 100 亿日元（以当时汇率计算，约合 88 亿元人民币）。日本政府将核废料的处置费用，以电价上调的方式分摊到国民头上。

人类发展核能技术、应用核能的历史已经证明：发展核能本身就需要消耗极大的能源，核电站本身就消耗着自己生产的能源，它是一个“自相蚕食的怪兽”（高兹语）。而且，核电站在提供能源时潜在的生态危机也是不容忽视的。

汽车工业的发展也证明了“能源技术的进步并不节省能源的消耗”的命题。在汽车节能技术不断提高的同时，汽车的数量也呈现出“井喷”式的增长，这肯定意味着要消耗大量的石油。仅以当下我国汽车保有量为例来说明这个问题。按照公安部交管局发布的权威数据，截至 2010 年 9 月底，我国机动车保有量达 1.99 亿辆，其中汽车 8 500 多万辆。专家的研究表明，2008 年，我国汽车保有量是 6 500 万辆，汽车的石油消耗总量约为 1 亿吨。如果 2020 年我国汽车保有量达到 2 亿辆，原油消耗将达到 2.4 亿吨。这已经将技术进步带来的单车能耗下降考虑在内了，是按照 2020 年乘用车燃油经济性比 2008 年下降 20%计算的。

目前，美国每千人汽车保有量是 700 辆，欧洲是 400 多辆，可我国千人只有 50 多辆。如果中国的汽车保有量超欧赶美，意味着 6 亿多辆汽车将在我国大地上行驶。在传统模式下，仅仅喂饱这些汽车就需要美国全国的用油量。那时，我国对石油的需求将“震惊”世界。

可见，“杰文斯悖论”效应依然存在。

7.2.2 技术选择：基于资本主义政治统治的考量

在应对生态环境危机的技术选择上，许多人认为，资本主义国家在“绿色技术”的研究和推广方面发挥了很大作用，他们会从处理环境危机的实际需要出发考虑和选择适宜的技术成果，他们从绿色技术、生态技术的成熟性、合理性和适用性角度，从该类技术的生态功能角度选择科学技术成果。实际上，这里存在着认识上的误区。

我们承认，科学技术，尤其是“生态技术”具有多方面的生态功能：科学技术具有监测作用，可以监测生态环境恶化的趋势，帮助人们认识环境危机的类型、成因和寻找解决问题的办法；科学技术具有控制作用，可以用来遏制环境污染的延续和扩散；科学技术具有保护作用，可以阻止物种的灭绝和资源的枯竭；科学技术具有恢复作用，可以使已经遭到破坏的生态环境恢复功能；科学技术具有预警作用，可以为政府制定决策和环保规划提供智力支持，保证可持续发展战略的实施。

科学技术本身具有的生态价值与资本主义政府选择何种技术根本就是两回事。在许多西方马克思主义理论家，特别是哈贝马斯看来，第二次世界大战以后的资本主义社会，科学技术已经不是“中立”的了，科学技术已经“意识形态化了”。科学技术已经成为了资本主义统治社会的新手段和新工具，成为资本主义意识形态的主要组成部分。与资本主义社会传统的政治统治、经济统治、文化统治和社会统治相比，科学技术的统治更具有迷惑性和彻底性，更容易让人臣服。人们时常沉湎于“技术的狂欢”中，强化着对科学技术的崇拜，似乎只要掌握了“生态技术”，人们就可以高枕无忧了。其实，那些自认为拥有了可以医治自身疾病的灵丹妙药的“患者”才是处境最危险的“病人”。所以，人们应当清醒，应当高度警惕技术统治——资本主义社会新的统治手段——可能导致的社会和生态灾难。

在处理生态环境问题时，资本主义首先要考虑的是与其资本理性相一致的科学技术，这些科学技术要服务于资本主义持续统治的需要。当技术选择与资本家利润最大化的资本逻辑相抵触时，追求经济效益而牺牲生态效益就成了资本家的当然抉择。

生态学马克思主义理论家高兹曾经就以法国发展核技术为例说明，资本主义国家在应对能源危机、生态环境危机时的技术选择不是一种纯技术上的选择，而是一种政治上和意识形态上的选择。在解决能源危机、应对气候变化的诸多技术中，地热能、太阳能、风能、潮汐能和生物能等都是可以利用的能源，这些能源不仅可以再生，而且在使用、储运的过程中是清洁安全的。但资本主义国家为什么还要青睐核能呢？最根本的原因在于，核能是技术中的“法西斯”，是权威主义的技术和压制性的技术，它既便于控制又能给资本主义国家带来丰厚的利润，而太阳能等技术是最容易与民主的分散化相容的技术。

在世界上许多国家，资产阶级政府已经失去了控制他们自己经济的能力。他们受资本家的大公司集团和布雷顿森林体系的支配，对生态文明根本不感兴趣。近年来，中国太阳能光伏产业在欧洲与美国的遭遇就很能说明问题。

为了改变能源结构，应对气候变化，利用光伏发电和风力发电是被国际社会高度认同的生态技术，我国在这方面走在了世界的前面。但是，随着我国光伏发电和风力发电技术大踏步地进军欧美，原本为人类造福的生态技术却在这些国家和地区遭到了不公平的待遇。欧盟对中国光伏产业实施了反倾销立案，严重打压了中国的光伏企业。欧盟当然是从经济利益的角度考虑该问题的。无独有偶，2012 年 7 月 25 日，美国外国投资审查委员会发布禁止令，以危害美国的国家安全、有损美国的国家安全利益为由，要求与中国三一重工集团关联的罗尔斯公司停止在美国一军事基地附近的风力发电项目，此举给该企业造成了严重的经济损失。可见，在技术选择上，资本主义政府不会仅仅从环境保护、生态技术的角度来思考问题，更为根本的针对技术选择的考量仍然是以有利于强化其政治统治、有利于其经济利润的最大化、有利于巩固自己在世界上的霸权地位等角度为出发点的。

当然，我们并不反对生态技术，也不否认生态技术在处理生态环境问题时的重要作用。在思考“技术能拯救资本主义生态危机吗？”这个问题时，我们想表达的观点是：人们要警惕技术使用上的“资本主义性质”，认清生态技术与资本主义经济制度之间的真实关系。不要简单地认同所谓“技术造成的生态环境危机将随着技术的进步会随风而去”的观点。要充分认识到，用生态技术“包装”过的资本主义仍然是资本主义，“绿色技术”并不能掩盖、也不能抹杀资本主义原罪的“黑色罪恶”。同时，人们要警惕盲目的“技术崇拜”，要知道人类发明的任何技术其功能都是有限的，“技术的进步”与“技术的报复”是结伴而生的。医用 X 射线积累导致一定数量的癌症新病例；防火材料石棉是一种能引起慢性死亡的称作间皮瘤的癌症的成因；氟氯烷代替了有潜在爆炸危险的化学物质，使冰箱成为家用设备，但它会破坏臭氧层。这样的“技术报复”的案例不胜枚举。因为，在人类的科学技术非常具有相对性的情况下，奢望从现有的、非常不至上的科学技术中产生非常至上的科学技术成果，这本身就是一个悖论。人类技术发展史也充分证明，仅靠技术进步、仅靠几项技术发明就可以一劳永逸地解决人类面临的所有问题的想法是幼稚的，也是有风险的。

我们还应当认识到，资本主义制度下的科学技术已经发生了严重的异化，它已经从启蒙的工具变成了资本主义政府控制社会的新手段。科学技术已经不是“中立”的了，“意识形态化的科学技术”成为了当今科学技术的新特点、新身份。科学技术从来都是受制于社会制度的，政治集团和阶级利益的需要始终左右着科学技术的发展方向和应用场域。所以，不改变资本主义制度，仅凭科学技术的生态化趋势克服不了资本主义经济扩张的无限性与自然资源的有限性之间的矛盾，仅靠生态技术的进步和推广来打造“生态资本主义”的想法是非常不现实的。

第 8 章

从资本主义工业文明到社会主义生态文明新时代

美国刊物《每月评论》2007 年 2 月号（上）刊登了约翰·贝拉米·福斯特的题为《生态的破坏》的文章。他认为，资本积累本质上具有的失控性正将自然界推向毁灭的境地。这是资本主义利润至上逻辑的必然，是马克思指出的“生产剩余价值或赚钱，是这个生产方式的绝对规律”[①]的体现。资本家为了赚取更多的钱或继续赚钱就要摧毁大自然，就要污染大自然，这样又破坏了今后赚钱的自然基础和生态环境。所以，约瑟夫·熊彼特曾经就把资本主义的生产方式称为“创造性的破坏”的生产方式，认为资本主义制度从本质上看就是具有毁灭性的创造。生态环境的毁坏不是资本主义发展史上的偶然事件，而是由资本主义经济体制内在本质的特点所决定的。

资本主义的经济制度不仅是剥削人的制度，而且也是剥削自然的制度。在资本主义世界的某些地区，没有受到任何限制的资本积累甚至破坏了人类生存的基本条件，例如清新的空气、可饮用的水、可耕种的土地和充足的食物。资本无法无天，只知道无节制地进行指数式的扩张，其结果必然是给自己铺就了去地狱的路。

① 《马克思恩格斯全集》第 44 卷，北京：人民出版社，2001 年版，第 714 页。

8.1 资本积累的扩大必然引发环境危机

8.1.1 资本的宿命使“生态资本主义”成为泡影

马克思在分析资本主义经济特征时，明确地阐明了资本积累的历史宿命，那就是“要么积累，要么灭亡”。资本毫无节制地积累是以盘剥自然、损害自然为基础和前提的，在资本逻辑不改变的前提下，“生态资本主义”的理念和实践只能化为泡影。原因是：① 资本家尽其所能时时、事事、处处都在剥削人和自然，资本主义经济的倾向就是消费，而消费是有代价的，不加控制地扩大消费是导致环境危机的重要根源；② 少数“富国俱乐部”成员国的过度消费问题是与广大“穷国俱乐部”成员国的消费不足问题联系在一起的，这是导致“穷国俱乐部”成员国自然资源枯竭、生态环境退化的生态帝国主义在国际事务上的表现。也就是说，资本在全球的肆虐和扩张是造成全球生态环境问题的根本原因。

就政治上的国家主权而言，资本主义对世界的殖民统治已经结束了，但资本的逻辑还存在，资本对世界的经济和技术的殖民统治还在继续着。现在又出现了污染企业转移、资源掠夺、垃圾输出等资本主义的新侵略——生态侵略。国际政治和国际法意义上的国家主权和领土完整根本挡不住自然资源从贫穷的第三世界国家流向富裕的发达资本主义工业化国家，更挡不住资本对自然资源的掠夺和占用以及由此带来的对环境的污染和破坏。贫富差距与环境的持续恶化紧密地交织在一起。

世界上南北贫富差距之悬殊已经是路人皆知的事实，从下面的数字中就可见一斑。占世界人口 1/5 的北方发达资本主义工业化国家每年消费着全球产品和服务的 4/5，而占世界人口 4/5 的南方发展中国家每年只消费了全球产品和服务的 1/5。就消费量而言，资本主义国家每增加 1 个人，相当于第三世界国家增加 20 个人。人们在透察这种事实上存在着的不公平的经济秩序时，往往有两种相互对立的理解：剥削模式和收益模式。这两种不同的理解模式导致对贫富差距问题的不同态度，并进一步影响着解决全球贫困问题和环境问题的实践。坚持剥削模式的人们认为，贫富悬殊来自不公平的分配，是发达资本主义工业化国家侵占发展中国家的自然资源，剥削发展中国家的经济利益造成的，所以主张重新分配、共同享有经济成果。

坚持收益模式的人们认为，发达资本主义国家所享有的是他们通过科学技术、工业、经济管理和民主自由精神等所创造的经济收益，是本国国民共同努力的结果，不存在对发展中国家的剥削。因此，要解决发展中国家的贫穷问题，就只有进一步扩大生产，促进经济不断增长，把产品和服务这个“蛋糕”做得更大。对此，美国环境伦理学家罗尔斯顿指出了收益模式思想的两种结果：① 如果现有的经济秩序和分配模式没有改变，也就是说分“蛋糕”的游戏规则没有发生变化，那么，即使这个“经济蛋糕”做得再大，也是发达资本主义工业化国家拿走了它的 4/5，而广大发展中国家只能分得它的 1/5，世界上“南北问题”，即国家之间的贫富差距问题并不会得到根本改变。② 更为严重的是，随着世界经济总量的不断增长，在全球范围内必然进一步加大对自然资源的盘剥和压榨，加大对生态环境的污染和破坏，而支撑世界经济总量增长的自然资源大多数来自发展中国家，实体经济的生产企业，尤其是高污染、高消耗的企业绝大多数也落户在发展中国家，这势必给发展中国家带来他们难以承受的资源压力和环境压力，发展中国家在经受了经济与环境的恶性循环以后，也只是分得了“经济蛋糕”的 1/5。因此，南北贫富差距的产生、存在和加剧，不是生产不足的问题，不是“蛋糕够不够大的问题”，而是不公正的国际经济秩序主导下的国际分配不公的问题。

其实，无论是剥削模式还是收益模式，有一点是不容回避和狡辩的，那就是西方资本主义工业化国家的现代化进程消耗了人类开发出来的绝大多数自然资源，生产并消费了绝大多数的产品和服务，绝大多数的环境污染和生态危机也是由此造成的。因此，人们要求资本主义工业化国家为自己对环境的污染行为和后果负主要责任，这就是理所应当的事情了。同时，物欲化社会的价值导向必然要追求经济总量的无限增长，从而加大对自然资源的掠夺，加剧对生态环境的污染和破坏。由此可见，资本统治下的消费文化和占有欲望是可持续发展的思想障碍，不改变现有的、不公平的国际经济秩序，不扬弃追求经济无限增长的经济理性，不遏制资本的肆虐和扩张，环境保护和生态文明就是一句空话。而现在越来越多的人看得很清楚，这些改变在存在着内在结构性矛盾的资本主义制度内是无法实现的。所以，扬弃资本理性，弘扬生态理性，人类社会从资本主义工业文明走向社会主义生态文明就成了历史的选择。

8.1.2 赚钱是资本家应对环境危机的唯一考量

在资本主义市场经济条件下，努力提高企业的劳动生产率，最大限度地榨取工人的剩余价值是资本主义发展的根本动力，也是资本家的“天职”。但是，在生态环境日益恶化、人们的环境意识日渐增强的今天，企业生产中的环境因素就成了资本家不得不考虑的新问题。所以，自然资源的保护与节约、原材料的再循环利用、企业污染物的排放控制、车间厂矿生产环境条件的改善、工厂的绿化、粉尘的沉降、噪声的控制、工人的定期健康检查、工人居住区的环境建设等生态环境方面的要求就是资本主义企业必须面对的新课题。这些在过去不必考虑而且是免费的外在成本，现在确实是不免费的了。很明显，这些用于生态环境控制措施方面的花销将导致生产成本的增加。但对于资本主义企业来说，最有利的是使经济收益内在化、环境成本外在化，也就是说，资本家是要把利润装进自己的腰包，而把污染成本让社会分摊，让整个社会来为企业的生态环境“买单”。环境的恢复与改善需要资金，但一般情况下，这些资金只能来自企业本可以成为利润的东西。在资本主义企业间存在残酷竞争的条件下，如果一个企业把收入的一部分用于非营利的活动，例如改善车间空气质量、绿化厂区、更新环保设备、支付排污费用等等，这些举措都会威胁到企业的利润、威胁到处于激烈竞争中的企业的生存，这是资本家不愿意干的赔本的买卖。除非当利润可以持续到来的时候，资本家迫于环境的压力才不得不这样做。所以，资本家支付环保费用，并不是资本家具有很自觉的生态意识，也不是他们生态良心的觉醒，而是完全出于企业利润的考量。

实际上，榨取自然资源，获取它们的价值而不考虑对未来社会生产率的影响，把生产的环境成本外在化，资本家剥削未来的环境资源来赚取今天的钱，已经成为了资本主义经济中一种不可抗拒的趋势。

由于资本主义体制的原因，单个资本家很少或根本没有动机以生态环境保护的眼光来看待生产所需要的自然资源和生产条件，因为产品竞争中削减成本的压力迫使他们采用了“竭泽而渔”的方式来处理工业生产与消耗自然资源的关系，这样一来，资本家就等于损害了生产的自然前提，从自然本体的意义上阻碍了资本主义可持续发展的可能性。所以，资本主义的经济本性使“生态资本主义”成为一个不可实现的梦想，因而是一个骗局。

英国生态社会主义思想家戴维·佩珀认为，西方资本主义国家政府在环境保护方面顾虑重重，因为担心严厉的环境规划和生态限制会妨碍资本主义工商业的发展，会影响资本家集团的经济收入，抬升商品的环境成本就会降低商品的竞争力，容易在市场经济严酷的竞争中被淘汰出局。所以，他们对资本主义造成的环境灾难要么视而不见，要么避重就轻；要么敷衍了事，要么逃避责任。美国政府拒绝《京都议定书》就是一例。相反，为了把自己装扮成拥护生态环境保护的“绿派”，资本主义国家政府给人们编织着新自由主义的生态乌托邦幻想——“生态现代化”。在“生态现代化”的幻象中，人们被告知，世界上的每一个人都可以享受像富裕的西方人那样的生活标准，而不必担忧环境的压力，因为持续的经济增长与环境改善是相互促进的而不是相互冲突的。实际上，如果世界仍按照现在的发展模式进行下去，那真要应验了圣雄甘地的谶语：“按照美国人的发展模式，再有 20 个地球也不够用。”当然，我们应当清醒地看到，“生态现代化”是基于一个错误假定的，而这个错误的假定基于这样一种观念，即一个人道的、社会公正的和有利于环境的资本主义实际上是可能的，资本主义与生态环境没有必然的冲突，即使在经济日益增长、竞争加剧、资源濒临枯竭和生态环境危机频发的背景下，“生态资本主义”也是可行的。但是，生态学马克思主义者对资本主义的生态批判和生态社会主义的分析表明，生态学原则与资本主义制度是相抵触的，“生态资本主义”是一个矛盾的命题，是一个“美丽的神话”。

8.2 资本主义工业文明导致的生态环境问题

8.2.1 资本主义工业文明的荣光与哀伤

在 2012 年伦敦奥运会开幕式的表演项目中，人们又看见了一根根冒着滚滚黑烟的大烟囱，那是滥觞于英国的工业革命的标志，也是人们记忆深处工业文明的景象。英国工业革命永远是同伦敦、曼彻斯特这些城市捆绑在一起的，它们是近代工业革命的发源地。工业文明的“不文明”表现——给大都市造成的生态灾难，它们都饱尝过。伦敦在工业文明的进程中曾以“雾都”著称于世，资本主义工业化国家在此前后相继发生的著名的“世界八大环境公害”事件，成为了发达国家工业化进程中所遭受的大自然对人类的典型惩罚事件。蒸汽机技术的进步带来了煤炭的大量使用，而酸雨、煤烟和工业粉尘又污染了环境，造成了资本主义的“工业黑化”现象。因此，西方工业文明被人们形象地喻为“黑色文明”。

工业文明时代的到来，曾经让人类为此感到无比的自豪。马克思恩格斯认为“资产阶级在历史上曾经起过非常革命的作用”，而这里面就包括资本主义开启的工业文明在人类历史进步中的作用。对于资本主义工业文明的成就和它具有的世界历史意义，马克思恩格斯在《共产党宣言》中给予了充分的肯定：“资产阶级在它的不到一百年的阶级统治中所创造的生产力，比过去一切世代创造的全部生产力还要多、还要大。自然力的征服，机器的采用，化学在工业和农业中的应用，轮船的行驶，铁路的通行，电报的使用，整个整个大陆的开垦，河川的通航，仿佛用法术从地下呼唤出来的大量人口——过去哪一个世纪料想到社会劳动里蕴藏有这样的生产力呢？”①

然而，人类在工业文明时代取得前所未有的巨大成就的同时，也遇到了前所未有的社会危机和生态危机。资本主义社会危机在马克思恩格斯那个时代就已经表现得十分激烈，马克思恩格斯正是通过批判资本主义的社会危机而论证了资本主义的必然灭亡和社会主义的必然胜利。而生态危机在当时虽然有所体现，甚至在某些领域还相当严重，但从总体上看，只是在工业文明的后半期才出现了严重的生态危机和环境污染。其实，在马克思恩格斯的上面论述中，我们也可以看到资本主义工业文明已经潜伏着生态危机的因素。例如，工业文明时代人们对“自然力的征服”，破坏了自然生态系统，扭曲了人与自然的和谐关系；“化学在工业和农业中的应用”，导致了严重的生态灾难，后来，标志着人类在工业文明时代第一声生态呐喊的卡逊的《寂静的春天》一书，正是揭示了在资本主义农业中化肥和农药的滥用所造成的生态危机；“轮船的行驶，河川的通航”在一定程度上污染了江河，造成“一江污水向东流”的惨象；“整个整个大陆的开垦”势必造成大片森林的毁灭、湿地的消失、牧场的沙化、动植物多样性的衰减等生态恶果。工业文明时代生态危机的主要表现是：环境污染、资源短缺和生态失衡等。更为严峻的是，在工业文明的框架内，人们常用的“头痛医头脚痛医脚”的方法，不能从根本上解决环境问题，而以高投入、高能耗、高消费和高污染为特征的工业文明本身就是生态危机产生的根源。因

---

① 《马克思恩格斯选集》第1卷，北京：人民出版社，1995年版，第277页。

此，要解决这些危机，人类就必须寻找一条新的发展道路，实现由工业文明向生态文明的转型。

西方的工业文明因其滥觞和弊端而成为了许多思想家批判的对象。法国思想家卢梭曾对工业文明破坏人与自然的和谐的可能性和危险性发出过警告，马克思恩格斯更是对资本主义工业文明所导致的人与人、人与自然的异化进行了深刻的反思。恩格斯也曾针对资本主义工业文明的环境问题和生态危机向人类发出了“自然界报复”的明确警告。1972 年，罗马俱乐部发表的研究报告《增长的极限》可以视为对资本主义工业文明宣告了“死刑”。

18 世纪西方工业革命开启了世界工业文明时代。在这一时期，人类掌握了变革自然的强大力量，通过发展科学技术和社会生产力，不断增强人类控制自然和征服自然的能力，创造了强盛的物质文明和技术文明，形成了以“人是自然的主人”为核心理念的工业文明。然而在 20 世纪这 100 年间，工业文明越来越不“文明”了，它所造成的人口爆炸、资源短缺、环境污染和生态破坏是人类从未遇到过的时代难题。目前，人类从地球上过度索取的自然资源，几乎达到了地球所能承受的极限，以至于自然界对人类进行了全方位的报复：厄尔尼诺现象、温室效应、沙尘暴、大洪水、大旱灾、地震、沙漠化、核辐射病、SARS、AIDS……事实上，人类与自然之间的对立和矛盾在短短的 100 年内，就已经发展到严重对峙、几乎无法调和的地步，人类真正进入了生态野蛮的极点状态。

津巴布韦政府自然资源和旅游部长 H. V. 契特波曾经讲道：“现在人们对著名的工业革命的巨大成就提出了疑问，主要是因为当时未能考虑环境的问题。过去人们认为：天空如此巨大和清澈，不可能有什么能使它改变颜色；河流如此宽广和浩荡，人类活动不可能改变其质量；树木和自然森林如此之丰足，我们永远不会使它们消失。毕竟，它们还要生长。今天，我们应当知道得更多些。地球表面失去覆盖的自然植被的惊人速度似乎表明，世界不久或许会因人类发展造成的砍伐而变得没有树木。”①

工业文明的发展历程已经证明：建立在掠夺式利用自然资源基础上的工业文明，是以极端人类中心主义为核心价值理念的，人与自然之间矛盾的对立不可能在工业文明的制度框架和文化积淀中得到解决。因为主导工业文明的是资本，而资本

① 世界环境与发展委员会：《我们共同的未来》，长春：吉林人民出版社，1997 年版，第 40 页。

的短视性决定了资本主义工业文明的发展是不可持续的；资本的功利性，决定了资本主义工业文明的发展是片面的、畸形的；资本的自私性，决定了资本主义工业文明的理念是侵略的、排他的。如果不改变工业文明所倡导的征服自然、崇尚消费的社会主导价值观，不从根本上改变人们破坏生态、污染环境的生产方式和生活方式，我们将面临人类生态系统崩溃的巨大风险。因此，一进入 21 世纪，人们就呼唤着超越工业文明，由黑色文明向绿色文明——生态文明——转型。

8.2.2 为什么工业文明未能实现自己伟大的承诺?

西方马克思主义理论家弗洛姆在《占有还是生存》一书的导言中一开始就明确指出，现代工业文明和传统理性文化一直在为人类提供一个伟大的允诺：人类社会的进步是无止境的，人类的需要可以得到无限的满足。他说："自进入工业时代以来，几代人一直把他们的信念和希望建立在无止境的进步这一伟大允诺的基石之上。他们期望在不久的将来能征服自然界，让物质财富涌流，获得尽可能多的幸福和无拘无束的个人自由。人通过自身的积极活动来统治自然界从而也开始了人类文明。但是，在工业时代到来以前，这种统治一直是有限的。人用机械能和核能取代了人力和畜力，又用计算机代替了人脑，工业上的进步使我们更为坚信，生产的发展是无止境的，消费是无止境的，技术可以使我们无所不能，科学可以使我们无所不知。于是，我们都成了神，成了能够创造第二个世界的人。"①

在弗洛姆看来，传统工业文明的理性文化精神为人类作出的这一伟大承诺，在相当长的历史时期内，它的确成为现代社会发展的"精神原动力"，成为引领时代发展的"风向标"和现代人的精神支柱，工业文明特有的理性精神也的确为现代世界的物质繁荣作出了自己独特的贡献。但是，在弗洛姆等西方马克思主义思想家看来，从终极意义上讲，传统工业文明的这一伟大承诺并未能真正实现，而且传统工业文明在接近自己的发达阶段时发生了严重的"工业异化"，"工业文明"在许多方面表现得已经不文明了：无限制地消费并没有给人带来欢乐和幸福；科学技术的发展变成了控制人们的新工具；无节制的大量生产耗费着自然资源；环境公害让人们深受其祸；生态平衡遭到了前所未有的破坏；核战争的威胁和对核电站的担忧时常

① 埃利希·弗洛姆：《占有还是生存》，上海：三联书店，1988 年版，第 3 页。

让人们不寒而栗、寝食难安……。

自 18 世纪工业革命以来，人类一直怀着乐观主义精神，认为可以通过科学技术达到控制自然、征服自然的目的，但是，结果却是人们事先没有预料到的。资本主义的工业异化也使科学技术发生了异化，科学技术反过来成为了奴役人类的异己力量，“技术的报复”日益严重：使用农药使世界粮食增产，却想不到毒死了鸟类、鱼类和蜂蝶，严重破坏了生态环境，导致了可怕的“寂静的春天”；塑料袋的大范围使用大大方便了人们的生活，但“白色污染”让人怵目惊心，我们的城市被塑料袋包围，农田里也到处翻飞着五颜六色的塑料袋，如何处理地膜污染成为了当代农民的新烦恼；汽车、飞机、空调使人们的生活变得很方便、舒适，但这些都污染了大气环境。“地球不能无限制地承受工业文明的压力”。这是现代地球人都应当时刻谨记的箴言。

为什么工业文明未能实现自己伟大的承诺？弗洛姆认为，除了传统工业文明本身在经济制度上的缺陷之外，最主要的在于这一制度两个重要的心理上的原则。①“生活目的就是幸福”的原则，也就是极端享乐主义的原则。该原则认为，工业文明有能力满足人们的所有欲望，满足就是目的，幸福就是一切。人们可以最大限度地随心所欲，尽情地沉湎于物欲的满足中。②“自私利己的占用”原则，即“重占有的倾向”。工业文明鼓动起了人们的消费欲望，“不消费，就倒退”“消费，别留着”“我消费，所以我存在”等观念沉淀在人们的骨血中，而严重的消费异化又引发了更加严重的生态环境问题。

显而易见，弗洛姆对资本主义工业文明的批判是有独特视角的，他从资本主义工业文明异化的心理机制和资本主义社会性格的角度，深刻剖析了工业文明进程中西方人的心理机制演变的过程，即从“重生存”的生存方式蜕变为“重占有”的生存方式。在他看来，“重占有”的生存方式的占有范围是不断扩大的，人们在占有了社会资源的同时，也占有了自然资源和环境资源，人们占有了矿山、森林、土地、河流、湿地、动物、植物，人们占有了海滩、湖滨、阳光、空地、水源、空间……。总之，人们的欲壑难填，“胃口”无边。这种“重占有”的生存方式塑造了工业社会人们的消费人格，而疯狂地消费正是现代社会的重要病症之一，也是导致生态环境危机的一个重要诱因。

8.3 努力走向社会主义生态文明新时代

8.3.1 生态文明——人类文明的新形态

德国学者斯宾格勒说："人类的文明是一群伟大文明组成的戏剧"。英国学者汤因比也将人类文明史归结为"一部生死搏斗的神秘剧"，他认为："每一种文明都以原始的力量从它的土壤中勃兴起来，然后，在不断的挑战与应战中生成、发展、衰亡、解体"。①两位大师的话揭示了人类文明历史演进的客观规律：任何文明形态都不是永恒的、绝对的，都要在历史的变迁和文明的搏斗中经历由盛到衰的过程，旧的文明形态没落、衰朽之时，恰恰就是新的文明形态萌芽、诞生之日。因此，在特定的历史条件下，某种文明的危机或消亡，不是人类的末路，而是人类新文明的希望所在。

从人类历史上看，社会文明是一个进化的过程，大体上经历了原始文明、农业文明和工业文明 3 个阶段。目前，人类文明正处在转型时期，正在经历着人类文明从工业文明向生态文明过渡的阶段。如果说工业文明是以工业生产为标志的文明形态，那么，生态文明就是以生态生产，或生产的生态化为标志的文明形态。从广义上讲，生态文明是人类文明发展的一个新阶段，即工业文明之后一种新型的人类文明形态。从狭义上讲，生态文明则是指文明的一个方面、一个维度、一个立场和一种态度，即它综合体现着人类对自然规律的认识所达到的一个新高度，表现为在处理人与自然的关系时所彰显出的文明程度，它是相对于物质文明、精神文明和政治文明来说的。然而，无论是从广义上对生态文明的审视，还是从狭义上对生态文明的把握，其中都应当包含着这样 3 个重要的特征：社会上生态学知识的普及和环境保护意识的加强；全面协调可持续发展的经济模式；公正合理的社会制度。当社会中的生态文明因子逐渐发展壮大并最终成为人类文明的主导因素时，人类文明也就实现了从工业文明向生态文明的过渡。

俞可平教授在《科学发展观与生态文明》一文中，对生态文明做了如下概括：

① 张维，陈鸣达：《文明：充满生死搏斗的神秘剧》，昆明：云南人民出版社，1998 年版，第 60 页。

“生态文明是人类在改造自然以造福自身的过程中为实现人与自然之间的和谐所作的全部努力和所取得的全部成果，它表征着人与自然相互关系的进步状态。”①在我看来，生态文明应该包含以下两层含义：① 生态文明在意识形态上的体现，这包括生态文化、生态哲学、生态伦理、生态法律、生态文学等方面的内容；② 支撑生态文明的绿色科学技术、可持续发展模式、生态文明制度建设和实施生态文明的实际行动。

生态文明的时代特征是人与自然的重新结盟、和谐共处，以替代过去那种人与自然互相对峙、异化的旧文明形态。生态文明的理念包括：

（1）人类只有一个地球，地球是我们和子孙后代唯一的家园。地球生态系统是脆弱的，如果听任传统工业文明对地球自然生态环境进行摧残和破坏，人类将无家可归。

（2）人类是自然生命系统的一部分，不能独立于复杂的生命网络之外。人类与自然界的其他生命形式相互依存、相互制约、不可分离。

（3）人与自然的关系制约人与人的关系。调整好人与自然的关系，有利于协调人们的社会关系，克服因自然异化而引起的社会异化和人的异化。

（4）人类以文化的方式生存，所有先进文化都是生存于自然中的文化。生存于自然中的文化不能反文化。文化与自然的辩证统一，就是人类生存的本质。

（5）地球的资源是有限的，科学技术不应让人们误以为人类改造自然的能力是无限的。把“人定胜天”的思维推向极致，将使人类陷入生存困境。

（6）环境的权利与义务必须统一。对自然资源的开发必须与对环境的修复相平衡。发达国家的高消费人口是全球资源消耗的主体，他们有义务承担起更大的环境责任。

（7）自由是对责任法则的遵从，受自然法则的约束。自由不是贪婪与放纵。人类有享受物质生活、追求自由和幸福的权利，但这种权利不是无限的、随意的，它只能限制在生态环境承载力许可的范围内。②

生态文明观可以说是从更宏观、更富有历史感的角度提出来的。生态文明的出现是人类文明进化的结果，是我们在认识、利用自然过程中的一次质的飞跃。生态文明反对传统的极端人类中心主义，反对通过掠夺自然的方式来促进人类自身的繁

---

① 俞可平：《科学发展观与生态文明》，载《马克思主义与现实》2004 年版第 4 期。

② 潘岳：《环境文化与民族复兴》，绿色中国首届论坛，2003 年 10 月。

荣，同时也反对极端的自然中心主义，强调人与自然的整体和谐，实现人与自然双赢式的共荣发展。生态文明认为，人是价值的中心，但不是自然的主宰，人的全面发展必须促进人与自然的和谐，体现出生态人文主义思想。

如果说农业文明脱胎于采集和狩猎文明，那么工业文明则是取代农业文明的征服者和胜利者。工业文明之所以能够取代农业文明，是因为它曾经有过属于自己的光荣与梦想，有过骄人的成就与辉煌，表现出强劲的生命力和征服欲，具有影响人类历史进程的辐射效应和示范效应。但是，在挑战与应战交织的文明演进中，工业文明却由于陷入生态环境的困境和危机之中而坠入末路穷途，无可奈何地沦落到文明的衰亡期和解体期。在这样一个背景下，作为一个全新的文明形态——生态文明——就应运而生了。人们可以预见，工业文明势必要逐步淡出人类历史的主流舞台，而生态文明将成为未来社会的主导文明。

8.3.2 建设生态文明是对中国特色社会主义理论的丰富和发展

最早享受工业文明成果的发达资本主义国家，在尝到了工业化带来的环境污染的恶果之后，也对资本主义的经济增长方式进行过深刻的反思和检视，也在环境保护方面取得了令人瞩目的成就。但从整体上看，资本主义工业化国家并没有因为在他们那里率先爆发过生态危机而提出“生态文明”的新理念。这是因为：

（1）在发达资本主义工业大国，资本家出于获得高额利润的动机，花费了大量的资金、技术来处理生态环境问题，在一定程度上使严重的生态环境问题有了很大的缓解。

（2）西方工业文明已经有几百年的历史并且经历过辉煌。工业文明时代孕育的自然观、价值观、思维方式、技术模式和消费方式还有相当大的市场，其核心价值观还有巨大的思维惯性，许多人还把它奉为生活的圭臬。

（3）西方资本主义工业大国奉行着“生态帝国主义”“生态殖民主义”和“生态霸权主义”等环境策略，转移了他们国内的资源危机和生态危机。由于自己的自然资源无法维系本身的经济规模和生活水准，他们就通过资本全球化的态势对发展中国家进行资源掠夺和环境剥削，把发展中国家视为自然资源的原料地和污染物的排放地，不断地向落后的国家和地区转移工业产品的生态成本，导致了全球范围内的环境污染。

（4）资本主义制度是造成全球生态危机的根本原因，因为它无限追求利润的生产方式和“不消费，就衰退”的消费观必然导致对自然环境的破坏，内在地决定了它不可能实现真正意义上的生态文明。

在科学社会主义发展史上，马克思恩格斯是人类历史上最先开展对资本主义生态批判的思想家，他们对资本主义的生态批判是其社会批判理论的重要组成部分，在《1844 年经济学哲学手稿》《资本论》《英国工人阶级状况》和《自然辩证法》等经典著作中，马克思恩格斯批判了资本主义制度的反生态本质，揭露了资本主义生态环境恶化的要害，指出了“劳动异化”与“生态异化”的关系，说明资本主义剥削制度必然导致生态环境问题。

马克思恩格斯在批判与超越资本主义的同时，也阐发了生态文明的思想，揭示了生态文明与社会主义的内在关联性。他们虽然没有直接使用过“生态文明”这个概念，但却有着丰富而深刻的生态文明思想。马克思恩格斯将追求人与自然协调发展的生态文明，视为人类社会面临的大变革。他们倡导“人类同自然的和解及人类本身的和解”。这里的“人同自然的和解”，指的就是人与自然的协调发展关系，涉及的就是生态文明建设的问题。而“人类本身的和解”强调的是人与人、人与社会关系的和解。恩格斯认为，人类要达到“两大和解”的目的，其关键是要渐渐学会认清人类的生产活动的间接的、较远的社会影响，这样人类才有可能去控制和调节这些影响。“但是要实行这种调节，仅仅有认识还是不够的。为此需要对我们的直到目前为止的生产方式，以及同这种生产方式一起对我们的现今的整个社会制度实行完全的变革”，[①]即改变历史上出现过的生产方式以及同这种生产方式相联系的私有制度。这说明，生态文明是一个实践的范畴、历史的范畴，是人类文明演进的一个更高阶段和更高形态的文明。马克思恩格斯特别强调文明发展高级形态的生态文明与社会发展高级形态的共产主义、社会主义之间的内在相关性，他们甚至从“自然主义—人道主义—共产主义”三位一体的高度来看待生态文明。在他们看来，共产主义既要实现“社会解放”，又要实现“自然解放”，把人从异化的劳动和异化的自然中拯救出来，克服人与自然、人与人的对立，达到自然主义和人道主义的统一，完成人与自然、人与社会矛盾的和解。

可见，生态文明与共产主义、社会主义有着必然的联系，生态文明是未来社会

① 《马克思恩格斯选集》第 4 卷，北京：人民出版社，1995 年版，第 385 页。

发展的必然要求。正如胡锦涛同志指出的："马克思主义经典作家认为，未来理想社会是社会生产力高度发达和人的精神生活高度发达的社会，是每个人自由而全面发展的社会，是人与人和谐相处、人与自然和谐共生的社会。"①这里，他充分肯定了未来理想社会的生态文明特征，明确了建设生态文明是建设中国特色社会主义的重要目标和价值追求。

确立建设社会主义生态文明的新目标，是我们党在贯彻落实科学发展观的伟大进程中取得的新认识、树立的新理念、形成的新任务。改革开放不断深入的进程，也是我们党对中国特色社会主义理论体系探索发展的过程。社会主义应该有什么样的本质属性，应该具有什么样的重要特征，可以说，从马克思恩格斯创立科学社会主义理论以来，人们就一直在探索这个问题。我们熟知的科学社会主义理论，仅仅提到了"公有制""计划经济"和"按劳分配"等经济特征，但这些是远远不够的。所以，在改革开放的新形势下，不断探索中国特色社会主义的本质特征，就成为我们党面临的重大理论课题。把生态文明与社会主义相结合是对社会主义本质理论的重大创新，它标志着中国共产党人对中国特色社会主义建设规律认识的进一步深化，也是对科学社会主义理论的重大丰富和发展。经典的科学社会主义理论可以说是"红色"理论，主要目的是建立无产阶级的红色政权，让赤旗插遍世界，重点是要克服人与人、人与社会的异化关系，要实现人与人在社会关系上的平等，也就是说要追求"人的解放""社会的解放"，达到人与人的和谐。而作为科学社会主义范畴的中国特色社会主义理论，在坚持"红色理念"的同时，也追求"绿色价值"，在注重解决人与人的社会关系矛盾的同时，也要建设"生态文明"，也要正确处理人与自然的生态关系，实现"自然的解放"，达到人与自然的和谐，并把人与自然的和谐看成是人与人和谐的自然基础和物质前提。这样就在科学社会主义的发展史上首次实现了"红"（革命理论）与"绿"（生态理论）的结合，这无疑是中国共产党人对科学社会主义理论的极大发展。

8.3.3 资本主义制度与生态文明相抵触

在看待资本主义制度与生态文明建设的关系问题上，国内一些学者认为：资本

① 胡锦涛：《切实做好构建社会主义和谐社会的各项工作，把中国特色社会主义伟大事业推向前进》，载《求是》2007年第1期。

主义国家也有生态文明建设；应当将中国生态文明建设与发达国家生态文明建设进行比较，探讨中国生态文明建设的制度特色、目标特色和路径特色；不同国家的生态文明发展道路可以区分为资本主义生态文明建设道路和社会主义生态文明建设道路；西方发达国家已经达到较高程度的生态文明建设水平；等等。[①]这里涉及的是一些重要的理论问题，即资本主义是否存在着生态文明？资本主义国家能不能建设真正意义上的生态文明？“资本主义生态文明”这个提法是否妥当？“生态资本主义”在某些政策创制与制度革新方面的“绿化”就是生态文明建设吗？对于这些问题，我们应当阐明自己的观点。

（1）资本主义的本性决定了它没有能力建设生态文明，资本趋利的价值取向决定了生态环境危机的整体恶化和应对手段的无力与无解。这是因为资本家“都是为了直接的利润而从事生产和交换，他们首先考虑的只能是最近的最直接的结果”。（恩格斯语）如果说发达资本主义国家比较“干净”的话，那么对这个合理的答案就是生态帝国主义的污染转移，即把生态环境危机转移到广大发展中国家。西方发达资本主义国家利用工业文明造就的政治、经济、军事和文化上的话语权，在转嫁危机的同时，还把广大发展中国家视为自己需要的自然资源的“水龙头”和污染物排放的“污水池”。资本的本性就是利润至上，就是最大限度地榨取自然资源和人力资源以达到积累最大化的目的。正是资本主义制度的本性决定了它不可能真正牺牲利润去保护环境。资本是短视的、焦躁的，它没有耐心投资于耗时很长的环保项目的。资本的短视性，决定了资本主义工业文明的发展是不可持续的；资本的物质性，决定了资本主义工业文明的发展必然是片面的、畸形的；资本的自我中心性，决定了资本主义工业文明的发展是侵略性的、排他性的。资本主义经济模式还患有“增长强迫症”，经济的疯狂增长成为资本主义维持其存在和证明自己合理性的唯一理由，金钱崇拜、商品崇拜、消费崇拜和 GDP 崇拜成为了资本主义制度的“文化符号”，而长期以来形成的经济增长模式是建立在大量消耗自然资源和破坏生态环境的基础上的。资本主义生产方式的逻辑决定了资本主义要通过剥削人类劳动、大肆掠夺自然资源，来实现资本持续不断的积累。如果有谁相信资本主义为了使这种模式变得“牢固”并“可持续化”而采取一些自我限制的“生态资本主义”策略的话，那是因为你还不了解资本主义的运行机制。资本主义在对自然资源进行开采、

① 赵凌云、夏梁：《论中国特色生态文明建设的三大特征》，载《学习与实践》2013 年第 3 期。

剥削和转化，以及把大自然转变为适合资本主义生存和更新的必要条件时，资本主义所采取的方式和节奏是失调的。以在最短的时间里产生最大利润为目的的资本转化节奏，投资的资本化和再生产的加快，已经使地球“遍体鳞伤”，对自然生态环境造成了无法承受的压力。所以，在资本主义制度下，人们不可能奢望它会出于生态文明建设的目的而主动改变其经济增长模式。同时，资本主义的文化基因也是与生态文明相矛盾的。资本主义文化属于竞争性、排他性和剥削性的文化类型，这种文化充满着对人和自然的敌意，特别是给自然资源和生态环境带来了巨大的压力，生态剥削、生态掠夺、生态破坏就是资本主义制度发展的必然产物。资本主义国家搞不了生态文明，他们对内奉行生态资本主义，对外奉行生态帝国主义，到处谋求生态霸权，实施生态壁垒、生态遏制和生态暴力等手段。所以，资本主义制度的“原罪”决定了它与生态文明是冲突的。

（2）“资本主义生态文明”这个提法是不恰当的。众所周知，马克思恩格斯认为，在资本主义私人占有制下，自然界只不过是资本实现其剩余价值的工具，人类根本无法实现与自然界的和谐相处，生态文明是共产主义社会的自然结果，也是共产主义社会的本质特征之一。

生态学马克思主义也认为，“保护生态环境的最佳选择是先进的社会主义”（高兹语），“生态危机的根源在于资本主义制度”，“生态危机是资本主义制度的危机”。（福斯特语）所以，资本主义制度本身的缺陷决定了它与生态文明的矛盾。生态社会主义正是从资本主义解决生态环境问题的失望中，从生态环境问题引起的社会运动中看到了资本主义制度下生态危机的严重性，展开了对资本主义的生态批判。资本主义不可能建设生态文明，所以，为了摆脱资本主义的生态困境，生态社会主义提出了自己的《生态社会主义宣言》，它的理论逻辑是在分析了生态问题与资本主义制度内在关联性的基础上，论证了资本主义制度的反生态性和生态平衡与社会主义制度的相容性，进而得出了解决资本主义生态危机的根本出路在于建立生态社会主义制度。《生态社会主义宣言》的发表，标志着人们对资本主义制度在治理生态环境问题上感到失望，也标志着生态社会主义理论和实践发展进入了一个新阶段。所以，生态文明只与社会主义相关联，只存在着“社会主义生态文明”，而不存在着“资本主义生态文明”。因为，资本主义制度从根本上讲是反生态的。许多学者认为，资本主义制度只是开创了工业文明，现在资本主义工业文明的各种弊端已经充分暴露，在此基础上不可能建设生态文明。而只有社会主义才可以建成真正意义上的生态文明。“社会主义性质是生态文明的本质属性”，[①]“生态危机是全球性的，生态文明的实现依赖于社会主义。因为资本主义的最终制约是资本本身，资本持续不断地复制是资本主义无法超越的边界。超越工业文明，走向生态文明，是发展中国特色社会主义的重大战略任务。”[②]还有学者指出，唯物史观须将生态文明列为社会主义的本质特征，我们党将生态文明列入中国特色社会主义社会的本质特征，是符合马克思主义理论的。党的十八大将生态文明建设与政治建设、经济建设、文化建设、社会建设一起纳入中国特色社会主义总体布局，这表明，“生态文明”也应该像“富强”“民主”“文明”“和谐”一样成为社会主义的本质特征。[③]所以，通过上面的论述，我们应当认识到，生态文明应当是社会主义的本质特征之一，社会主义制度和社会主义核心价值观都与生态文明有着高度的契合性。所以，“资本主义生态文明”这个提法是站不住脚的。

（3）“生态资本主义”的生态策略和生态实践不等于生态文明建设。我们应当承认，在资本主义国家生态环境问题的打压下，在考虑“生态经济”“绿色经济”能够带来丰厚利润的前提下，资本主义国家在减少环境污染、实施生态治理、打造“生态经济”方面的确取得了巨大进步，在很大程度上也减缓了这些国家面临的生态环境危机。但是，生态资本主义的生态举措不仅不是生态文明建设，而且这些举措也是难以奏效的。因为生态资本主义的种种生态举措，还是在资本主义工业文明的框架内实施的，在本质上还是体现了资本逻辑和经济理性的思维惯性，而生态文明是继工业文明之后的一种崭新的文明形态，它与工业文明有着原则上的区别。所以，我们不能把生态资本主义的生态举措混同于生态文明建设。

同时，我们也注意到，生态资本主义的理论主张和生态策略在生态实践上屡屡受挫，它们并不能从根本上克服资本主义的生态危机而受到人们的广泛诟病。生态社会主义者萨拉·萨卡在《生态社会主义还是生态资本主义》一书中就逐个批驳了生态资本主义的诸多理论和政策主张：

（1）价格机制不能解决生态问题。生态资本主义的拥护者们特别相信，资本主义市场经济内部可以利用的经济手段和机制，特别是价格机制，是解决生态问题的最好方法。但是，资本主义市场经济根深蒂固的自私自利原则驱使资本家将经济收

---

① 刘湘溶：《中国生态文明建设：现实基础与时代目标》，载《马克思主义与现实》2013 年第 4 期，第 178 页。

② 王明初、孙民：《生态文明建设的马克思主义视野》，载《马克思主义研究》2013 年第 1 期，第 37 页。

③ 孙要良：《生态文明建设与唯物史观的创新空间》，载《马克思主义研究》2013 年第 7 期，第 96 页。

益内在化，而将生态环境成本外在化，资本家根本不可能不考虑成本而自觉地投身到环境保护的运动中。保护环境的各种措施需要资金，这势必会增加成本而不利于资本家获利。所以，即使在生态资源和环境条件方面引入价格机制，也起不到保护环境的作用，甚至价格机制要为生态危机和环境破坏负很大责任。因为，正是给资源和环境定价，人们才更加看重了它们的市场价值，它们的有利可图，反过来刺激资本家加大了对自然资源和环境条件的剥削和压榨。

（2）可买卖的污染许可证制度并不能减少污染的排放。这个政策的核心也是用经济手段来处理排污问题，生态资本主义主张，“就污染物而言，国家可以制定经济整体的最大年均可允许数量，然后配给、出售或拍卖污染许可证给那些需求者。释放量低于许可范围的企业，可以出售作为一种利润的剩余许可量，卖给那些无法降低其排放量的企业。”①然而，污染许可证的买卖并不能从根本上减少污染物排放的数量，该政策只是给污染物的排放找到了冠冕堂皇的理由，使得企业排污行为更加有恃无恐，肆无忌惮。所以，萨卡提醒人们：“我们必须注意到，对污染的收费也把环境服务转换成了商品，届时一个企业可以通过支付更高的费用来合理地污染更多的环境。”②

（3）生态凯恩斯主义是难以实施的。面对全国性的生态环境危机，在生态资本主义内部出现了一股生态凯恩斯主义思潮，这股思潮主张国家干预以处理环境危机，把解决生态问题和解决失业问题联系起来，大力发展大规模的劳动密集型企业，进一步发展生态技术和生态工业，国家为企业提供补贴以刺激它们发展并采用对生态环境友好的技术。国家出面发布“生态指令”，采取强制措施保护生态环境，推动生态重建。但是，在萨卡看来，只要资本主义社会的基本矛盾依然存在，只要资本逻辑还很强势，就像经济凯恩斯主义的失败一样，“今天的生态凯恩斯主义也终将失败。”③

（4）资本逻辑必然导致生态危机。萨卡在论证“生态资本主义”这个悖论时，还分析了深层次的原因，在回答“为什么在资本主义的框架内可持续的生态经济或者向生态经济的转型无法实现”这个问题时，萨卡说明了资本逻辑必然导致生态危机的原因。生态资本主义仍然是资本主义，资本扩张仍然是它的逻辑，这种逻辑建

① 萨拉·萨卡：《生态社会主义还是生态资本主义》，济南：山东大学出版社，2008年版，第178页。
② 萨拉·萨卡：《生态社会主义还是生态资本主义》，济南：山东大学出版社，2008年版，第178～179页。
③ 萨拉·萨卡：《生态社会主义还是生态资本主义》，济南：山东大学出版社，2008年版，第190页。

立在自私自利、唯利是图的驱动力基础之上。所以，“我为什么要去做那些让在我死后 100 年或 200 年生活着的人们获益的事情？”“繁荣为我带来了好处，我就必须为繁荣做些什么吗？”这在资本逻辑看来就是合理的反问。资本只关注眼前利益，市场的价格机制看重的也是现在的利益而不是将来的价值，但环境保护具有强烈的未来向度，它是一个较为长期的过程，这样资本逻辑的短视与环境保护的长远利益就会发生激烈冲突。

萨卡认为，经济收缩战略在资本主义的框架内是无法实现的，因为资本主义经济具有一种内在的增长动力，对它来说，“不积累，就灭亡”。导致这种内在的增长动力有 3 个方面的原因：“① 企业家并不满足于只是赚取足够的生活所需。他们希望赚得更多……② 他们不或不能消耗完所有的利润，而是希望在下一年赚取更多的利润（贪婪）……③ 存在着一种经济增长的外部强制。资产阶级不能说‘足够了’。如果一名资本家不利用规模经济，他（她）的竞争者就会这样做并把他（她）挤出商业圈。在残酷竞争的资本主义世界有一条规律：优胜劣汰。所有的人都在努力扩张，最终的结果就是整个经济的扩张。”[①]所以，只要资本积累的趋势没有改变，即使采用某些生态资本主义的策略，资源消耗还是会上升，长期的自然资源极限的问题仍然会存在，同时还伴随着对生态环境的破坏。

资本家只对自己的眼前利润感兴趣，只对企业生产的内在成本很关心，而往往忽视外在的生态环境成本。资本家的利润来自于商品的销售量，但大量生产势必导致自然资源的大量消耗和工业垃圾的大量产生，给本已脆弱的生态系统造成严重伤害。

（5）生态税的作用是微弱的。在生态资本主义的拥护者中最流行的经济手段就是开征生态税，在这些人看来，好像政府只要一旦开征了生态税，用税收的杠杆处理资源和环境问题，就可以节约资源，达到保护环境的目的。但是，在萨卡看来，他们的“这种希望建立在天真的想象基础之上。”萨卡认为，在资本家唯利是图的本性不变的情况下，对污染物排放和自然资源开采开征生态税并不能从根本上降低环境污染和资源枯竭的趋势，缴纳了生态税反而会促使资本家在污染排放和资源掠夺的过程中感到“理直气壮”，生态税仿佛成为了资本家破坏生态环境的“许可证”。在资本主义残酷竞争的条件下，生态税的开征在一定程度上增加了产品的生产成

① 萨拉·萨卡：《生态社会主义还是生态资本主义》，济南：山东大学出版社，2008 年版，第 186 页。

本，导致商品价格的提高而降低了商品的竞争力。如果其他竞争者不必缴纳生态税，那么其商品的竞争力就很强，这对缴纳了生态税的资本家来说是致命的。所以，在资本主义制度和经济增长模式不变的情况下，生态税可能稍微减轻了个别地方的污染程度，但在环境保护和资源节约方面不可能有总的改善。

（6）稳态的资本主义是不可能的。针对人们对资本主义经济扩张本性的批判，生态资本主义的拥护者抛出了“稳态资本主义”“零增长的资本主义”等观点，对此，萨卡也给予了批驳。资本主义生产方式的绝对规律就是生产剩余价值或赚钱，资本害怕没有利润或利润太少，就像自然界害怕真空一样。所以，资本主义生产的实质是扩大再生产，资本不可能“稳态”积累，而是要扩大积累，加速积累。资本不可能安于现状，只要有利润，它就敢践踏一切人间法律。在竞争激烈的资本主义经济中，稳态的资本主义是不可能的，而扩大再生产肯定会导致自然的消耗和环境的破坏，这是由资本主义经济特征决定的。所以，萨卡认为，如果资产阶级不再贪婪和自私，如果作为强大驱动力因素的不平等不再存在，那么资本主义，甚至生态资本主义将停止运转。

萨卡反驳了“生态资本主义”的生态策略和生态实践观点，这些批判是全面而机智的，其中闪烁着辩证法的光辉，对我们正确看待“生态资本主义”很有帮助和启迪。在萨卡看来，正是资本主义的本质阻挠了环境危机的解决，仅靠“生态资本主义”的主张不可能从根本上扭转生态环境整体衰退的危局，更遑论建设生态文明了。

8.3.4 “努力建设美丽中国”——中国特色社会主义的生态维度

中国共产党对“社会主义”与“生态文明”关系的认识有一个逐步加深的过程。在社会主义建设的实践中，中国共产党逐渐认识到了生态环境问题的严峻性。1973年，我国召开了第一次全国环境保护会议，环境保护被确立为政府的重要职能之一，成为了由政府主导的社会实践活动。1983 年，环境保护被确立为我国必须长期坚持的一项基本国策，环境保护观念开始深入人心。2007 年，建设生态文明被写进党的十七大报告，并提出要使“生态文明观念在全社会牢固树立”，生态文明建设已经上升为执政党治国理政的重要战略组成部分。继十七大报告之后，党的十八大报告再次论及生态文明，将其提升到更高的战略层面，与经济建设、政治建设、文化建设、社会建设并列，构成了中国特色社会主义事业“五位一体”的总体布局。中共十八大报告首次提出了“社会主义生态文明新时代”这一新表述，将生态文明提升到了人类社会发展的一个特定时代的高度，是我们党对生态文明建设的又一次理论创新，标志着中国特色社会主义迈入了一个社会主义生态文明的新时代，也说明我们党对生态文明建设的重要性有了新的认识，建设生态文明的自觉性和迫切性在不断增强。

社会主义应当是人与人、人与自然和谐的社会，这是科学社会主义的基本主张。马克思曾经指出：“这种共产主义，作为完成了的自然主义，等同于人道主义，而作为完成了的人道主义，等于自然主义，它是人和自然界之间、人和人之间的矛盾的真正解决，是存在和本质、对象化和自我确证、自由和必然、个体和类之间的斗争的真正解决。”①在这里，我们可以说“努力建设美丽中国”和“五位一体”战略布局，是马克思上述观点的中国表达，是马克思主义中国化最新成果的重要内容。

马克思恩格斯对资本主义的批判是全方位的，既有政治经济批判，也有生态批判，既从经济角度论证了资本主义灭亡的历史必然，也从生态角度论证了资本主义的不可持续性，敲响了资本主义必然灭亡的“生态丧钟”。所以，用社会主义生态文明取代资本主义工业文明，将是人类面临的更加深刻的社会文明转型，其目标是建设社会主义的生态文明社会。

那么，社会主义与生态文明有着怎样的关系呢？中国有条件走向社会主义生态文明新时代吗？

社会主义作为一种社会制度与生态文明作为一种新的文明形态具有高度的相关性。如果说，封建社会滋生了农耕文明，资本主义社会培育了工业文明，那么社会主义社会就应当创造出崭新的生态文明。

回顾历史我们看到，19 世纪英国教会了世界如何生产，20 世纪美国教会了世界如何消费。如果中国要引领 21 世纪的发展，它必须教会世界如何转变发展模式，走永续发展的道路。在人类文明的演进中，我们也看到，英国把人类带入了工业文明，美国把人类带进了信息文明，我们中国特色社会主义应当有信心将地球推向生态文明。

（1）社会主义制度相对于资本主义制度来说更能达到生态文明，因为资本主义

① 《马克思恩格斯全集》第 42 卷，北京：人民出版社，1979 年版，第 120 页。

制度在本质上是反生态的，而“保护生态环境的最佳选择是先进的社会主义”（高兹语）。社会主义生产的出发点不是以利润最大化为生产目的，它可以控制生产和消费，可以实现生产与生活和谐持续的协调发展。

（2）社会主义的价值主张与生态文明是一致的。社会主义公有制、中国共产党的领导、全国一盘棋、集中力量办大事的特点与生态系统的整体性、环境保护的全局性的要求是吻合的。例如，“三北”防护林工程、三江源保护工程、退耕还林还牧工程以及天然林保护工程等重大的、涉及广泛的生态修复工程都是国家工程，需要社会主义的大协作精神。另外，社会主义倡导的民主、公平、正义、反对剥削压迫、追求和谐的社会理念对生态文明建设也是极其可贵的精神养料。

（3）建设生态文明是中华民族伟大复兴的需要，是实现“中国梦”的应有之意，有着强大的内在动力。我们赶上了人类文明的转型期，这是历史留给我们的千载难逢的战略机遇，我们一定要抓住它，把社会主义生态文明建设推向一个新阶段。

（4）悠久厚重的中华文明是培育生态文明的沃土。中华文明的核心和精髓是亲近自然、关爱自然。“天人合一”“厚德载物”“民胞物与”“和为贵”一直是我们处理人与自然关系的基本准则。中华民族的文化真谛与生态文明的价值主张是相通的。

（5）我们有前车之鉴。西方发达资本主义国家工业化进程中的“环境公害”已经给我们以深刻的警示。从辩证的角度看，我们远没有达到高度工业化的阶段，我们完全可以避免资本主义国家工业化进程中的生态弊病，绕过“先污染，后治理”的传统工业文明的老路，在科学发展观的指引下走新型工业化的道路。中国可以跨越“资本主义工业发展模式的卡夫丁峡谷”，打破线性增长观的思维模式，实施发展上的“弯道超越”，率先达到生态文明。

（6）社会主义生态文明建设的大幕在中国大地上已经拉开，“努力走向社会主义生态文明的新时代”已经成为了全党和全国人民的共识。这是我们建设生态文明的政治优势和民意基础。

当然，我们也应当清醒地看到，社会主义原则与生态原则的契合并不意味着社会主义国家不存在生态环境问题，社会主义与生态文明的应然关联也不等于实然关联。恰恰相反，社会主义国家依然面临着严峻的生态环境问题，这又是为什么呢？是什么导致了该现象呢？

社会主义革命取得胜利的国家，在政治上超越了资本主义的政治框架，但在发展模式上仍然遵循着西方资本主义国家传统工业文明的模式，无论是在哲学世界观、价值观和思维方式上，还是在生产方式和生活方式上，占主导地位的仍然是“高消耗—高产出—高消费—高污染”的传统工业文明的模式。囿于这种模式，“社会主义的生态文明”就难以实现。

所以，要使社会主义原则与生态学原则真正统一起来，达到这两类原则的应然状态，我们就必须转变发展理念，扬弃资本主义的工业文明，努力实现从工业文明向生态文明的过渡。在这样一次伟大的社会转型的征途上，马克思主义的生态哲学思想和中国共产党率先提出的生态文明理论无疑是照亮我们前行道路上的灯塔。

参考文献

[1] 艾伦·杜宁. 多少算够：消费社会与地球未来[M]. 长春：吉林人民出版社，1997.

[2] 爱德华·特纳. 技术的报复[M]. 上海：上海科技教育出版社，1999.

[3] 巴里·康芒纳. 封闭的循环——自然、人和技术[M]. 长春：吉林人民出版社，1997.

[4] 芭芭拉·沃德，勒内·杜博斯. 只有一个地球——对一个小小行星的关怀和维护[M]. 长春：吉林人民出版社，1997.

[5] 包庆德，孙乃生. 日本战后马克思环境思想研究评述[J]. 南京林业大学学报：人文社会科学版，2011（9）.

[6] 本·阿格尔. 西方马克思主义概论[M]. 北京：中国人民大学出版社，1991.

[7] 本刊记者. 正确认识和积极实践社会主义生态文明——访中南财经政法大学资深研究员刘思华[J]. 马克思主义研究，2011（5）.

[8] 蔡华杰. 只有重构社会主义才能克服生态危机——萨拉·萨卡的生态社会主义思想论析[J]. 中国地质大学学报：社会科学版，2010（9）.

[9] 曹克. 技术的社会批判与马克思对工业革命的哲学审视[J]. 自然辩证法研究，2004（8）.

[10] 陈食霖. 人与自然的矛盾及其化解：评福斯特的生态危机论[J]. 国外社会科学，2007（2）.

[11] 陈食霖. 生态批判与历史唯物主义的重构：评詹姆斯·奥康纳的生态学马克思主义思想[J]. 武汉大学学报，2006（2）.

[12] 陈学明. 评生态学马克思主义与后现代主义的对立[J]. 天津社会科学，2002（5）.

[13] 陈学明. 人的最终满足在于生产活动而不在于消费活动：生态学马克思主义的一个重要命题[J]. 马克思主义与现实，2002（6）.

[14] 戴维·佩珀. 生态社会主义：从深生态学到社会正义[M]. 济南：山东大学出版社，2005.

[15] 丹尼尔·贝尔. 资本主义文化矛盾[M]. 北京：三联书店，1989.

[16] 恩格斯. 反杜林论[M]. 北京：人民出版社，1999.

[17] 恩格斯. 英国工人阶级状况[M]. 北京：人民出版社，1956.

[18] 冯雷. 日本学者岛崎隆对马克思自然观的解读[J]. 马克思主义与现实，2007（3）.

[19] 郭剑仁. 生态地批判：福斯特生态学马克思主义思想研究[M]. 北京：人民出版社，2007.

[20] 郭剑仁. 探索生态危机的社会根源：美国生态学马克思主义内部的争论[J]. 马克思主义研究，2007（10）.

[21] 何萍. 生态学马克思主义：作为哲学形态何以可能[J]. 哲学研究，2006（1）.

[22] 何萍. 自然唯物主义的复兴：美国生态学马克思主义哲学评析[J]. 厦门大学学报，2004（2）.

[23] 赫伯特・马尔库塞. 单向度的人——发达工业社会意识形态研究[M]. 重庆：重庆出版社，1988.

[24] 赫伯特・马尔库塞. 工业社会新左派[M]. 北京：商务印书馆，1982.

[25] 郇庆治. 21 世纪以来西方生态资本主义理论[J]. 马克思主义与现实，2013（2）.

[26] 郇庆治. 环境政治学：理论与实践[M]. 济南：山东大学出版社，2007.

[27] 郇庆治. 绿色乌托邦：生态主义的社会哲学[M]. 济南：泰山出版社，1998.

[28] 拉夫尔・S. 我们的家园——地球——为生存而结为伙伴关系[M]. 北京：中国环境科学出版社，1993.

[29] 蕾切尔・卡逊. 寂静的春天[M]. 吕瑞兰，李长生译. 长春：吉林人民出版社，1997.

[30] 李泊言. 绿色政治[M]. 北京：中国国际广播出版社，2000.

[31] 梁苗. 论资本的反生态性与生态文明建设[J]. 南京林业大学学报：人文社会科学版，2012（3）.

[32] 刘大椿，岩佐茂. 环境思想研究[M]. 北京：中国人民大学出版社，1998.

[33] 刘仁胜. 生态马克思主义概论[M]. 北京：中央编译出版社，2007.

[34] 刘仁胜. 西方生态学马克思主义对马克思与生态学关系的阐释[J]. 延边大学学报，2003（1）.

[35] 刘曙光. 全球化与反全球化[M]. 长沙：湖南人民出版社，2003.

[36] 刘思华. 生态马克思主义经济学原理[M]. 北京：人民出版社，2006.

[37] 刘湘溶. 中国的生态文明建设：现实基础和时代目标[J]. 马克思主义与现实，2013（4）.

[38] 卢风，刘湘溶. 现代发展观与环境伦理[M]. 保定：河北大学出版社，2004.

[39] 马克思，恩格斯. 德意志意识形态[M]. 北京：人民出版社，2003.

[40] 马克思. 1844 年经济学哲学手稿[M]. 北京：人民出版社，2000.

[41] 马克思. 资本论[M]. 北京：人民出版社，2004.

[42] 马克斯・霍克海默，西奥多・阿多诺. 启蒙辩证法[M]. 重庆：重庆出版社，1990.

[43] 孟鑫，刘爱章. 对西方左翼研究当代资本主义生态问题成果的分析[J]. 毛泽东邓小平理论研究，2013（4）.

[44] 倪瑞华. 马克思对资本的生态批判[J]. 社会科学辑刊，2009（2）.

[45] 乔瑞金，李小红. 佩珀批判生态无政府主义思想的几点启示[J]. 哲学动态，2012（5）.

[46] 任暟. “生态学马克思主义”辨义[J]. 马克思主义研究，2004（4）.

[47] 若英. 如何正确看待“$PM_{2.5}$事件”？[J]. 红旗文稿，2012（12）.

[48] 萨拉・萨卡. 生态社会主义还是生态资本主义[M]. 济南：山东大学出版社，2008.

[49] 世界环境与发展委员会. 我们共同的未来[M]. 长春：吉林人民出版社，1997.

[50] 孙要良. 生态文明建设与唯物史观的创新空间[J]. 马克思主义研究，2013（7）.

[51] 陶锡良. 略论当代国际关系中的环境殖民主义[J]. 国际关系学院学报，1996（3）.

[52] 万建琳. 需要、商品与满足的极限：论威廉・莱斯的生态学马克思主义需要理论[J]. 国外社会科学，2008（1）.

[53] 王军旗. 生态文明建设：社会主义建设总布局的新发展[J]. 南京政治学院学报，2013（2）.

[54] 王明初，孙民. 生态文明建设的马克思主义视野[J]. 马克思主义研究，2013（1）.

[55] 王雨辰. 当代生态文明理论的三个争论及其价值[J]. 哲学动态，2012（8）.

[56] 王雨辰. 反对资本主义的生态学——评西方生态学马克思主义对资本主义社会的生态批判[J]. 国外社会科学，2008（1）.

[57] 王雨辰. 生态批判与生态乌托邦——生态学马克思主义理论研究[M]. 北京：人民出版社，2009.

[58] 王雨辰. 哲学批判与解放的乌托邦[M]. 黑龙江：黑龙江大学出版社，2007.

[59] 王治河. 中国式建设性后现代主义与生态文明的建构[J]. 马克思主义与现实，2009（1）.

[60] 威廉・莱斯. 自然的控制[M]. 重庆：重庆出版社，1993.

[61] 吴宁. 高兹的生态学马克思主义[J]. 马克思主义研究，2006（6）.

[62] 吴宁. 高兹的资本主义观[J]. 毛泽东邓小平思想研究，2006（7）.

[63] 小约翰・柯布. 文明与生态文明[J]. 马克思主义与现实，2007（6）.

[64] 星野芳朗. 未来文明的原点[M]. 哈尔滨：哈尔滨工业大学出版社，1985.

[65] 薛晓源. 生态风险、生态启蒙与生态理性——关于生态文明研究的战略思考[J]. 马克思主义与现实，2009（1）.

[66] 岩佐茂. 环境的思想[M]. 北京：中央编译出版社，1997.

[67] 叶平，武高辉. 科学技术与可持续发展[M]. 北京：高等教育出版社，2004.

[68] 衣俊卿. 西方马克思主义概论[M]. 北京：北京大学出版社，2008.

[69] 俞吾金，陈学明. 国外马克思主义哲学流派新编（西方马克思主义卷）[M]. 上海：复旦大学出版社，2002.

[70] 约翰・贝拉米・福斯特. 马克思的生态学：唯物主义与自然[M]. 北京：高等教育出版社，2006.

[71] 约翰·贝拉米·福斯特. 生态危机与资本主义[M]. 上海：上海译文出版社，2006.
[72] 曾文婷. “生态学马克思主义”研究[M]. 重庆：重庆出版社，2008.
[73] 詹姆斯·奥康纳. 自然的理由——生态学马克思主义研究[M]. 南京：南京大学出版社，2003.
[74] 张剑. 生态殖民主义批判[J]. 马克思主义研究，2009（3）.
[75] 章国锋. 反思的现代化与风险社会——乌尔里希·贝克对西方现代化理论的研究[J]. 马克思主义与现实，2006（1）.
[76] 赵汇，尉峰. 资本本性与生态危机根源[J]. 高校理论战线，2011（12）.
[77] 赵凌云，夏梁. 论中国特色生态文明建设的三大特征[J]. 学习与实践，2013（3）.
[78] 赵士发. 论生态辩证法与多元现代化——关于生态文明与马克思主义生态观的思考[J]. 马克思主义研究，2011（6）.
[79] 赵鑫珊. 人类文明的功过[M]. 北京：作家出版社，1999.
[80] 周志山. 马克思生态哲学的社会视阈与科学发展观[J]. 马克思主义研究，2011（5）.
[81] 庄世坚. 生态文明：迈向人与自然的和谐[J]. 马克思主义与现实，2007（3）.
[82] Andre Gorz. Capitalism，Socialism，Ecology[M]. London and New York：Verso，1994.
[83] Andre Gorz. Critique of Economic Reason[M]. London and New York：Verso，1989.
[84] Andre Gorz. Ecology as Politics[M]. Boston：South and Press，1980.
[85] Andre McLaughlin. Regarding Natrue：Industrialism and Deep Ecology[M]. State University of New York Press，1993.
[86] E·弗洛姆. 健全的社会[M]. 贵州：贵州人民出版社，1994.
[87] E·弗洛姆. 占有还是生存[M]. 北京：三联书店，1996.
[88] Howard L. Parsons：Marx and Engels on Ecology[M]. London Greenwood Press，1977.
[89] J·D·贝尔纳. 科学的社会功能[M]. 北京：商务印书馆，1982.
[90] Ryle Martin. Ecology and Socialism[M]. London：Radius，1988.
[91] Ted Benton. The Greening of Marxism[M]. New York：The Guilford Press，1996.
[92] William Leiss. The Limits to Satisfaction：An essay on the problem of needs and commodities[M]. Kingston and Montreal：McGill-Queen’s University Press，1988.

后 记

这部专著是“十二五”国家重点图书出版规划项目“绿色经济与绿色发展丛书”中的一部，该书的付梓可以说是我完成了一篇“命题作文”。

2011 年 11 月 22 日，我在《光明日报》上看到了上述丛书的招标公告，知道该丛书的目的是：为了创造国内一流、国际有学术影响的原创性精品力作，促进生态学马克思主义学科的繁荣发展。我还看到，该丛书由我国著名的马克思主义生态经济学家、理论家、“绿色经济理论之父”，中南财经政法大学的刘思华教授主持，将向国内外公开招标。特别是我看到该丛书的“马克思主义生态发展论卷”中，有一部招标书的书名为《生态资本主义批判》，这引起了我极大的兴趣，也激发起我的学术热情。

近年来，我在研究马克思恩格斯的生态哲学思想，研究生态学马克思主义理论时，逐渐感到“生态资本主义批判”是一个值得拓展研究的新视阈。在生态思想史上，马克思恩格斯最早开展了对资本主义的生态批判，西方马克思主义和生态学马克思主义也有许多涉及对资本主义生态批判的内容。所以，以生态批判为论域，我在《马克思主义研究》《马克思主义与现实》和《自然辩证法研究》等刊物上发表了多篇论文，在国内学术界产生了一些反响，这也奠定了我参与该书竞标的决心。

果然，我的努力有了结果。事前我并不认识刘思华先生，只是拜读过他的专著和文章，了解他的学术成就。他也看过我的书和文章，因而对我有一点印象。所以，当我寄出竞标书后，很出乎意料，我竟然收到了老先生给我的亲笔信。他鼓励我承担《生态资本主义批判》一书的写作任务，并邀请我参加中国生态经济学会生态经济教育委员会 2012 年年会。在那次年会上，召开了该丛书中标作者座谈会，明确了各位的写作任务。

感谢刘思华先生给予我的奖掖与抬爱，我自认为是先生的私淑弟子。

当我真正开始动笔的时候，才感到任务的艰巨。因为这是一个全新的领域，目前，相关的论文实属凤毛麟角，更遑论专著了。所以，我只能在挖掘整理马克思恩格斯以及生态学马克思主义者对资本主义生态批判理论的基础上，结合现实问题，加上我对该问题的理解，整理出这部专著。

我要感谢学界同仁们，你们在这个领域的研究成果拓展了我的研究视野，你们的一些富有启发性的见解和观点很给力，没有你们的前期研究，就没有这本书的面世。

我要感谢中南财经政法大学经济学院的方时姣老师和高红贵老师，在该丛书的招标工作中，在与各位作者的联系过程中，你们付出了大量的劳动，你们辛苦了！

我还要感谢中国环境出版社的领导和编辑们，你们对出版事业的热爱和对作者的热情与鼓励，激励着我在学术道路上继续前行。

我自知，由于写作时间紧，加之篇幅有限，生态资本主义批判涉及的许多问题本书没有论述，即使论述过的内容也会存有瑕疵，这为今后的研究留下了开阔的理论视阈。更为重要的是，由于我的学术能力和知识储备都非常有限，因此，本书一定存在着很多不尽如人意的地方，恳请同道笔削。

解保军

2015 年夏